Stimmen zum Buch

»*Modern Software Engineering* macht es richtig und beschreibt die Art und Weise, wie erfahrene Praktiker heute tatsächlich Software entwickeln. Die von Farley vorgestellten Techniken sind nicht starr, präskriptiv oder linear, sondern genauso diszipliniert, wie es die Software-Entwicklung erfordert: empirisch, iterativ, feedbackgetrieben, wirtschaftlich und auf ausführbaren Code ausgerichtet.«

– Glenn Vanderburg, Leiter der Entwicklungsabteilung bei Nubank

»Es gibt viele Bücher, die Ihnen sagen, wie Sie ein bestimmtes Software Engineering-Verfahren anwenden sollen; dieses Buch ist anders. Was Dave hier tut, ist, das Wesentliche dessen darzulegen, was Software Engineering ausmacht und wie es sich vom einfachen Handwerk unterscheidet. Er erklärt, warum und wie man ein Meister des Lernens und des Umgangs mit Komplexität werden muss, um Software Engineering zu beherrschen, wie bereits existierende Verfahren dies unterstützen und wie man andere Konzepte nach ihren Vorzügen im Sinne des Software Engineerings beurteilt. Dies ist ein Buch für jeden, der die Software-Entwicklung ernsthaft als echte Ingenieursdisziplin behandeln möchte, egal ob man gerade erst anfängt oder schon seit Jahrzehnten Software entwickelt.«

– Dave Hounslow, Software Engineer

»Dies sind wichtige Themen und es ist großartig, ein Kompendium zu haben, das sie zu einem Paket zusammenschnürt.«

– Michael Nygard, Autor von Release IT, professioneller Programmierer und Software-Architekt

»Ich habe das Rezensionsexemplar von Dave Farleys Buch gelesen, und es ist genau das, was wir brauchen. Es sollte Pflichtlektüre für jeden sein, der Software-Entwickler werden will oder das Handwerk beherrschen möchte. Pragmatische, praktische Ratschläge für professionelles Engineering. Es sollte Pflichtlektüre an Universitäten und in Bootcamps sein.«

– Bryan Finster, angesehener Ingenieur und Value-Stream-Architekt bei Platform One der USAF (United States Air Force)

Modernes Software Engineering

Ich möchte dieses Buch meiner Frau Kate und meinen Söhnen Tom und Ben widmen.

Kate hat mein Schreiben und meine Arbeit über viele Jahre hinweg unermüdlich unterstützt und ist mir stets eine intellektuell anregende Begleiterin und meine beste Freundin.

Tom und Ben sind junge Männer, die ich sowohl bewundere als auch als Elternteil liebe, und es war mir eine Freude, während der Arbeit an diesem Buch auch das Privileg zu haben, mit ihnen an mehreren gemeinsamen Projekten zu arbeiten. Vielen Dank für eure Hilfe und Unterstützung.

David Farley

Modernes Software Engineering

Bessere Software schneller und effektiver entwickeln

Übersetzung aus dem Englischen von Uwe Schirmer

mitp

Bibliografische Information der Deutschen Nationalbibliothek
Die Deutsche Nationalbibliothek verzeichnet diese Publikation in der Deutschen Nationalbibliografie; detaillierte bibliografische Daten sind im Internet über http://dnb.d-nb.de abrufbar.

Bei der Herstellung des Werkes haben wir uns zukunftsbewusst für umweltverträgliche und wiederverwertbare Materialien entschieden.

Der Inhalt ist auf elementar chlorfreiem Papier gedruckt.

ISBN 978-3-7475-0634-9

1. Auflage 2023

www.mitp.de

E-Mail: mitp-verlag@sigloch.de
Telefon: +49 7953 / 7189 - 079
Telefax: +49 7953 / 7189 - 082

Lektorat: Janina Bahlmann, Nicole Winkel
Sprachkorrektorat: Jürgen Benvenuti
Covergestaltung: Christian Kalkert
Coverbild: © spainter_vfx /stock.adobe.com
Satz: III-satz, Kiel, www.drei-satz.de
Druck: Plump Druck & Medien GmbH, Rheinbreitbach

Inhaltsverzeichnis

Vorwort

Ich habe an der Universität Informatik studiert und natürlich mehrere Module absolviert, die »Software Engineering« oder Variationen davon im Titel führten.

Als ich mein Studium begann, war das Programmieren nicht neu für mich und ich hatte bereits ein voll funktionsfähiges Inventarsystem für die Job- und Karrierebliothek meiner High School implementiert. Ich erinnere mich, dass mich der Begriff »Software Engineering« hochgradig verwirrte. Das alles schien, als ob es nur dazu diente, dem eigentlichen Schreiben von Code und der Auslieferung einer Anwendung in die Quere zu kommen.

Als ich in den ersten Jahren dieses Jahrhunderts meinen Abschluss machte, arbeitete ich in der IT-Abteilung eines großen Automobilkonzerns. Wie nicht anders zu erwarten, stand dort die Software-Entwicklung ganz weit oben auf der Liste. Hier habe ich mein erstes (aber sicher nicht mein letztes!) Gantt-Diagramm gesehen und die Wasserfall-Entwicklung miterlebt. Das heißt, ich sah, wie Software-Teams viel Zeit und Mühe in die Anforderungserhebung und die Entwurfsphase steckten, und viel weniger Zeit in die Implementierung (das Programmieren), was natürlich auch für die Testzeit galt, und für das Testen ... nun ja, dafür war nicht mehr viel Zeit.

Es schien, als ob das, was uns als »Software Engineering« verkauft wurde, der Entwicklung von qualitativ hochwertigen Anwendungen, die für unsere Kunden nützlich sind, im Weg stand.

Wie viele Entwickler dachte ich, dass es einen besseren Weg geben muss.

Ich habe etwas über Extreme Programming und Scrum gelesen. Ich wollte in einem agilen Team arbeiten und habe ein paarmal den Job gewechselt, um eines zu finden. Viele sagten, sie seien agil, aber oft lief es darauf hinaus, dass man Anforderungen oder Aufgaben auf Karteikarten schrieb, sie an die Wand klebte, eine Woche als *Sprint* bezeichnete und dann vom Entwicklungsteam verlangte, in jedem Sprint »x« Karten zu liefern, um eine willkürliche Frist einzuhalten. Die Abschaffung des traditionellen »Software Engineering«-Ansatzes schien auch nicht zu funktionieren.

Zehn Jahre nach Beginn meiner Karriere als Entwickler bewarb ich mich bei einer Finanzhandelsplattform in London. Der Leiter der Software-Abteilung erzählte mir, dass sie Extreme Programming anwendeten, einschließlich TDD und Pair

Programming. Er sagte, dass sie etwas praktizierten, das sie *Continuous Delivery* nannten, was etwa der Continuous Integration entsprach, sich aber bis in die Produktion erstreckte.

Ich hatte für große Investmentbanken gearbeitet, bei denen die Bereitstellung mindestens drei Stunden dauerte und mithilfe eines 12-seitigen Dokuments mit manuellen Schritten und Befehlen, die man eingeben musste, »automatisiert« wurde. Continuous Delivery schien eine schöne Idee zu sein, war aber sicher nicht möglich.

Der Leiter der Software-Abteilung war Dave Farley, und er war gerade dabei, sein Buch über *Continuous Delivery* zu schreiben, als ich in das Unternehmen kam.

Ich habe dort vier Jahre lang mit ihm zusammengearbeitet, Jahre, die mein Leben und meine Karriere verändert haben. Wir haben tatsächlich Pair Programming, TDD und Continuous Delivery angewendet. Außerdem lernte ich etwas über verhaltensgesteuerte Entwicklung (Behavior-driven Development), automatisierte Akzeptanztests, domänengetriebenes Design (Domain-driven Design), Trennung von Zuständigkeiten, Anti-Corruption-Layer, Mechanical Sympathy und Ebenen der Indirektion.

Ich lernte, wie man in Java hochperformante Anwendungen mit geringer Latenzzeit erstellt. Endlich verstand ich, was die O-Notation wirklich bedeutet und wie sie in der realen Welt der Programmierung eingesetzt werden kann. Kurz gesagt, all das, was ich an der Universität gelernt und in Büchern gelesen hatte, wurde tatsächlich angewendet.

Es wurde so eingesetzt, dass es Sinn hatte, funktionierte und eine extrem hochwertige, leistungsstarke Anwendung lieferte, die etwas bot, was es vorher nicht gab. Mehr noch, wir waren glücklich in unserem Job und zufrieden als Entwickler. Wir machten keine Überstunden, wir hatten keine Engpässe kurz vor der Veröffentlichung, der Code wurde in diesen Jahren nicht unübersichtlicher und unwartbarer und wir lieferten durchgehend und regelmäßig neue Funktionen und »Geschäftswert«.

Wie haben wir das erreicht? Indem wir den Verfahren folgten, die Dave in diesem Buch beschreibt. Es war nicht so formalisiert, und Dave hat eindeutig seine Erfahrungen aus vielen anderen Unternehmen eingebracht, um die spezifischen Konzepte herauszuarbeiten, die für ein breiteres Spektrum von Teams und Geschäftsbereichen anwendbar sind.

Was für zwei oder drei Teams an einer hochperformanten Finanzhandelsplattform funktioniert, wird nicht auf genau dieselbe Weise für ein großes Unternehmensprojekt in einem Produktionsbetrieb oder für ein schnelllebiges Start-up-Unternehmen gelten.

In meiner derzeitigen Position als Developer Advocate spreche ich mit Hunderten von Entwicklern aus den unterschiedlichsten Unternehmen und Geschäftsbereichen und höre mir ihre Probleme (von denen viele meinen eigenen Erfahrungen vor 20 Jahren nicht unähnlich sind) und ihre Erfolgsgeschichten an. Die Konzepte, die Dave in diesem Buch behandelt, sind allgemein genug, um in all diesen Umgebungen zu funktionieren, und spezifisch genug, um in der Anwendung hilfreich zu sein.

Komischerweise begann ich mich mit der Bezeichnung *Software Engineer* unwohl zu fühlen, nachdem ich Daves Team verlassen hatte. Ich dachte nicht, dass das, was wir als Entwickler tun, Engineering ist; ich dachte nicht, dass es das Engineering war, das das Team erfolgreich gemacht hatte. Ich dachte, dass Engineering eine zu strukturierte Disziplin für das ist, was wir tun, wenn wir komplexe Systeme entwickeln. Mir gefällt die Idee, dass es sich dabei um ein »Handwerk« handelt, da dies sowohl Kreativität als auch Produktivität beinhaltet, auch wenn es die Teamarbeit nicht ausreichend betont, die für die Arbeit an Software-Problemen in großem Maßstab erforderlich ist. Die Lektüre dieses Buchs hat meine Meinung geändert.

Dave erklärt deutlich, warum wir falsche Vorstellungen davon haben, was »echtes« Engineering ist. Er zeigt, dass Engineering eine wissenschaftsbasierte Disziplin ist, die aber nicht starr sein muss. Er erklärt Schritt für Schritt, wie wissenschaftliche Prinzipien und Engineering-Techniken auf die Software-Entwicklung angewendet werden können und warum die produktionsbezogenen Techniken, von denen wir dachten, sie seien ingenieurwissenschaftlich, für die Software-Entwicklung nicht geeignet sind.

Was ich an Daves Buch so toll finde, ist, dass er Konzepte nimmt, die abstrakt und schwierig auf echten Code anzuwenden scheinen, mit dem wir in unserem Job arbeiten müssen, und zeigt, wie wir sie als Tools einsetzen, um unsere konkreten Probleme anzugehen.

Das Buch begegnet der chaotischen Realität der Code-Entwicklung – oder sollte ich sagen, der Software-Entwicklung –, mit offenen Armen: Es gibt nicht die eine, einzig richtige Lösung. Die Dinge werden sich ändern. Was zu einem bestimmten Zeitpunkt richtig war, ist manchmal schon kurze Zeit später völlig falsch.

Die erste Hälfte des Buchs bietet praktische Lösungen, um in dieser Realität nicht nur zu überleben, sondern zu gedeihen. In der zweiten Hälfte werden Themen aufgegriffen, die von manchen als abstrakt oder akademisch angesehen werden könnten, und es wird gezeigt, wie man sie anwendet, um besseren (z.B. robusteren oder besser wartbaren oder in anderen Merkmalen »besseren«) Code zu designen.

Dabei bedeutet Design nicht unbedingt seitenlange Designdokumente oder UML-Diagramme, sondern kann so einfach sein wie »über den Code nachzudenken, bevor oder während man ihn schreibt«. (Als ich mit Dave zusammen Pair Programming betrieben habe, ist mir unter anderem aufgefallen, wie wenig Zeit er mit dem eigentlichen Schreiben des Codes verbringt. Es stellte sich heraus, dass das Nachdenken über das, was wir schreiben, bevor wir es schreiben, uns eine Menge Zeit und Mühe ersparen kann).

Dave versucht nicht, Widersprüche bei der gemeinsamen Anwendung der Verfahren zu vermeiden oder die mögliche Verwirrung, die durch ein einzelnes Verfahren verursacht werden kann, aufzuklären. Weil er sich die Zeit nimmt, über die Kompromisse und die häufig auftretenden Unklarheiten zu sprechen, habe ich stattdessen zum ersten Mal verstanden, dass es genau die Balance und die Spannung zwischen diesen Dingen ist, die »bessere« Systeme schafft. Es geht darum zu verstehen, dass diese Dinge Richtlinien sind, ihre Vor- und Nachteile zu sehen und sie als Linsen zu verstehen, durch die man den Code/das Design/die Architektur betrachten kann, und gelegentlich als Stellschrauben, an denen man drehen kann, anstatt als binäre, schwarz-weiße, Richtig-oder-falsch-Regeln.

Durch die Lektüre dieses Buchs habe ich verstanden, warum wir in der Zeit, in der ich mit Dave gearbeitet habe, als »Software Engineers« so erfolgreich und zufrieden waren. Ich hoffe, dass Sie durch die Lektüre dieses Buchs von Daves Erfahrung und Ratschlägen profitieren können, ohne einen Dave Farley für Ihr Team einstellen zu müssen.

Viel Spaß beim Entwickeln!

– Trisha Gee, Developer Advocate und Java Champion

Einleitung

Dieses Buch bringt das *Engineering* zurück ins *Software Engineering*[1]. Ich beschreibe hier einen praktischen Ansatz für die Software-Entwicklung, bei dem ein bewusst rationaler, wissenschaftlicher Denkstil zur Lösung von Problemen eingesetzt wird. Diese Idee gründet auf der konsequenten Anwendung dessen, was wir in den letzten Jahrzehnten über Software-Entwicklung gelernt haben.

Mein Anliegen mit diesem Buch ist es, Sie davon zu überzeugen, dass Engineering vielleicht nicht das ist, wofür Sie es halten, und dass es völlig angemessen und effektiv ist, es im Rahmen der Software-Entwicklung anzuwenden. Danach werde ich die Grundlagen eines solchen Engineering-Ansatzes für Software-Entwicklung beschreiben und wie und warum er funktioniert.

Dabei geht es nicht um die neuesten Modetrends bei Prozessen oder Technologien, sondern um bewährte, praktische Ansätze, für die wir Daten haben, die uns zeigen, was funktioniert und was nicht.

Iteratives Arbeiten in kleinen Schritten funktioniert besser, als darauf zu verzichten. Wenn wir unsere Arbeit in eine Reihe kleiner, formloser Experimente aufteilen und Feedback einholen, um daraus zu lernen, können wir überlegter vorgehen und die Problem- und Lösungsräume erkunden, in denen wir uns bewegen. Indem wir unsere Arbeit so aufteilen, dass jeder Teil fokussiert, klar und verständlich ist, können wir unsere Systeme sicher und wohlüberlegt weiterentwickeln, auch wenn wir das Ziel nicht kennen, bevor wir beginnen.

Dieser Ansatz gibt uns eine Orientierung und zeigt uns, worauf wir uns konzentrieren müssen, selbst wenn wir die Antworten nicht kennen. Das verbessert unsere Erfolgschancen, egal wie die Herausforderung aussieht, vor der wir stehen.

In diesem Buch beschreibe ich ein Modell der Selbstorganisation, um großartige Software effizient und in jeder Skalierung zu entwickeln, sowohl für wirklich komplexe als auch für einfachere Systeme.

Es hat schon immer Gruppen von Menschen gegeben, die hervorragende Arbeit geleistet haben. Wir haben von innovativen Pionieren profitiert, die uns gezeigt

1 Anmerkung des Übersetzers: Software Engineering wird im Deutschen auch als »Software-Entwicklung« bezeichnet. Engineering als alleinstehender Begriff ist im Sinne von »Ingenieurswissenschaften« zu verstehen. Wir haben beide Begriffe im englischen Original belassen, um den Bezug zu erhalten.

haben, was möglich ist. In den letzten Jahren hat unsere Branche jedoch gelernt, besser zu erklären, was wirklich funktioniert. Wir verstehen jetzt besser, welche Ideen allgemeiner sind und breiter angewendet werden können, und uns liegen Daten vor, die diese Erkenntnisse bestätigen.

Wir können Software zuverlässiger, besser und schneller entwickeln, und wir haben Daten, die das belegen. Wir können extrem anspruchsvolle Probleme lösen, und wir haben Erfahrung mit vielen erfolgreichen Projekten und Unternehmen, die diese Behauptung bestätigen.

Der hier beschriebene Ansatz bildet eine Sammlung wichtiger grundlegender Konzepte und baut auf der Arbeit meiner Vorgänger auf. Dabei werden keine neuen Verfahren eingeführt, doch er führt wichtige Konzepte und Verfahren zu einem kohärenten Ganzen zusammen und gibt uns Prinzipien an die Hand, auf denen eine Disziplin der Software-Entwicklung aufgebaut werden kann.

Dies ist keine willkürliche Ansammlung unterschiedlicher Konzepte. Die Konzepte sind eng miteinander verwoben und verstärken sich gegenseitig. Wenn sie zusammenkommen und konsequent darauf angewandt werden, wie wir unsere Arbeit verstehen, sie organisieren und durchführen, haben sie einen erheblichen Einfluss auf die Effizienz und die Qualität dieser Arbeit. Dies ist eine grundlegend andere Art, unsere Arbeit zu sehen, auch wenn jeder einzelne Gedanke für sich genommen vertraut sein mag. Wenn diese Dinge zusammenkommen und als Leitprinzipien für die Entscheidungsfindung in der Software-Entwicklung angewendet werden, stellt dies ein neues Paradigma für die Entwicklung dar.

Wir lernen gerade, was Software Engineering wirklich bedeutet, und es ist nicht immer das, was wir erwartet haben.

Beim Engineering geht es um die Einführung eines wissenschaftlichen, rationalistischen Ansatzes zur Lösung praktischer Probleme im Rahmen wirtschaftlicher Zwänge, aber das bedeutet nicht, dass ein solcher Ansatz theoretisch oder bürokratisch ist. Engineering ist schon fast per Definition pragmatisch.

Bei früheren Versuchen, *Software Engineering* zu definieren, wurde der Fehler gemacht, sich zu sehr auf bestimmte Tools oder Technologien zu beschränken. Software Engineering ist mehr als der Code, den wir schreiben, und die Tools, die wir benutzen. Software Engineering ist nicht irgendeine Form von Produktionstechnik; das ist nicht unsere Baustelle. Wenn Sie bei dem Wort *Engineering* an Bürokratie denken, dann lesen Sie dieses Buch und denken Sie noch einmal darüber nach.

Software Engineering ist nicht dasselbe wie Informatik, auch wenn die beiden oft verwechselt werden. Wir brauchen sowohl Software Engineers als auch Informatiker. In diesem Buch geht es um die Disziplin, den Prozess und die Konzepte, die wir anwenden müssen, um zuverlässig und reproduzierbar bessere Software zu entwickeln.

Von einer Ingenieursdisziplin für die Software-Entwicklung, die diesen Namen auch verdient, erwarten wir, dass sie uns hilft, die Probleme, mit denen wir konfrontiert sind, mit höherer Qualität und mehr Effizienz zu lösen.

Ein solcher Engineering-Ansatz würde uns auch helfen, Probleme zu lösen, an die wir noch nicht gedacht haben, und zwar mithilfe von Technologien, die noch nicht erfunden wurden. Die Leitgedanken einer solchen Disziplin wären allgemein, beständig und allgegenwärtig.

Dieses Buch ist ein Versuch, eine Sammlung solcher eng verwandten, miteinander verbundenen Konzepte abzustecken. Mein Ziel ist es, sie zu einem kohärenten Ansatz zusammenzufassen, den wir als Grundlage für fast alle Entscheidungen heranziehen können, die wir als Software-Entwickler und Software-Entwicklungs-Teams treffen.

Software Engineering als Konzept muss uns, wenn es überhaupt eine Bedeutung haben soll, einen Vorteil verschaffen und nicht nur die Möglichkeit bieten, neue Tools einzusetzen.

Nicht alle Konzepte sind gleich. Es gibt gute und schlechte. Wie können wir also den Unterschied erkennen? Welche Prinzipien können wir anwenden, die es uns ermöglichen, jede neue Idee im Bereich Software und Software-Entwicklung zu bewerten und zu entscheiden, ob sie voraussichtlich gut oder schlecht ist?

Alles, was mit Fug und Recht als Engineering-Ansatz zur Lösung von Software-Problemen bezeichnet werden kann, ist allgemein anwendbar und von grundlegendem Charakter. In diesem Buch geht es um diese Konzepte. Nach welchen Kriterien sollten Sie Ihre Tools auswählen? Wie sollten Sie Ihre Arbeit organisieren? Wie sollten Sie die Systeme, die Sie bauen, und den Code, den Sie schreiben, organisieren, um Ihre Erfolgsaussichten während des Entstehungsprozesses zu erhöhen?

Eine Definition von Software Engineering?

In diesem Buch stelle ich die Behauptung auf, dass wir Software Engineering in folgendem Sinne denken sollten:

> ***Software Engineering*** *ist die Anwendung eines empirischen, wissenschaftlichen Ansatzes, um effiziente, wirtschaftliche Lösungen für praktische Probleme in der Software-Entwicklung zu finden.*

Mein Ziel ist ehrgeizig. Ich möchte ein Konzept, eine Struktur, einen Ansatz vorschlagen, den wir als eine echte Ingenieursdisziplin für die Software-Entwicklung betrachten können. Im Grunde genommen basiert dies auf drei Schlüsselideen:

- Die Wissenschaft und ihre praktische Anwendung, das »Engineering«, sind unverzichtbare Tools, um in technischen Disziplinen effektiv voranzukommen.
- In unserem Fachgebiet geht es im Wesentlichen um Lernen und Entdecken. Um erfolgreich zu sein, müssen wir daher **Experten im Lernen** werden, und mit Wissenschaft und Technik lernen wir am effektivsten.
- Schließlich sind die Systeme, die wir bauen, oft komplex und werden immer komplexer. Um ihre Entwicklung zu bewältigen, müssen wir also **Experten im Umgang mit dieser Komplexität** werden.

Der Inhalt des Buchs

In Teil I, »Was ist Software Engineering?«, geht es zunächst darum, was Engineering im Zusammenhang mit Software wirklich bedeutet. Hier geht es um die Prinzipien und die Philosophie des Engineerings und wie wir diese Konzepte auf die Software-Entwicklung anwenden können. Dies ist eine technische Philosophie für die Software-Entwicklung.

In Teil II, »Für das Lernen optimieren«, geht es darum, wie wir unsere Arbeit so organisieren, dass es uns möglich ist, in kleinen Schritten Fortschritte zu machen. Wie können wir beurteilen, ob wir gute Fortschritte machen oder heute nur das Altsystem von morgen schaffen?

Teil III, »Optimieren für den Umgang mit Komplexität«, befasst sich mit den Prinzipien und Methoden, die für den Umgang mit Komplexität notwendig sind. Hier wird jedes dieser Prinzipien näher beleuchtet und ihre Bedeutung und Anwendbarkeit für die Erstellung hochwertiger Software, egal welcher Art, erläutert.

Der letzte Abschnitt, Teil IV, »Werkzeuge zur Unterstützung von Engineering in der Software-Entwicklung«, beschreibt Konzepte und Herangehensweisen, die unsere Lernmöglichkeiten maximieren und es uns erleichtern, in kleinen Schritten Fortschritte zu machen und mit der Komplexität unserer Systeme umzugehen, während sie wachsen.

Über das ganze Buch verstreut finden sich Überlegungen zur Geschichte und Philosophie des Software Engineerings und wie sich das Denken weiterentwickelt hat. Diese Einschübe bieten einen hilfreichen Kontext für viele der Ideen in diesem Buch.

Danksagungen

Ein Buch wie dieses zu schreiben, erfordert viel Zeit, eine Menge Arbeit und die Erkundung zahlreicher Ideen. Die Menschen, die mir während dieses Prozesses geholfen haben, taten dies auf ganz unterschiedliche Weise. Manchmal stimmten sie mir zu und bestärkten mich in meinen Überzeugungen, manchmal waren sie anderer Meinung und zwangen mich, meine Argumente zu verstärken oder meine Meinung zu ändern.

Zunächst möchte ich mich bei meiner Frau Kate bedanken, die mir auf vielfältige Weise geholfen hat. Obwohl Kate kein Software-Profi ist, hat sie große Teile dieses Buchs gelesen und mir dabei geholfen, meine Grammatik zu korrigieren und meine Botschaft zu verfeinern.

Ich möchte mich bei meinem Schwager Bernard McCarty bedanken, der mich mit Ideen zum Thema Wissenschaft versorgt und mich dazu gebracht hat, intensiver darüber nachzudenken, warum ich über Experimente und Empirie und viele andere Dinge sprechen wollte.

Ich möchte Trisha Gee dafür danken, dass sie nicht nur ein so nettes Vorwort geschrieben hat, sondern auch von diesem Buch begeistert war, als ich neuen Antrieb brauchte.

Ich möchte Martin Thompson dafür danken, dass er immer für mich da ist, wenn es darum geht, Meinungen über Informatik auszutauschen, und dass er meist innerhalb von Minuten auf meine ziemlich zufälligen Gedanken antwortet.

Ich möchte mich bei Martin Fowler bedanken, der mir, obwohl er mit anderen Projekten ausgelastet ist, Ratschläge gegeben hat, die zur Stärkung dieses Buchs beigetragen haben.

Viele weitere meiner Freunde haben im Laufe der Jahre indirekt dazu beigetragen, mein Denken zu diesen Themen zu formen, und vieles mehr: Dave Hounslow, Steve Smith, Chris Smith, Mark Price, Andy Stewart, Mark Crowther, Mike Barker und viele andere.

Ich möchte dem Team von Pearson[1] für seine Hilfe und Unterstützung während des Veröffentlichungsprozesses dieses Buchs danken.

1 Anm. zur Übersetzung: Die englischsprachige Originalausgabe dieses Buchs ist bei Pearson erschienen.

Ich möchte auch einer ganzen Reihe von Menschen danken – die ich nicht alle kenne –, die mich unterstützt, mit mir argumentiert, mich herausgefordert und nachdenklich gemacht haben. Ich habe viele dieser Ideen schon seit einigen Jahren auf Twitter und auf meinem YouTube-Kanal geteilt und bin dadurch in einige großartige Gespräche verwickelt worden. Ich danke euch!

Über den Autor

David Farley ist ein Pionier der Continuous Delivery sowie Vordenker und Experte für Continuous Delivery, DevOps, TDD und Software-Entwicklung im Allgemeinen.

Dave ist seit vielen Jahren Programmierer, Software Engineer, Systemarchitekt und Leiter erfolgreicher Teams. Seit den Anfängen der modernen Computertechnik hat er die grundlegenden Prinzipien der Funktionsweise von Computern und Software aufgegriffen und bahnbrechende, innovative Ansätze entwickelt, die unsere Herangehensweise an die moderne Software-Entwicklung verändert haben. Er hat konventionelles Denken in Frage gestellt und Teams dazu gebracht, Software von Weltklasse zu entwickeln.

Dave ist Mitautor des mit dem Jolt-Award ausgezeichneten Buchs *Continuous Delivery*, ein gefragter Speaker und betreibt den äußerst erfolgreichen und beliebten YouTube-Kanal »Continuous Delivery« zum Thema Software Engineering. Er hat eine der schnellsten Finanzhandelsplattform der Welt aufgebaut und ist ein Pionier von BDD, Autor des Reactive Manifesto und Gewinner des Duke Award für Open-Source-Software mit dem LMAX Disruptor.

Daves Leidenschaft ist es, Entwicklungsteams auf der ganzen Welt dabei zu helfen, das Design, die Qualität und die Zuverlässigkeit ihrer Software zu verbessern, indem er sein Fachwissen durch seine Beratung, seinen YouTube-Kanal und seine Schulungen weitergibt.

Twitter: @davefarley77

YouTube Channel: `https://bit.ly/CDonYT`

Blog: `http://www.davefarley.net`

Company Website: `https://www.continuous-delivery.co.uk`

Teil I

Was ist Software Engineering?

In diesem Teil:

Kapitel 1

Einführung

1.1 Engineering – Die praktische Anwendung von Wissenschaft

Software-Entwicklung ist ein Prozess des Entdeckens und Erkundens; um darin erfolgreich zu sein, müssen Software-Entwickler Experten **im Lernen** werden.

Der beste Ansatz zum Lernen ist die Wissenschaft, also müssen wir die Techniken und Strategien der Wissenschaft übernehmen und sie auf unsere Probleme anwenden. Dies wird oft dahin gehend missverstanden, dass wir zu Physikern werden müssen, die alles mit einer für Software unangemessenen Präzision messen. Engineering ist pragmatischer als das.

Wenn ich sage, dass wir die Techniken und Strategien der Wissenschaft anwenden sollten, meine ich, dass wir einige ziemlich grundlegende, aber dennoch äußerst wichtige Konzepte anwenden sollten.

Die wissenschaftliche Methode, die die meisten von uns in der Schule gelernt haben, wird von Wikipedia wie folgt beschrieben:

- **Charakterisieren:** Beobachte den aktuellen Zustand.
- **Hypothesen aufstellen:** Erstelle eine Beschreibung, eine Theorie, die die Beobachtung erklären könnte.
- **Vorhersagen:** Triff eine Vorhersage auf Grundlage der Hypothese.
- **Experimentieren:** Teste die Vorhersage.

Wenn wir unser Denken auf diese Weise organisieren und beginnen, Fortschritte auf der Grundlage vieler kleiner, formloser Experimente zu machen, verringern wir das Risiko, vorschnell falsche Schlüsse zu ziehen, und leisten am Ende bessere Arbeit.

Wenn wir damit beginnen, die Variablen in unseren Experimenten zu kontrollieren, um mehr Konsistenz und Zuverlässigkeit in unseren Ergebnissen zu erreichen, führt uns das in Richtung deterministischerer Systeme und Code. Wenn wir beginnen, unseren Ideen gegenüber skeptisch zu sein und zu untersuchen, wie wir sie widerlegen könnten, können wir schlechte Ideen schneller erkennen und eliminieren sowie viel schneller Fortschritte machen.

Dieses Buch basiert auf einem praktischen, pragmatischen Ansatz zur Lösung von Softwareproblemen, basierend auf einer formlosen Adaption grundlegender wissenschaftlicher Prinzipien, mit anderen Worten: **Engineering**!

1.2 Was ist Software Engineering?

Die Definition von Software Engineering, die meinen Überlegungen in diesem Buch zugrunde liegt, lautet wie folgt:

> ***Software Engineering*** *ist die Anwendung eines empirischen, wissenschaftlichen Ansatzes, um effiziente, wirtschaftliche Lösungen für praktische Probleme in der Softwareentwicklung zu finden.*

Die Anwendung eines Engineering-Ansatzes bei der Software-Entwicklung ist vor allem aus zwei Gründen wichtig. Erstens ist Software-Entwicklung immer eine Praxis des Entdeckens und Lernens, und zweitens muss unsere Fähigkeit zu lernen nachhaltig sein, wenn es unser Ziel ist, »effizient« und »wirtschaftlich« zu sein.

Das bedeutet, dass wir die Komplexität der von uns geschaffenen Systeme so steuern müssen, dass unsere Fähigkeit, Neues zu lernen und uns anzupassen, erhalten bleibt.

Wir müssen also **Experten im Lernen und Experten im Umgang mit Komplexität** werden.

Es gibt fünf Techniken, die die Grundlage für diese Fokussierung auf das Lernen bilden. Um **Experten im Lernen** zu werden, brauchen wir insbesondere Folgendes:

- Iteration
- Feedback
- Inkrementalismus
- Experimente
- Empirismus

Dies ist ein evolutionärer Ansatz für die Entwicklung komplexer Systeme. Komplexe Systeme entspringen nicht bereits vollständig ausgearbeitet unserer Vorstellungskraft. Sie sind das Ergebnis vieler kleiner Schritte, in denen wir unsere Ideen ausprobieren und dabei auf Erfolge und Misserfolge reagieren. Dies sind die Werkzeuge, die uns Erkunden und Entdecken ermöglichen.

Diese Arbeitsweise bringt einige Einschränkungen in Bezug darauf mit sich, wie wir sicher voranschreiten können. Wir müssen in der Lage sein, so zu arbeiten, dass die Entdeckungsreise, die das Herzstück eines jeden Software-Projekts ist, erleichtert wird.

Folglich müssen wir neben der Konzentration auf das Lernen so arbeiten, dass wir Fortschritte machen können, wenn die Antworten und manchmal sogar die Richtung unsicher sind.

Dazu müssen wir **Experten im Umgang mit Komplexität** werden. Unabhängig von der Art der Probleme, die wir lösen, oder der Technologien, die wir zu ihrer Lösung einsetzen, ist der Umgang mit der Komplexität der Probleme, mit denen wir konfrontiert sind, und den Lösungen, die wir dafür anwenden, ein zentrales Unterscheidungsmerkmal zwischen schlechten und guten Systemen.

Um **Experten im Umgang mit Komplexität** zu werden, brauchen wir Folgendes:

- Modularität
- Kohäsion
- Trennung von Zuständigkeiten (engl. Separation of Concerns)
- Abstraktion
- Lose Kopplung

Es ist leicht, diese Konzepte zu betrachten und sie als bekannt abzutun. Ja, Sie sind fast sicher mit allen von ihnen vertraut. Ziel dieses Buchs ist es, sie zu ordnen und in eine zusammenhängende Strategie für die Entwicklung von Softwaresystemen zu überführen, die Ihnen hilft, Ihr Potenzial bestmöglich auszuschöpfen.

Dieses Buch beschreibt, wie diese zehn Konzepte als Werkzeuge zur Steuerung der Software-Entwicklung eingesetzt werden können. Es beschreibt anschließend eine Reihe von Konzepten, die als praktische Werkzeuge dienen, um eine effektive Strategie für jede Software-Entwicklung voranzutreiben. Zu diesen Konzepten gehören die folgenden:

- Testbarkeit
- Deploybarkeit
- Geschwindigkeit
- Kontrolle der Variablen[1]
- Continuous Delivery (dt. Kontinuierliche Bereitstellung)

Wenn wir diese Denkweise anwenden, sind die Ergebnisse tiefgreifend. Wir erstellen Software von höherer Qualität, wir produzieren schneller, und die Mitarbeiter der Teams, die diese Prinzipien anwenden, berichten, dass sie mehr Spaß an ihrer Arbeit haben, weniger Stress empfinden und eine bessere Work-Life-Balance haben.[2]

Das sind gewagte Behauptungen, aber auch sie werden durch Daten gestützt.

1 Anmerkung des Übersetzers: Im englischen Original heißt es »Controlling the variables«. Damit sind hier die Umgebungsparameter gemeint, nicht die Variablen in einem Programm.

2 Basierend auf den Erkenntnissen aus den »State-of-DevOps«-Berichten sowie den Berichten von Microsoft und Google.

1.3 Die Rückeroberung des »Software Engineering«

Ich habe mit dem Titel dieses Buchs gerungen, nicht weil ich nicht wusste, wie ich es nennen wollte, sondern weil unsere Branche die Bedeutung von *Engineering* im Zusammenhang mit Software so neu definiert hat, dass der Begriff abgewertet wurde.

In der Software-Branche wird er oft einfach als Synonym für »Code« angesehen oder als etwas, das die Leute abschreckt, da es als übermäßig bürokratisch und verfahrenstechnisch gilt. Für echtes Engineering könnte nichts weiter von der Wahrheit entfernt sein.

In anderen Disziplinen bedeutet *Engineering* einfach »Dinge, die funktionieren«. Es ist der Prozess bzw. das Verfahren, das angewendet wird, um die Chance, gute Arbeit zu leisten, zu erhöhen.

Wenn unsere Verfahren im »Software Engineering« es uns nicht ermöglichen, bessere Software schneller zu entwickeln, dann sind sie nicht wirklich im Sinne des Engineerings, und wir sollten sie ändern!

Das ist der Grundgedanke dieses Buchs, und sein Ziel ist es, ein nachvollziehbar konsistentes Modell zu beschreiben, das einige Grundprinzipien zusammenfasst, die die Grundlage jeder guten Software-Entwicklung bilden.

Es gibt nie eine Erfolgsgarantie, aber wenn Sie sich diese gedanklichen Hilfsmittel und organisatorischen Grundsätze zu eigen machen und sie auf Ihre Arbeit anwenden, werden Sie Ihre Erfolgschancen sicherlich erhöhen.

1.4 Wie man Fortschritte macht

Software-Entwicklung ist eine komplexe, anspruchsvolle Tätigkeit. Sie ist in gewisser Weise eine der komplexesten Tätigkeiten, die unsere Spezies ausübt. Es ist lächerlich zu erwarten, dass jeder Einzelne oder sogar jedes Team die Bewältigung dieser Aufgabe jedes Mal von Grund auf neu erfinden kann oder sollte, wenn wir ein neues Projekt beginnen.

Wir haben gelernt und lernen weiterhin, was funktioniert und was nicht. Wie können wir also, sowohl als gesamte Branche als auch als Teams, Fortschritte machen und auf den Schultern von Giganten aufbauen, wie Isaac Newton einmal sagte, wenn jeder bei allem ein Veto einlegen kann? Wir brauchen einige vereinbarte Grundsätze und eine Disziplin, die unsere Aktivitäten leitet.

Die Gefahr bei dieser Denkweise besteht darin, dass sie bei falscher Anwendung zu drakonischem, übermäßig direktivem »Entscheidung-von-oben«-Denken führen kann.

Wir werden auf frühere schlechte Denkmuster zurückfallen, nämlich dass die Aufgabe von Managern und Führungskräften darin besteht, allen anderen zu sagen, was sie zu tun haben und wie sie es tun sollen.

Das große Problem bei »präskriptivem« oder übermäßig »direktivem« Vorgehen ist, was wir tun sollen, wenn einige unserer Ansichten falsch oder unvollständig sind. Das wird unvermeidlich sein. Wie können wir also schlechte, eingefahrene Konzepte hinterfragen und neue, potenziell großartige, jedoch unerprobte Konzepte bewerten?

Es gibt eine sehr gute Herangehensweise dafür, diese Probleme zu lösen. Es ist ein Ansatz, der uns die geistige Freiheit gibt, Dogmen zu hinterfragen und zu widerlegen und zwischen modischen, jedoch schlechten, und großartigen Konzepten zu unterscheiden, unabhängig davon, aus welcher Quelle sie stammen. Er ermöglicht es uns, die schlechten Ideen durch bessere zu ersetzen und gute Konzepte zu verbessern. Im Grunde brauchen wir eine Struktur, die es uns ermöglicht zu wachsen und verbesserte Ansätze, Strategien, Prozesse, Technologien und Lösungen zu entwickeln. Wir nennen diese gute Herangehensweise *Wissenschaft*!

Wenn wir diese Art des Denkens auf die Lösung praktischer Probleme anwenden, nennen wir es *Engineering*!

In diesem Buch geht es darum, was es bedeutet, wissenschaftliches Denken auf unser Fachgebiet anzuwenden und so etwas zu erreichen, das wir wirklich und präziser Weise als *Software Engineering* bezeichnen können.

1.5 Die Geburt des Software Engineering

Das Konzept des Software Engineering wurde Ende der 1960er-Jahre entwickelt. Der Begriff wurde erstmals von Margaret Hamilton verwendet, die später Direktorin der Software Engineering Division des MIT Instrumentation Lab wurde. Hamilton war federführend bei der Entwicklung der Flugkontroll-Software für das Apollo-Raumfahrtprogramm.

Zur gleichen Zeit berief die North Atlantic Treaty Organization (NATO) eine Konferenz in Garmisch-Partenkirchen (Deutschland) ein, um den Begriff zu definieren. Dies war die erste **Software-Engineering**-Konferenz.

Die ersten Computer wurden durch das Umlegen von Schaltern oder sogar als Teil ihrer Konstruktion fest programmiert. Den Pionieren wurde schnell klar, dass dies langsam und unflexibel war, und die Idee des »gespeicherten Programms« war geboren. Dieser Ansatz unterschied zum ersten Mal klar zwischen Software und Hardware.

Ende der 1960er-Jahre waren die Computerprogramme so komplex geworden, dass es schwierig wurde, sie zu erstellen und zu warten. Sie waren an der Lösung immer komplexerer Probleme beteiligt und wurden schnell zu dem Auslöser, der es überhaupt erst ermöglichte, bestimmte Arten von Problemen zu lösen.

Es entstand eine erhebliche Diskrepanz zwischen der Geschwindigkeit des Fortschritts bei der Hardware-Entwicklung gegenüber dem Fortschritt bei der Software-Entwicklung. Dies wurde seinerzeit als *Software-Krise* bezeichnet.

Die NATO-Konferenz wurde unter anderem als Reaktion auf diese Krise einberufen.

Wenn man heute die Aufzeichnungen der Konferenz liest, findet man viele Konzepte, die offensichtlich beständig sind. Sie haben sich im Laufe der Zeit bewährt und sind heute noch so aktuell wie 1968. Diese Tatsache sollte uns interessieren, wenn wir danach streben, einige grundlegende Merkmale zu bestimmen, die unsere Disziplin ausmachen.

Ein paar Jahre später verglich der Turing-Preisträger Fred Brooks rückblickend die Fortschritte der Software-Entwicklung mit denen der Hardware-Entwicklung:

> *Es gibt keine einzige Entwicklung, weder bei Technologien noch bei den Führungstechniken, die für sich genommen innerhalb eines Jahrzehnts auch nur annähernd eine Verbesserung in ähnlicher Größenordnung bezüglich Produktivität, Zuverlässigkeit und Einfachheit aufwies.*[3]

Brooks verglich dies mit dem berühmten Moore'schen Gesetz[4], dem die Hardware-Entwicklung für viele Jahre gefolgt ist.

Dies ist eine interessante Beobachtung, die, wie ich glaube, viele überraschen wird, aber im Grunde genommen hat sie schon immer zugetroffen.

Brooks führt weiter aus, dass dies nicht so sehr eine Frage der Software-Entwicklung ist, sondern viel mehr eine Folge der einzigartigen, erstaunlichen Verbesserung der Leistungsfähigkeit von Hardware:

> *Wir müssen feststellen, dass die Anomalie nicht darin besteht, dass die Software-Entwicklung so langsam ist, sondern dass die Entwicklung der Computer-Hardware so schnell ist. Keine andere Technologie seit Beginn der Zivilisation hat innerhalb von 30 Jahren einen Preis-/Leistungszuwachs von sechs Größenordnungen erzielt.*

---

3 Quelle: Fred Brooks' 1986 veröffentlichtes Paper mit dem Titel »No Silver Bullet«. Siehe `http://worrydream.com/refs/Brooks-NoSilverBullet.pdf`.

4 1965 sagte Gordon Moore voraus, dass sich die Transistordichte (nicht die Leistung) im nächsten Jahrzehnt (bis 1975) jedes Jahr verdoppeln würde, was später zu alle zwei Jahre korrigiert wurde. Diese Vorhersage setzten sich die Produzenten von Halbleitern zum Ziel und übertrafen Moores Erwartungen bei Weitem, die noch jahrzehntelang Gültigkeit behielten. Einige Beobachter sind der Ansicht, dass wir das Ende dieses explosiven Kapazitätswachstums aufgrund der Grenzen bestehender Ansätze und dem Auftreten von Quanteneffekten inzwischen erreicht haben. Aber zum Zeitpunkt der Entstehung dieses Buchs folgt die Entwicklung von Halbleitern mit hoher Dichte weiterhin dem Moore'schen Gesetz.

Er schrieb dies 1986, was wir heute als den Beginn des Computerzeitalters bezeichnen würden. Die Hardware-Entwicklung hat sich seither in diesem Tempo fortgesetzt, und die Computer, die Brooks so leistungsfähig erschienen, sehen im Vergleich zur Kapazität und Leistung moderner Systeme wie Spielzeug aus. Und doch ... seine Beobachtungen bezüglich der Geschwindigkeit der Verbesserungen in der Software-Entwicklung bleiben korrekt.

1.6 Paradigmenwechsel

Das Konzept des *Paradigmenwechsels* wurde von dem Physiker Thomas Kuhn entwickelt.

Meistens ist Lernen eine Art Anhäufung. Wir bauen Schichten des Verstehens auf, wobei jede Schicht von der vorherigen untermauert wird.

Aber Lernen ist nicht immer so. Manchmal ändern wir unsere Perspektive auf etwas grundlegend und das ermöglicht es uns, Neues zu lernen, aber das bedeutet auch, dass wir Gelerntes wieder verwerfen müssen.

Im 18. Jahrhundert glaubten angesehene Biologen (damals wurden sie noch nicht so bezeichnet), dass sich einige Tiere spontan selbst erzeugen. Als Darwin Mitte des 19. Jahrhunderts auftauchte und den Prozess der natürlichen Selektion beschrieb, wurde damit das Konzept der spontanen Entstehung völlig über den Haufen geworfen.

Dieses Umdenken führte schließlich zu unserem modernen Verständnis der Genetik und zu unserer Fähigkeit, das Leben auf einer grundlegenderen Ebene zu verstehen, Technologien zu entwickeln, die es uns ermöglichen, diese Gene zu manipulieren und COVID-19-Impfstoffe und Gentherapien zu entwickeln.

In ähnlicher Weise stellten Kepler, Kopernikus und Galilei die damals vorherrschende Überzeugung infrage, dass die Erde im Zentrum des Universums lag. Sie schlugen stattdessen ein heliozentrisches Modell für das Sonnensystem vor. Dieses führte schließlich dazu, dass Newton die Gesetze der Gravitation und Einstein die allgemeine Relativitätstheorie entwickeln konnten. Es ermöglichte uns, in den Weltraum zu reisen und Technologien wie GPS zu entwickeln.

Das Konzept des Paradigmenwechsels beinhaltet implizit die Vorstellung, dass wir bei einem solchen Wechsel als Teil des Prozesses einige andere Konzepte verwerfen, von denen wir jetzt wissen, dass sie nicht länger richtig sind.

Software-Entwicklung als echte Ingenieursdisziplin zu behandeln, die ihre Wurzeln in der Philosophie der wissenschaftlichen Methode und des wissenschaftlichen Realismus' hat, hat tiefgreifende Folgen. Sie sind nicht nur wegen ihrer

Wirkung und Effektivität, die so wortgewandt in dem Buch *Accelerate*[5] beschrieben werden, tiefgreifend, sondern auch wegen der essenziellen Notwendigkeit, die Konzepte zu verwerfen, die durch einen neuen Ansatz ersetzt werden.

Dies gibt uns einen Ansatz, um effektiver zu lernen und schlechte Konzepte effizienter zu verwerfen.

Ich glaube, dass die von mir in diesem Buch beschriebene Herangehensweise an die Software-Entwicklung einen solchen Paradigmenwechsel darstellt. Sie bietet uns eine neue Perspektive auf das, was wir tun und wie wir es tun.

1.7 Zusammenfassung

Die Anwendung dieser ingenieurstechnischen Sichtweise auf Software muss nicht schwerfällig oder übermäßig komplex sein. Der Paradigmenwechsel, der darin besteht, anders darüber zu denken, was wir bei der Software-Erstellung tun und wie wir es tun, sollte uns helfen, den Wald vor lauter Bäumen zu sehen und Software einfacher, zuverlässiger und effizienter machen.

Es geht nicht um mehr Bürokratie, sondern darum, unsere Fähigkeit zu verbessern, qualitativ hochwertige Software nachhaltiger und zuverlässiger zu erstellen.

5 Die Leute, die hinter den »State-of-DevOps«-Berichten stehen, DORA, beschrieben das Prognosemodell, das sie auf der Grundlage ihrer Untersuchungen erstellt haben. Quelle: *Accelerate: The Science of Lean Software and DevOps* von Nicole Fosgren, Jez Humble, und Gene Kim (2018).

Kapitel 2

Was ist Engineering?

Ich unterhalte mich nun schon seit einigen Jahren immer wieder über Software Engineering. Deswegen werde ich regelmäßig in eine überraschend große Anzahl von Gesprächen über den Bau von Brücken verwickelt. Sie beginnen in der Regel mit dem Satz »Ja, aber Software ist kein Brückenbau«, als ob dies eine Art Offenbarung wäre.

Natürlich ist Software Engineering nicht dasselbe wie der Bau von Brücken, aber was sich die meisten Software-Entwickler unter Brückenbau vorstellen, entspricht ebenfalls nicht dem echten Brückenbau. Diese Art von Gespräch ist eigentlich eine Verwechslung von Produktionstechnik (engl. production engineering) und Konstruktionsingenieurwesen (engl. design engineering).

Produktionstechnik ist eine komplexe Angelegenheit, weil es sich um eine Disziplin handelt, die sich mit physischen Dingen beschäftigt. Und diese physischen Dinge muss man mit einem bestimmten Maß an Präzision und Qualität herstellen.

Sie müssen Ihre Bauteile an einen bestimmten Ort liefern, zu einer bestimmten Zeit, zu einem bestimmten Budget und so weiter. Sie müssen theoretische Konzepte an praktische Realität anpassen, wenn sich Ihre Modelle und Entwürfe als unzureichend erweisen.

Digitale Güter sind komplett anders. Es gibt zwar einige Analogien zu diesen Herausforderungen, aber für digitale Artefakte gibt es diese Schwierigkeiten entweder gar nicht oder man kann bis hin zur Trivialität vereinfachen. Die Produktionskosten für digitale Güter jeglicher Art sind im Wesentlichen nicht vorhanden, oder sie sollten es zumindest nicht sein.

2.1 Die Produktion ist nicht unser Problem

Bei den meisten menschlichen Vorhaben ist die Produktion von »Dingen« der schwierige Teil. Es mag Mühe und Einfallsreichtum erfordern, ein Auto, ein Verkehrsflugzeug oder ein Mobiltelefon zu entwerfen, aber die Überführung des ersten Prototyps oder des Entwurfs in die Massenproduktion ist sehr viel teurer und komplizierter.

Das gilt vor allem dann, wenn wir es effizient erledigen wollen. Als Konsequenz dieser Schwierigkeiten machen wir, die wir Kinder des Industriezeitalters und des industriellen Denkens sind, uns automatisch und beinahe unreflektiert bei jeder wichtigen Aufgabe Sorgen über den Aspekt der Produktion.

In der Software-Branche hat dies dazu geführt, dass wir ziemlich konsequent versucht haben, »produktionsorientiertes Denken« auf unsere Branche anzuwenden. Wasserfallprozesse[1] sind Fertigungsstraßen für Software. Sie sind die Werkzeuge der Massenproduktion. Sie sind keine Werkzeuge der Entdeckung, des Lernens und des Experimentierens, die im Mittelpunkt unseres Berufs stehen oder zumindest stehen sollten.

Wenn wir uns bei der Software-Entwicklung nicht dumm anstellen, besteht die Produktion für uns darin, den Build anzustoßen!

Die Produktion erfolgt automatisch, auf Knopfdruck, ist extrem skalierbar und so billig, dass man sie am besten als kostenlos betrachten sollte. Wir können immer noch Fehler machen und uns irren, aber das sind Herausforderungen, die wir verstehen und die durch Tools und Technologie gut bewältigt werden können.

Die »Produktion« ist nicht unser Problem. Das macht unsere Disziplin ungewöhnlich. Es macht sie aber auch anfällig für Missverständnisse und falsche Denkmuster und Herangehensweisen, weil diese Leichtigkeit der Produktion so ungewöhnlich ist.

2.2 Konstruktionsingenieurwesen, nicht Produktionstechnik

Selbst in der realen Welt funktioniert das, was die meisten Menschen als »Brückenbau« bezeichnen, anders, wenn die Brückenbauer zum ersten Mal eine neue Art von Brücke bauen. Unter diesen Umständen gibt es zwei Herausforderungen: eine, die für die Softwareentwicklung relevant ist, und eine, die es nicht ist.

Die erste Herausforderung betrifft uns nicht. Wenn wir eine neue Brücke bauen, selbst wenn es die erste Brücke einer neuen Art ist, gibt es all die von mir erwähnten Produktionsprobleme und viele mehr, weil es sich um eine physische Brücke handelt. Aus der Software-Perspektive können wir diese aber ignorieren.

Im Falle des Brückenbaus ist die zweite große Herausforderung, zusätzlich zu den Produktionsproblemen bei einer neuen Brückenart, das Design.

1 Wasserfallprozesse, wie sie in der Softwareentwicklung angewandt werden, sind ein stufenweiser, sequenzieller Ansatz zur Organisation der Arbeit, bei dem die Arbeit in eine Reihe von unterschiedlichen Phasen mit klar definierten Übergängen zwischen den Phasen unterteilt wird. Die Idee dahinter ist, dass man jede Phase nacheinander angeht, anstatt zu iterieren.

Er ist schwierig, weil man nicht schnell iterieren kann, wenn das Produkt etwas Physisches ist. Physische Dinge sind schwierig zu ändern.

Infolgedessen wenden Ingenieure in anderen Disziplinen Modellierungstechniken an. Sie können kleine physische Modelle bauen und heutzutage wahrscheinlich auch Computersimulationen ihres Entwurfs oder mathematische Modelle verschiedenster Art erstellen.

In dieser Hinsicht haben wir Software-Entwickler einen enormen Vorteil. Ein Brückenbauer kann zwar eine Computersimulation seines Entwurfs erstellen, aber das wird immer nur eine Annäherung an die Realität sein. Ihre Simulation, also ihr Modell, wird ungenau sein. Die Modelle, die wir als Software erstellen, unsere Computersimulationen einer Problematik, sind aber unser Produkt.

Wir brauchen uns keine Sorgen zu machen, ob unsere Modelle zur Realität passen; unsere Modelle sind die Realität, sodass wir sie direkt validieren können. Wir brauchen uns keine Gedanken über die Kosten einer Änderung zu machen. Da es sich um Software handelt, ist sie wesentlich leichter zu ändern, zumindest im Vergleich zu einer Brücke.

Unsere Disziplin ist technisch. Wir sehen uns selbst gern in diesem Kontext, und ich vermute, dass die meisten Menschen, die sich als professionelle Software-Entwickler betrachten, in ihrer Ausbildung auch ein wenig wissenschaftliches Arbeiten gelernt haben.

Trotzdem wird die Software-Entwicklung kaum unter dem Gesichtspunkt der wissenschaftlichen Rationalität betrieben. Zum Teil liegt das daran, dass wir in unserer Geschichte einige Fehltritte gemacht haben. Zum Teil liegt es daran, dass wir davon ausgehen, dass Wissenschaft schwer, teuer und im Rahmen normaler Software-Entwicklungszeitpläne unmöglich umzusetzen ist.

Ein Teil des Irrtums besteht hierbei darin, dass wir von einer idealistischen Präzision ausgehen, die in keinem Bereich möglich ist, schon gar nicht in der Software-Entwicklung. Wir haben den Fehler gemacht, mathematische Präzision anzustreben, was nicht dasselbe ist wie Engineering!

Engineering als Mathematik

In den späten 1980er- und frühen 1990er-Jahren wurde viel über Konzepte zur Strukturierung von Programmierung gesprochen. Die Überlegungen zur Bedeutung des Software Engineerings haben sich in die Richtung entwickelt, die Art und Weise zu untersuchen, wie wir arbeiten, um Code zu erzeugen. Insbesondere ging es um die Frage, wie wir effektiver arbeiten können, um Probleme in unseren Entwürfen und Implementierungen zu erkennen und zu beseitigen.

Formale Methoden wurden zu einem populären Konzept. Die meisten Universitätskurse unterrichteten damals formale Methoden. Eine formale Methode ist ein Ansatz zur Entwicklung von Software-Systemen, der eine mathematische Validierung des geschriebenen Codes vorsieht. Die Idee ist, dass die Korrektheit des Codes bewiesen wird.

Das große Problem dabei ist, dass es bereits schwierig ist, Code für ein komplexes System zu schreiben, es aber noch schwieriger ist, Code zu schreiben, der das Verhalten eines komplexen Systems definiert und sich darüber hinaus selbst als korrekt erweist.

Formale Methoden sind eine verlockende Idee, aber pragmatisch betrachtet haben sie sich in der allgemeinen Praxis der Software-Entwicklung nicht durchgesetzt, weil sie die Produktion von Code erschweren, statt sie zu erleichtern.

Ein etwas philosophischeres Argument lautet jedoch ein wenig anders. Software ist eine ungewöhnliche Sache; sie spricht eindeutig Menschen an, die oft auch Spaß an mathematischem Denken haben. Die Anziehungskraft eines mathematischen Ansatzes für Software ist also offensichtlich, aber auch in gewisser Hinsicht limitierend.

Betrachten wir eine Analogie aus der realen Welt. Moderne Ingenieure nutzen alle ihnen zur Verfügung stehenden Werkzeuge, um ein neues System zu entwickeln. Sie erstellen Modelle und Simulationen und brüten über Zahlen, um herauszufinden, ob ihr System funktionieren wird. Ihre Arbeit ist stark von der Mathematik geprägt, aber dann probieren sie ihr System in der Praxis aus.

In anderen Ingenieursdisziplinen ist die Mathematik sicherlich ein wichtiges Werkzeug, aber sie ersetzt nicht die Notwendigkeit zu testen und empirisch aus den Erfahrungen in der realen Welt zu lernen. In der realen Welt gibt es zu viele Varianzen, um ein Ergebnis vollständig vorhersagen zu können. Wenn Mathematik allein ausreichen würde, um ein Flugzeug zu entwerfen, dann würden die Unternehmen der Luft- und Raumfahrtindustrie genau das tun, weil es billiger wäre als der Bau echter Prototypen, aber sie tun es nicht. Stattdessen nutzen sie die Mathematik ausgiebig, um ihre Überlegungen zu untermauern, und dann überprüfen sie ihre Überlegungen, indem sie eine echte Maschine testen. Software ist nicht ganz dasselbe wie ein Flugzeug oder eine Weltraumrakete.

Software ist digital und läuft auf überwiegend deterministischen Geräten, die wir *Computer* nennen. Für einige eng gesteckte Kontexte können formale Methoden die Richtigkeit beweisen, wenn das Problem einfach genug, eingeschränkt genug, deterministisch genug und die Variabilität gering genug ist. Das Problem hier ist der Grad, in dem das System als Ganzes deterministisch sein muss. Wenn das System an irgendeiner Stelle nicht sequenziell ist, an irgendeiner Stelle mit der »realen Welt« (Menschen) interagiert, oder einfach nur in einem ausreichend komplexen Bereich arbeitet, dann fliegt uns die »Beweisbarkeit« schnell um die Ohren und wird unbrauchbar.

Daher verfolgen wir den gleichen Kurs wie unsere Kollegen aus der Luft- und Raumfahrt, wenden mathematisches Denken an, wo wir können, und verfolgen einen datengetriebenen, pragmatischen, empirischen, experimentellen Ansatz zum Lernen, der es uns ermöglicht, unsere Systeme anzupassen, während wir sie schrittweise ausbauen.

Während ich dieses Buch schreibe, ist SpaceX damit beschäftigt, Raketen in die Luft zu jagen, während es an der Perfektionierung von Starship arbeitet.[2] Das Unternehmen hat sicherlich mathematische Modelle für fast jeden Aspekt der Konstruktion seiner Raketen, seiner Triebwerke, der Treibstoffzufuhrsysteme, der Startinfrastruktur und allem anderen erstellt, aber trotzdem testet es sie.

Selbst etwas scheinbar Einfaches, wie der Wechsel von 4 mm zu 3 mm Edelstahl mag nach einer strikt kontrollierten Änderung klingen. SpaceX hat Zugang zu detaillierten Daten über die Belastbarkeit des Metalls. Das Unternehmen verfügt über Erfahrungen und Daten aus Tests, die genau zeigen, wie stark Druckbehälter aus 4 mm Stahl wirklich sind.

Dennoch baute SpaceX nach den Berechnungen experimentelle Prototypen, um den Unterschied zu überprüfen. Diese Teststücke wurden bis zur Zerstörung unter Druck gesetzt, um zu sehen, ob die Berechnungen korrekt waren, und um tiefere Einblicke zu gewinnen. SpaceX sammelte Daten und validierte seine Modelle, weil diese Modelle wahrscheinlich auf irgendeine esoterische, schwer vorhersehbare Weise falsch sind.

Der bemerkenswerte Vorteil, den wir gegenüber allen anderen Ingenieursdisziplinen haben, besteht darin, dass unsere Software-Modelle das unmittelbar ausführbare Ergebnis unserer Arbeit sind, sodass wir bei deren Überprüfung tatsächlich unsere Produkte testen und nicht nur unsere beste Vermutung darüber, wie unsere Produkte in der Realität sind.

Wenn wir den Teil des Systems, an dem wir interessiert sind, sorgfältig isolieren, können wir ihn in genau der gleichen Umgebung testen, der er in Produktion ausgesetzt sein wird. So kann unsere experimentelle Simulation die »reale Welt« unserer Systeme viel präziser und genauer darstellen, als dies in jeder anderen Disziplin möglich ist.

---

2 Zurzeit entwickelt SpaceX ein neues, vollständig wiederverwendbares Raumschiff. SpaceX hat die Absicht, ein System zu entwickeln, das es Menschen ermöglicht, zum Mars zu reisen und dort zu leben sowie andere Teile des Sonnensystems zu erkunden. Das Unternehmen hat sich bewusst für einen schnellen, iterativen Entwicklungsstil entschieden, um in kürzester Zeit eine Reihe von schnell zu produzierenden Prototypen zu entwickeln und zu bewerten. Dies ist Konstruktionsingenieurwesen in extremer Form an den Grenzen des technischen Wissens und stellt ein faszinierendes Beispiel dafür dar, was es braucht, um etwas Neues zu schaffen.

In seinem ausgezeichneten Vortrag mit dem Titel »Real Software Engineering«[3] sagt Glenn Vanderburg, dass in anderen Disziplinen »Engineering bedeutet, dass etwas funktioniert« und dass für Software fast das Gegenteil gilt.

Vanderburg geht der Frage nach, warum dies der Fall ist. Er beschreibt einen akademischen Ansatz für die Software-Entwicklung, der so beschwerlich ist, dass fast niemand, der ihn praktiziert hatte, ihn für künftige Projekte empfehlen würde.

Der Ansatz sei schwergewichtig gewesen und habe keinen nennenswerten Mehrwert zum Prozess der Software-Entwicklung beigetragen. In einem vielsagenden Satz sagte Vanderburg:

> *[Akademische Software-Entwicklung] funktionierte nur, weil pfiffige Leute, die sich darum bemühten, bereit waren, den Prozess zu umgehen.*

Das ist kein Engineering im Sinne einer sinnvollen Definition.

Vanderburgs Beschreibung von »Engineering als etwas, das funktioniert« ist wichtig. Wenn die Praktiken, die wir als »Engineering« bezeichnen, es uns nicht ermöglichen, bessere Software schneller zu entwickeln, dann sind sie nicht für das Engineering geeignet!

Im Gegensatz zu allen physischen Produktionsprozessen ist die Software-Entwicklung ganz und gar eine Praxis des Entdeckens, Lernens und des Designs. Unser Problem ist eines der Erkundung, und deshalb sollten wir, mehr noch als die Raumschiffdesigner, die Techniken des Erkundens und nicht die Techniken der Produktion anwenden. Unsere Disziplin ist ausschließlich das Konstruktionsingenieurwesen.

Wenn also unser Verständnis von Engineering oft verworren ist, worum geht es dann wirklich bei Engineering?

Der erste Software Engineer

In der Zeit, als Margaret Hamilton die Entwicklung der Apollo-Flugsteuerungssysteme leitete, gab es keine »Spielregeln«, an die man sich halten musste. Sie sagte: »Wir haben unsere ›Software-Engineering‹-Regeln mit jeder neuen relevanten Entdeckung weiterentwickelt, während sich die Regeln des Top-Managements der NASA von ›völliger Freiheit‹ zu ›bürokratischem Overkill‹ verschoben.«

Zu dieser Zeit gab es mit solch komplexen Projekten nur sehr wenig Erfahrung, auf die man sich berufen konnte. Daher betrat das Team oft Neuland. Die Herausforderungen, vor denen Hamilton und ihr Team standen, waren schwerwie-

3 https://youtu.be/RhdlBHHimeM

gend, und in den 1960er-Jahren konnte man die Antworten nicht auf Stack Overflow nachschlagen.

Hamilton beschrieb einige der Herausforderungen:

Die Software für Weltraummissionen musste besonderen Anforderungen genügen, um kein Menschenleben zu gefährden. Sie musste nicht nur funktionieren, sondern sie musste dies gleich beim ersten Mal tun. Die Software selbst musste nicht nur äußerst zuverlässig sein, sondern auch in der Lage, Fehler in Echtzeit zu erkennen und zu beheben. Unsere Sprachen verbaten es uns, auch nur den geringsten Fehler zu machen. Wir waren auf uns allein gestellt, um Regeln für die Erstellung von Software zu finden. Was wir aus den Fehlern lernten, war voller Überraschungen.

Gleichzeitig wurde Software im Vergleich zu anderen »erwachseneren« Formen des Engineerings im Allgemeinen stiefmütterlich behandelt. Einer der Gründe, warum Hamilton den Begriff *Software Engineering* prägte, war der Versuch, Menschen in anderen Disziplinen dazu zu bringen, Software-Entwicklung ernster zu nehmen.

Eine der treibenden Kräfte hinter Hamiltons Ansatz war die Konzentration darauf, wieso Dinge scheitern – die Art und Weise, wie wir Dinge falsch machen.

Ich war fasziniert von Fehlern und es war ein ständiger Zeitvertreib für mich, herauszufinden, warum ein bestimmter Fehler oder eine bestimmte Klasse von Fehlern auftrat und wie man das in Zukunft vermeiden könnte.

Dieser Fokus beruhte auf einem wissenschaftlich-rationalen Ansatz zur Problemlösung. Man ging nicht davon aus, dass man planen und es beim ersten Mal richtig machen konnte, sondern dass man alle Ideen, Lösungen und Entwürfe mit Skepsis betrachten musste, bis einem die Ideen ausgingen, wie etwas schiefgehen könnte. Gelegentlich wird die Realität einen immer noch überraschen, aber so funktioniert Empirismus im Ingenieurwesen.

Ein weiteres technisches Prinzip, das in Hamiltons frühen Arbeiten verankert war, ist die Idee des »sicheren Scheiterns«. Die Annahme ist, dass wir nie für jedes Szenario programmieren können. Wie können wir also so programmieren, dass unsere Systeme mit dem Unerwarteten fertigwerden können und trotzdem Fortschritte machen? Bekanntlich war es Hamiltons unaufgeforderte Umsetzung dieses Leitgedankens, der die Apollo-11-Mission rettete und die erfolgreiche Landung der Mondlandefähre Eagle auf dem Mond ermöglichte, obwohl der Computer während des Abstiegs überlastet war.

Als Neil Armstrong und Buzz Aldrin mit dem Lunar Excursion Module (LEM) zum Mond hinabstiegen, hielten die Astronauten Rücksprache mit Mission Control. Als sich das LEM der Oberfläche des Monds näherte, meldete der Computer die Alarme 1201 und 1202. Die Astronauten fragten, ob sie fortfahren oder die Mission abbrechen sollten.

Die NASA zögerte, bis einer der Ingenieure »Go!« rief, weil er verstand, was mit der Software passiert war.

Bei Apollo 11 startete der Computer jedes Mal, wenn ein 1201- oder 1202-Alarm auftrat, die wichtigen Dinge wie die Steuerung des Abstiegstriebwerks und den DSKY-Betrieb neu, um die Besatzung über den Stand der Dinge zu informieren. Aber er startete nicht alle fälschlicherweise geplanten Jobs des Annäherungs-Radars neu. Die NASA-Mitarbeiter im MOCR wussten, dass die Mission fortgesetzt werden konnte, weil das MIT die Neustartfunktion ausgiebig getestet hatte.[4]

Dieses »ausfallsichere« Verhalten war in das System einkodiert worden, ohne dass vorhergesagt werden konnte, wann oder wie es nützlich sein würde.

Hamilton und ihr Team führten also zwei Schlüsselattribute einer eher ingenieurwissenschaftlich geprägten Denkweise ein, nämlich empirisches Lernen und Entdecken sowie die Angewohnheit, sich vorzustellen, wie etwas möglicherweise schiefgehen könnte.

2.3 Eine Arbeitsdefinition von Engineering

Die meisten Wörterbuch-Definitionen des Worts *Engineering* enthalten gängige Wörter und Ausdrücke: »Anwendung von Mathematik«, »empirische Beweise«, »wissenschaftliches Denken«, »im Rahmen wirtschaftlicher Zwänge«.

Ich schlage die folgende Arbeitsdefinition vor:

> *Engineering ist die Anwendung eines empirischen, wissenschaftlichen Ansatzes, um effiziente, wirtschaftliche Lösungen für praktische Probleme zu finden.*

Alle diese Wörter sind wichtig. Engineering ist angewandte Wissenschaft. Sie ist praktisch. »Empirisch« zu arbeiten bedeutet zu lernen und das Verständnis und die Lösungen für ein Problem zu verbessern.

Die Lösungen, die das Engineering hervorbringt, sind keine abstrakten Elfenbeinturm-Dinge; sie sind praktisch und auf das Problem und den Kontext anwendbar.

Sie sind effizient und sie werden mit einem Verständnis für die wirtschaftlichen Gegebenheiten und unter Berücksichtigung dieser geschaffen.

4 Quelle: »Peter Adler« (`https://go.nasa.gov/1AKbDei`)

2.4 Engineering != Code

Eine weitere häufige Fehleinschätzung dessen, was Engineering im Kontext der Software-Entwicklung bedeutet, ist, dass Engineering nur das Ergebnis – den Code oder vielleicht das Design – meint.

Dies ist eine zu enge Auslegung. Was bedeutet Engineering für SpaceX? Es sind nicht die Raketen; sie sind die Produkte des Engineerings. Engineering ist der Prozess, sie zu erschaffen. In den Raketen steckt sicherlich Engineering und sie sind sicherlich »technische Strukturen«, aber wir sehen nicht nur den Akt des Schweißens des Metalls als Engineering an, es sei denn, wir haben eine seltsam eingeschränkte Sichtweise auf das Thema.

Wenn meine Definition zutrifft, dann geht es beim Engineering um die Anwendung des wissenschaftlichen Rationalismus' zur Lösung von Problemen. Es ist das »Lösen der Probleme«, bei dem das Engineering wirklich ins Spiel kommt, nicht nur die Lösungen selbst. Es geht um die Prozesse, Werkzeuge und Techniken. Es sind die Ideen, die Philosophie und der Ansatz, die zusammen eine Ingenieursdisziplin ausmachen.

Während ich dieses Buch schrieb, machte ich eine ungewöhnliche Erfahrung: Ich veröffentlichte ein Video über ein gescheitertes Spiel auf meinem YouTube-Kanal, das wesentlich beliebter war als die meisten meiner Videos.

Das häufigste negative Feedback, das ich erhielt, als ich sagte, dies sei ein »Versagen des Software Engineerings«, war, dass ich den Programmierern die Schuld gebe und nicht ihren Managern. Ich meinte damit, dass es sich um ein Versagen des gesamten Ansatzes zur Software-Produktion handelte. Die Planung war schlecht, die Kultur war schlecht, der Code war schlecht (offensichtlich viele Fehler).

Wenn ich also in diesem Buch von Engineering spreche, meine ich, sofern ich es nicht ausdrücklich einschränke, **alles, was es braucht, um Software zu entwickeln.** Prozesse, Werkzeuge, Kultur – alles ist Teil des Ganzen.

Die Evolution der Programmiersprachen

Die frühen Bemühungen im Software Engineering konzentrierten sich in erster Linie auf die Entwicklung besserer Programmiersprachen. Bei den ersten Computern gab es nur eine geringe oder gar keine Trennung zwischen Hard- und Software. Sie wurden durch das Einstecken von Drähten in Steckplatinen oder das Umlegen von Schaltern programmiert.

Interessanterweise wurde diese Aufgabe häufig »Computern« übertragen, oftmals Frauen, die zuvor die Berechnungen (Mathematik) durchgeführt hatten, bevor der Computer (als Maschine) aufkam.

Damit wird ihre Rolle jedoch unterbewertet. Das »Programm«, das zu diesem Zeitpunkt von einer »wichtigeren« Person im Unternehmen vorgegeben wurde, hatte oft die Form »wir möchten dieses mathematische Problem lösen«. Die Organisation der Arbeit und später die Einzelheiten der Übersetzung in geeignete Maschineneinstellungen wurden diesen menschlichen »Computern« überlassen. Sie waren die wahren Pioniere unserer Disziplin!

Wir würden heute eine andere Sprache verwenden, um ihre Tätigkeiten zu beschreiben. Die Beschreibung, die an die Menschen, die die Arbeit durchführen, weitergeben wird, würden wir als *Anforderungen* bezeichnen, die Erstellung eines Plans zur Lösung des Problems als *Programmierung* und die »Computer« als die ersten echten *Programmierer* dieser frühen elektronischen Computersysteme.

Der nächste große Schritt war der Übergang zu »gespeicherten Programmen« und deren Kodierung. Dies war die Ära der Lochstreifen und Lochkarten. Die ersten Schritte bei der Einführung dieser Speichermedien für Programme waren immer noch ziemlich unflexibel. Die Programme wurden in Maschinencode geschrieben und auf Band oder Karte gespeichert, bevor sie in die Maschinen eingespeist wurden.

Hochsprachen, die Ideen auf einer höheren Abstraktionsebene erfassen konnten, waren der nächste große Fortschritt. Dadurch konnten die Programmierer viel schneller Fortschritte machen.

In den frühen 1980er-Jahren waren fast alle grundlegenden Konzepte der Sprachentwicklung abgedeckt. Das heißt nicht, dass es danach keine Fortschritte mehr gab, aber die meisten der großen Ideen waren bereits gedacht. Nichtsdestotrotz hat sich der Fokus der Software-Entwicklung auf Sprache als Kern unserer Disziplin fortgesetzt.

Es gab mehrere bedeutende Schritte, die sich auf die Produktivität der Programmierer auswirkten, aber wahrscheinlich gab es nur einen Schritt, der Fred Brooks 10-facher Verbesserung nahekam. Das war der Schritt vom Maschinencode zu Hochsprachen.

Weitere Schritte auf diesem Evolutionspfad waren bedeutsam, wie z.B. die prozedurale Programmierung, die Objektorientierung und die funktionale Programmierung, aber all diese Ideen gibt es schon sehr lange.

Die Besessenheit unserer Branche von Sprachen und Tools hat unserem Beruf geschadet. Das bedeutet nicht, dass es keine Fortschritte im Sprachdesign gibt, aber die meisten Bemühungen im Bereich des Sprachdesigns scheinen sich auf die falschen Dinge zu konzentrieren, z.B. auf syntaktische statt auf strukturelle Verbesserungen.

In den Anfängen mussten wir natürlich lernen und erforschen, was möglich ist und was Sinn ergibt. Seitdem wurde jedoch ein großer Aufwand für relativ wenig Fortschritt betrieben. Als Fred Brooks sagte, es gebe keine 10-fachen Verbesserungen konzentrierte sich der Rest seiner Abhandlung darauf, was wir tun könnten, um diese Beschränkung zu überwinden:

Der erste Schritt zur Bewältigung von Krankheiten war die Ablösung der Dämonentheorien und der Humortheorien durch die Keimtheorie. Schon dieser Schritt, der Beginn der Hoffnung, machte alle Hoffnungen auf magische Lösungen zunichte.

... das System sollte zunächst zum Laufen gebracht werden, auch wenn es nichts Nützliches tut, außer den richtigen Satz von Dummy-Unterprogrammen aufzurufen. Dann wird es Stück für Stück ausgebaut, wobei die Unterprogramme wiederum für Aktionen oder zum Aufrufen von leeren Stubs in der darunterliegenden Ebene weiterentwickelt werden.

Diese Ideen basierten auf weiterreichenden, tiefgreifenderen Überlegungen statt auf trivialen Details der Sprachimplementierung.

Es handelte sich vielmehr um Fragen, die mit der Philosophie unserer Disziplin und der Anwendung einiger grundlegender Prinzipien zu tun haben, die unabhängig von der Art der Technologie Gültigkeit besitzen.

2.5 Warum ist Engineering so wichtig?

Eine andere Herangehensweise an das Thema ist, die Produktion der Dinge zu betrachten, die uns helfen. Während des größten Teils der Menschheitsgeschichte war alles, was wir geschaffen haben, das Produkt von Handwerk. Handwerk ist ein effektiver Ansatz, um Dinge zu schaffen, aber es hat seine Grenzen.

Handwerk ist sehr gut geeignet, um »einzigartige« Gegenstände herzustellen. In einem handwerklichen Produktionssystem ist jeder Gegenstand zwangsläufig einzigartig. Im Grunde gilt dies für jedes Produktionssystem, aber bei handwerklichen Verfahren ist dies noch ausgeprägter, weil die Präzision und damit die Wiederholbarkeit des Produktionsprozesses im Allgemeinen gering ist.

Das bedeutet, dass die Varianz zwischen den individuell gefertigten Artefakten höher ist. Selbst die begnadetsten Kunsthandwerker stellen Gegenstände nur mit einem menschlichen Maß an Präzision und Toleranz her. Dies hat schwerwiegende Auswirkungen auf die Fähigkeit handwerklicher Systeme, Dinge zuverlässig zu reproduzieren. Grace Hopper sagte dazu:

> *Für mich ist Programmierung mehr als eine wichtige angewandte Kunst. Sie ist auch ein gigantisches Unterfangen im Bereich der Grundlagen des Wissens.*

2.6 Die Grenzen von »Handwerk«

Wir reagieren oft emotional auf handwerksbasierte Produktion. Als Menschen mögen wir die Varianz; wir mögen das Gefühl, dass unser geschätztes, handgefertigtes Objekt das Können, die Liebe und die Sorgfalt des Handwerkers verkörpert, der es geschaffen hat.

Im Grunde genommen ist die handwerkliche Produktion jedoch von geringer Qualität. Ein Mensch, wie begabt er auch sein mag, ist nicht so präzise wie eine Maschine.

Wir können Maschinen bauen, die einzelne Atome und sogar subatomare Teilchen manipulieren können, aber ein Mensch ist bereits außerordentlich begabt, wenn er von Hand etwas mit der Genauigkeit von 1/10 Millimeter herstellen kann.[5]

Welche Bedeutung hat diese Präzision für Software? Denken wir einmal darüber nach, was passiert, wenn unsere Programme ausgeführt werden. Ein Mensch kann eine Veränderung, jedwede Veränderung, bestenfalls innerhalb von etwa 13 Millisekunden wahrnehmen. Um ein Bild zu verarbeiten oder auf etwas zu reagieren, braucht man Hunderte von Millisekunden.[6]

Zum Zeitpunkt der Erstellung dieses Buchs arbeiten die meisten modernen Computer für Endkunden mit einer Taktfrequenz von etwa 3 GHz. Das sind 3 Milliarden Zyklen pro Sekunde. Moderne Computer verfügen über mehrere Prozessorkerne und verarbeiten Anweisungen parallel, sodass sie oft mehr als eine Anweisung pro Zyklus verarbeiten, aber lassen wir das außer Acht und stellen wir uns der Einfachheit halber vor, dass jede Maschinenanweisung, die Werte zwischen Registern verschiebt, sie addiert oder einen Bereich des Speichers im Cache referenziert, einen einzelnen Taktzyklus benötigt.

Das sind 3 Milliarden Operationen pro Sekunde. Wenn wir nachrechnen, wie viele Befehle ein moderner Computer in der absoluten Mindestzeit verarbeiten kann, mit der ein Mensch ein externes Ereignis wahrnehmen kann, dann sind das 39.000.000 Befehle!

Wenn wir die Qualität unserer Arbeit auf die Wahrnehmung und Genauigkeit von menschlichem Niveau beschränken, nehmen wir bestenfalls mit einer Rate von 1:(39 Millionen) Stichproben dessen, was vor sich geht. Wie groß ist also die Wahrscheinlichkeit, dass wir etwas übersehen?

---

5 Atome sind unterschiedlich groß, werden aber in der Regel in Dutzenden von Pikometern (1 x 10^{-12}m) gemessen. Die beste menschliche Handarbeit ist also 10 Millionen Mal ungenauer als eine gute Maschine.

6 »How Fast is Real-Time? Human Perception and Technology«, `https://bit.ly/2Lb7pL1`

2.7 Präzision und Skalierbarkeit

Dieser Unterschied zwischen Handwerk und Engineering verdeutlicht zwei Aspekte des Engineerings, die im Zusammenhang mit Software wichtig sind: Präzision und Skalierbarkeit.

Die Präzision liegt auf der Hand: Durch die Anwendung von Engineering-Techniken können wir Dinge mit einer viel höheren Detailauflösung bearbeiten als von Hand. Die Skalierbarkeit ist vielleicht weniger offensichtlich, jedoch sogar noch wichtiger. Ein Engineering-Ansatz ist nicht in der gleichen Weise limitiert wie ein handwerklicher Ansatz.

Die Grenzen eines jeden Ansatzes, der sich auf menschliche Fähigkeiten stützt, setzen letztlich die menschlichen Fähigkeiten. Wenn ich es mir zum Ziel setze, etwas Außergewöhnliches zu erreichen, kann ich vielleicht lernen, einen Strich zu malen, ein Stück Metall zu feilen oder Ledersitze auf den Bruchteil eines Millimeters genau zu nähen, aber wie sehr ich mich auch anstrenge, wie begabt ich auch sein mag, es gibt feste Grenzen dessen, wie genau menschliche Muskeln und Sinne arbeiten.

Ein Ingenieur kann jedoch eine Maschine bauen, die etwas Kleineres und Präziseres erzeugt. Wir können Maschinen (Werkzeuge) bauen, um kleinere Maschinen herzustellen.

Diese Technik ist bis an die Grenzen der Quantenphysik und zum Ende des Universums skalierbar. Zumindest theoretisch hindert uns nichts daran, Atome und Elektronen (wie wir es bereits tun) oder Sterne und Schwarze Löcher (wie wir es eines Tages tun könnten) mithilfe von Engineering zu manipulieren.

Um dies im Zusammenhang mit Software zu verdeutlichen: Wenn wir sehr geschickt sind und hart trainieren, könnten wir vielleicht schnell genug Text eingeben und Schaltflächen anklicken, um unsere Software in einer Geschwindigkeit zu testen, um einen Test unserer Software in wenigen Minuten durchführen zu können. Nehmen wir zum Vergleich an, dass wir jede Minute einen Test unserer Software durchführen können (kein Tempo, von dem ich mir vorstellen kann, es sehr lange durchzuhalten).

Wenn wir einen Test pro Minute durchführen können, sind wir im Vergleich zu einem Computer hunderttausendfach, wahrscheinlich millionenfach, langsamer.

Ich habe Systeme entwickelt, die ungefähr 30.000 Testfälle in etwa zwei Minuten ausgeführt haben. Wir hätten das noch viel weiter steigern können, aber wir hatten keinen Grund dazu. Google gibt an, täglich 150 Millionen Tests auszuführen. Das sind 104.166 Tests pro Minute.[7]

7 »The State of Continuous Integration Testing At Google«, `https://static.googleusercontent.com/media/research.google.com/en/pubs/archive/45880.pdf`

Wir können mit unseren Computern nicht nur hunderttausendfach schneller testen als ein Mensch, wir können dieses Tempo auch so lange durchhalten, wie wir Strom für unsere Computer haben. Das ist Skalierbarkeit!

2.8 Komplexität handhaben

Es gibt noch eine andere Art, wie Engineering skaliert, wo das Handwerk es nicht tut. Das Denken der Ingenieure führt dazu, dass wir Probleme in Einzelteile zerlegen. Vor dem amerikanischen Bürgerkrieg in den 1860er-Jahren ging man zum Büchsenmacher, wenn man ein Gewehr wollte. Der Büchsenmacher war ein Handwerker, und im Normalfall handelte es sich dabei um einen Mann!

Der Büchsenmacher stellte die komplette Waffe her. Er verstand jeden Aspekt dieser Waffe und sie war einzigartig. Er gab einem wahrscheinlich eine Form für die Kugeln, denn die Kugeln unterschieden sich von denen aller anderen und sie waren spezifisch für diese Waffe. Und wenn die Waffe Schrauben hatte, unterschied sich jede Schraube mit ziemlicher Sicherheit von allen anderen, weil sie von Hand gefertigt wurden.

Der Amerikanische Bürgerkrieg war in seiner Zeit einzigartig. Es handelte sich um den ersten Krieg, in dem Waffen in Massenproduktion hergestellt wurden.

Es gibt eine Geschichte von einem Mann, der Gewehre an die Nordstaaten verkaufen wollte. Er war ein Innovator und, wie es scheint, auch zum Teil ein Showman. Er trat vor den Kongress, um den Auftrag zur Herstellung von Gewehren für die Armeen der Nordstaaten zu erhalten.

Er hatte einen Sack voller Gewehrteile dabei. Als Teil seiner Präsentation vor den Kongressabgeordneten leerte er den Sack mit den Bauteilen auf dem Boden des Kongresses und bat die Kongressabgeordneten, Bauteile aus dem Stapel auszuwählen. Aus diesen Bauteilen baute er ein Gewehr zusammen, erhielt den Auftrag und erfand die Massenproduktion.

Dies war das erste Mal, dass diese Art der Standardisierung möglich war. Um dies zu ermöglichen, mussten viele Dinge passieren: Die Maschinen (Werkzeuge) mussten so konstruiert werden, dass sie Bauteile herstellen konnten, die innerhalb einer bestimmten Toleranz reproduzierbar identisch waren. Das Design musste modular sein, damit die Komponenten zusammengebaut werden konnten, und so weiter.

Das Ergebnis war verheerend. Der Amerikanische Bürgerkrieg war im Grunde genommen der erste moderne Krieg. Hunderttausende Menschen wurden aufgrund der Massenproduktion von Waffen getötet. Diese Waffen waren billiger, leichter zu warten und zu reparieren und präziser als ihre Vorgänger.

All dies lag daran, dass sie mit höherer Präzision konstruiert worden waren, aber auch daran, dass es viel mehr davon gab. Der Produktionsprozess konnte vereinfacht und nach oben skaliert werden. Man benötigte nicht mehr für jede Waffe einen erfahrenen Meister. Die Maschinen in der Fabrik erlaubten es auch weniger qualifizierten Personen, Gewehre mit vergleichbarer Präzision herzustellen.

Später, als die Werkzeuge, die Produktionstechniken sowie das Verständnis und die Disziplin des Engineerings ausgebaut wurden, übertrafen diese in Massenproduktion hergestellten Waffen sowohl die Qualität als auch die Produktivität selbst der größten Handwerksmeister, und das zu einem Preis, den sich jeder leisten konnte.

Eine vereinfachte Sichtweise mag dies als »Notwendigkeit einer Standardisierung« oder als Notwendigkeit zur Einführung der »Massenproduktion für Software« interpretieren, aber dies verkennt wieder einmal die grundlegende Natur unseres Problems. Es geht nicht um die Produktion, sondern um das Design.

Wenn wir eine Waffe entwerfen, die modular und komponentenbasiert ist, wie es die Waffenhersteller des Amerikanischen Bürgerkriegs taten, können wir die Teile dieser Waffe unabhängiger entwickeln. Wenn wir dies aus der Perspektive des Designs und nicht aus der Perspektive der Produktionstechnik oder der Fertigung betrachten, haben wir die Komplexität des Waffenbaus besser im Griff.

Vor diesem Schritt mussten die Meister des Büchsenmacherhandwerks die gesamte Waffe betrachten, wenn sie einen Aspekt des Designs ändern wollten. Indem sie das Design in Einzelteile zerlegten, konnten die Hersteller im Bürgerkrieg stufenweise Änderungen vornehmen, um die Qualität ihrer Produkte Schritt für Schritt zu verbessern.

Edsger Dijkstra sagte:

> *Die Kunst des Programmierens ist die Kunst, Komplexität zu organisieren.*

2.9 Reproduzierbarkeit und Messgenauigkeit

Ein anderer Aspekt des Engineerings, der häufig zur Sprache kommt und manchmal dazu benutzt wird, Engineering als ein auf Software anwendbares Konzept abzulehnen, ist die Reproduzierbarkeit.

Wenn wir eine Maschine bauen können, die eine Mutter und eine Schraube zuverlässig und genau reproduzieren kann, können wir diese am Fließband erstellen und alle Kopien dieser Schrauben funktionieren mit allen Kopien einer Mutter.

Dies ist ein Produktionsproblem und nicht wirklich auf Software anwendbar. Der Gedanke, der dieser Art von Fähigkeit zugrunde liegt, ist jedoch auch auf Software anwendbar.

Um Schrauben und Muttern oder irgendetwas anderes herzustellen, das zuverlässig zusammenarbeiten muss, müssen wir in der Lage sein, Dinge mit einem gewissen Grad an Präzision zu messen. Messgenauigkeit ist ein wichtiger Aspekt des Engineerings in jeder Disziplin.

Stellen wir uns einen Moment lang ein komplexes Softwaresystem vor. Sagen wir, nach ein paar Wochen des Betriebs fällt das System aus. Das System wird neu gestartet, und zwei Wochen später versagt es erneut auf die gleiche Weise; es gibt ein Muster. Wie würde ein handwerklich orientiertes Team damit umgehen, verglichen mit einem Team, das sich auf Engineering konzentriert?

Das handwerkliche Team wird wahrscheinlich entscheiden, dass es die Software gründlicher testen muss. Da es in handwerklichen Begriffen denkt, will es das Scheitern genau beobachten.

Das ist nicht dumm, sondern ergibt in diesem Zusammenhang Sinn, aber wie soll man das machen? Die geläufigste Lösung, die ich für diese Art von Problem gesehen habe, ist die Erstellung eines sogenannten Soak-Tests. Der Soak-Test läuft etwas länger als die normale Zeitspanne zwischen zwei Ausfällen, sagen wir drei Wochen für unser Beispiel. Manchmal wird versucht, die Zeit zu verkürzen, sodass der Soak-Test die Problemperiode in kürzerer Zeit simuliert, aber normalerweise ist das nicht der Fall.

Der Test läuft, das System fällt nach zwei Wochen aus und der Fehler wird schließlich gefunden und behoben.

Gibt es eine Alternative zu dieser Strategie? Selbstverständlich!

Soak-Tests decken Ressourcenlecks verschiedener Art auf. Es gibt zwei Möglichkeiten, Lecks aufzuspüren: Sie können warten, bis das Leck offensichtlich wird, oder Sie können die Genauigkeit Ihrer Messungen erhöhen, um das Leck frühzeitig zu erkennen, bevor es zu einer Katastrophe kommt.

Ich hatte kürzlich ein Leck in meiner Küche. Es befand sich in einem Rohr, das im Beton eingebettet war. Wir entdeckten das Leck, als es den Beton so weit durchtränkt hatte, dass sich an der Oberfläche eine Wasserpfütze gebildet hatte. Das ist die »naheliegende« Erkennungsstrategie.

Wir zogen einen Fachmann hinzu, der uns half, das Leck zu reparieren. Er brachte ein Gerät mit, eine technische Lösung. Es handelte sich um ein hochempfindliches Mikrofon, das auf das Geräusch des Lecks im Boden »hörte«.

Mit diesem Gerät konnte er das leise Zischen von Wasser im Beton mit einer übermenschlichen Präzision aufspüren, die es ihm ermöglichte, die Stelle auf wenige Zentimeter genau zu bestimmen und ein kleines Loch zu graben, um an das defekte Rohrstück zu gelangen.

Zurück zu unserem Beispiel: Das auf Engineering fokussierte Team wird genaue Messungen vornehmen, anstatt zu warten, bis etwas Schlimmes passiert. Sie messen die Leistung ihrer Software, um Lecks zu erkennen, bevor sie zu einem Problem werden.

Dieser Ansatz hat mehrere Vorteile: Er führt dazu, dass katastrophale Ausfälle in der Produktion weitgehend vermieden werden, aber auch, dass das Team viel früher einen Hinweis auf ein Problem und wertvolles Feedback über den Zustand seines Systems erhält. Anstatt wochenlang einen Soak-Test durchzuführen, kann das auf Engineering spezialisierte Team Lecks während regelmäßiger Systemtests aufspüren und innerhalb weniger Minuten ein Ergebnis erhalten. David Parnas sagte dazu:

> *Software Engineering wird oft als ein Zweig der Informatik behandelt. Das ist in etwa so, als würde man das Chemie-Ingenieurwesen als einen Zweig der Chemie betrachten. Wir brauchen sowohl Chemiker als auch Chemie-Ingenieure, aber beide unterscheiden sich.*

2.10 Engineering, Kreativität und Handwerk

Um mich mit Engineering im Allgemeinen und Software Engineering im Besonderen zu befassen, habe ich mich seit einigen Jahren mit diversen Ideen beschäftigt. Ich habe auf Software-Konferenzen über dieses Thema gesprochen und gelegentlich in Blogbeiträgen darüber geschrieben.

Manchmal erhalte ich Rückmeldungen von Leuten, die Anhänger der Ideen von »Software Craftsmanship« (Software-Handwerk) sind. Diese Rückmeldungen lauten in der Regel: »Du übersiehst etwas Wichtiges, wenn du Handwerkskunst ablehnst.«

Die Vorstellung von Software-Entwicklung als Handwerkskunst war wichtig. Sie stellte einen wichtigen Schritt weg von den großen Zeremonien und produktionszentrierten Ansätzen der Software-Entwicklung dar, die ihnen vorausgingen. Ich behaupte nicht, dass es falsch ist, Software als Handwerkskunst zu betrachten, sondern eher, dass es nicht ausreicht.

Zum Teil gehen diese Debatten von einer falschen Prämisse aus, die ich bereits erwähnt habe. Viele dieser Software Craftsmen machen den weitverbreiteten Fehler, anzunehmen, dass es beim Engineering immer um die Lösung von Produktionsproblemen geht. Ich habe dieses Thema bereits behandelt. Wenn unser Problem in das Feld des »Konstruktionsingenieurwesen« fällt, dann handelt es sich um eine ganz andere, viel explorativere und kreativere Disziplin im Vergleich zur »Produktionstechnik«.

Darüber hinaus sind meine Gesprächspartner aus dem Bereich des Software-Handwerks jedoch besorgt über die Gefahr, die Errungenschaften von Software Craftsmanship zu verspielen – nämlich die Konzentration auf Folgendes:

- Können (Skill)
- Kreativität
- Freiheit zur Innovation
- Ausbildungsprogramme

Diese Dinge sind für jeden effektiven, professionellen Ansatz zur Software-Entwicklung wichtig. Sie sind jedoch nicht auf handwerklich orientierte Ansätze beschränkt. Die Software-Craftsmanship-Bewegung war ein wichtiger Schritt zur Verbesserung der Software-Entwicklung, indem sie sich auf die wichtigen Dinge konzentrierte, zu denen auch die in der obigen Liste aufgeführten gehören.

Diese Ideen waren durch die Versuche in den 1980er- und 1990er-Jahren, der Software-Entwicklung eine Art befehlsgesteuerten, produktionszentrierten Ansatz aufzuzwingen, verloren oder zumindest untergegangen. Das war ein schrecklicher Ansatz, denn obwohl Wasserfall-Prozesse und -Denkweisen bei Problemen, bei denen die Schritte gut zu verstehen, reproduzierbar und vorhersehbar sind, ihren Platz haben, hat dies wenig oder gar nichts mit der Realität in der Software-Entwicklung zu tun.

Software Craftsmanship passte viel besser auf die Art von Problemen, wie sie die Software-Entwicklung darstellt, wie sie in der Software-Entwicklung zu finden sind.

Das Problem bei handwerklichen Lösungsansätzen ist, dass sie nicht so gut skalieren wie Lösungen, die auf Engineering basieren.

Das Handwerk kann Gutes hervorbringen, aber nur innerhalb bestimmter Grenzen.

In nahezu allen Bereichen, in denen der Mensch tätig ist, steigert Engineering die Qualität, senkt die Kosten und bietet im Allgemeinen robustere, widerstandsfähigere und flexiblere Lösungen.

Es ist ein großer Fehler, Begriffe wie Können, Kreativität und Innovation nur mit dem Handwerk in Verbindung zu bringen. Ingenieure im Allgemeinen, vor allem aber Konstrukteure, verfügen in Hülle und Fülle über all diese Qualitäten. Diese Eigenschaften sind von zentraler Bedeutung für den Prozess des Design Engineerings.

Ein Engineering-Ansatz zur Lösung von Problemen schmälert also in keinster Weise die Bedeutung von Können, Kreativität und Innovation. Im Gegenteil, er verstärkt die Notwendigkeit dieser Eigenschaften.

Was die Ausbildung betrifft, so frage ich mich, ob meine Freunde, die sich mit Software auskennen, glauben, dass ein frischgebackener Ingenieur, der die Universität verlässt, sofort mit der Konstruktion einer neuen Brücke oder einer Raumfähre betraut wird? Nein, natürlich nicht!

Ein Ingenieur, der am Anfang seiner Laufbahn steht, arbeitet mit erfahreneren Ingenieuren zusammen. Er lernt die praktischen Aspekte seines Fachs, seines Handwerks, vielleicht sogar mehr als ein Handwerker es tun würde.

Ich sehe hier keine Spannungen zwischen Handwerk und Engineering. Wenn man das Handwerk in sinnvollem Rahmen formal betrachtet, mit Zünften, Lehrlingen, Gesellen und Meistern, dann war Engineering die nächste Entwicklungsstufe. Mit dem Einzug des wissenschaftlichen Rationalismus', der auf das aufklärerische Denken des 17. und 18. Jahrhunderts zurückgeht, war Engineering in Wirklichkeit eine Verbesserung des Handwerks mit etwas mehr Genauigkeit und Messungen. Engineering ist der skalierbarere, effektivere Abkömmling des Handwerks.

Wenn man die eher umgangssprachlichen Definitionen des Handwerks zugrunde legt – man denke hier an die Handwerksmesse –, dann gibt es keine wirklichen Standards für Qualität oder Fortschritt, sodass Engineering vielleicht eher ein Entwicklungssprung ist.

Das Engineering, insbesondere die Anwendung des ingenieurwissenschaftlichen Denkens auf das Design, ist der eigentliche Unterschied zwischen unserer Hightech-Zivilisation und den Agrarzivilisationen, die uns vorausgingen. Engineering ist eine Disziplin, die es uns ermöglicht, unglaublich komplexe Probleme anzugehen und elegante, effiziente Lösungen für sie zu finden.

Wenn wir die Prinzipien des Engineering-Denkens auf die Software-Entwicklung anwenden, sehen wir messbare, drastische Verbesserungen bei Qualität, Produktivität und Anwendbarkeit unserer Lösungen.[8]

2.11 Warum das, was wir tun, kein Software Engineering ist

Im Jahr 2019 traf Elon Musks Unternehmen SpaceX eine wichtige Entscheidung: Es arbeitete an der Entwicklung von Raumschiffen, die es Menschen eines Tages ermöglichen sollen, auf dem Mars zu leben und zu arbeiten, und andere Teile des Sonnensystems zu erkunden. Im Jahr 2019 stellte das Unternehmen seine Raumschiffe nicht mehr aus Kohlefaser, sondern aus Edelstahl her. Kohlefasern zu verwenden war eine ziemlich radikale Idee; das Unternehmen hatte bereits eine

8 Das Accelerate-Buch beschreibt, wie Teams, die einen disziplinierteren Ansatz bei der Entwicklung verfolgen, »44 % mehr Zeit für neue Arbeit« aufwenden als Teams, die dies nicht tun. (Nicole Forsgren, Jez Humble, Gene Kim: Das Mindset von DevOps, Vahlen 2019)

Menge Arbeit investiert und unter anderem Prototypen von Treibstofftanks aus diesem Material gebaut. Edelstahl war ebenfalls eine radikale Entscheidung, denn die meisten Raketen werden wegen ihres geringen Gewichts und ihrer geringen Widerstandskraft aus Aluminium gebaut.

SpaceX entschied sich aus drei Gründen für rostfreien Stahl anstelle von Kohlefaser: Die Kosten pro Kilogramm waren bei Stahl wesentlich niedriger und Stahl verträgt deutlich höhere Wiedereintrittstemperaturen beim Wiedereintritt als Aluminium und deutlich niedrigere Temperaturen als die beiden anderen Alternativen.

Kohlefaser und Aluminium schneiden bei sehr niedrigen und sehr hohen Temperaturen deutlich schwächer ab als Stahl.

Wann haben Sie das letzte Mal jemanden gesehen, der eine Entscheidung im Zusammenhang mit der Software-Entwicklung auch nur annähernd so präzise begründet hat?

So sehen Entscheidungen im Engineering aus. Sie beruhen auf rationalen Kriterien, der Widerstandsfähigkeit bei einer bestimmten Temperatur oder den wirtschaftlichen Auswirkungen. Sie ist immer noch experimentell, sie ist immer noch iterativ, sie ist immer noch empirisch.

Sie treffen eine Entscheidung auf der Grundlage der Ihnen vorliegenden Beweise und Ihrer Theorie darüber, was das bedeutet, und dann testen Sie Ihre Annahmen, um zu sehen, ob sie funktionieren. Das ist kein perfekt vorhersehbarer Prozess.

SpaceX hat Teststrukturen gebaut und sie dann unter Druck gesetzt, zunächst mit Wasser und dann mit flüssigem Stickstoff, um die kryogene Leistungsfähigkeit der Materialien (Stahl) und deren Herstellungsprozess zu testen. Design Engineering ist ein zutiefst explorativer Ansatz zur Wissensgewinnung.

2.12 Kompromisse

Jedes Engineering ist ein Wechselspiel zwischen Optimierung und Kompromissen. Wir versuchen, ein Problem zu lösen, und stehen dabei zwangsläufig vor einer Entscheidung. Beim Bau ihrer Raketen besteht einer der größten Kompromisse für SpaceX in der Abwägung zwischen Leistungsfähigkeit und Gewicht. Dies ist ein häufiges Problem bei Fluggeräten und tatsächlich bei den meisten Transportmitteln.

Das Verständnis für Kompromisse, mit denen wir konfrontiert sind, ist ein wesentlicher, grundlegender Aspekt der Entscheidungsfindung im Engineering.

Wenn wir unser System sicherer machen, wird es schwieriger zu benutzen sein; wenn wir es dezentralisierter machen, werden wir mehr Zeit mit der Integration der gesammelten Informationen verbringen. Wenn wir mehr Mitarbeiter einsetzen, um die Entwicklung zu beschleunigen, werden wir den Kommunikationsaufwand, die Kopplung und die Komplexität erhöhen, was alles zu einer Verlangsamung führt.

Einer der wichtigsten Kompromisse, der bei der Produktion von Software auf jeder Detailebene – von ganzen Unternehmenssystemen bis hin zu einzelnen Funktionen – unbedingt berücksichtigt werden muss, ist die Kopplung. (Wir werden das in Kapitel 13 genauer untersuchen.)

2.13 Die Illusion des Fortschritts

Das Ausmaß der Veränderungen in unserer Branche ist beeindruckend, aber meine These ist, dass ein Großteil dieser Veränderungen nicht wirklich bedeutsam ist.

Während ich dies schreibe, befinde ich mich auf einer Konferenz zum Thema Serverless Computing.[9] Der Übergang zu Serverless-Systemen ist interessant, aber der Unterschied zwischen den Toolkits von AWS, Azure, Google oder anderen ist nicht wirklich von Bedeutung.

Die Entscheidung für einen serverlosen Ansatz wird einige Auswirkungen auf das Design Ihres Systems haben. Wo speichern Sie den Systemzustand? Wo manipulieren Sie ihn? Wie teilen Sie die Funktionen Ihres Systems auf? Wie lassen sich komplexe Systeme organisieren und navigieren, wenn die kleinste Einheit beim Design eine Funktion ist?

Diese Fragen sind viel interessanter und viel wichtiger für den Erfolg Ihres Vorhabens, was auch immer es sein mag, als die Details dessen, wie Sie eine Funktion spezifizieren oder wie Sie die Speicher- oder Sicherheitsfunktionen der Plattform nutzen. Dennoch geht es bei fast allen Präsentationen, die ich zu diesem Thema sehe, um die Tools und nicht um das Design von Systemen.

Das ist so, als würde man mir als Tischler die wichtigen Unterschiede zwischen einer Schlitzschraube und einer Kreuzschlitzschraube erklären, mir aber nicht sagen, wofür diese Schrauben nützlich sind, wann man sie verwendet und wann man besser Nägel wählt.

Serverless Computing stellt für die IT-Infrastruktur einen Fortschritt dar. Das stelle ich nicht infrage. In diesem Buch geht es darum zu beurteilen, welche Ideen wichtig sind und welche nicht.

9 Serverless Computing ist ein Cloud-basierter Ansatz zur Bereitstellung von »Funktionen als Service«. Funktionen bilden die einzige Recheneinheit und der Code für ihre Ausführung wird bei Bedarf gestartet.

Serverless Computing ist aus mehreren Gründen bedeutsam, vor allem aber, weil es einen **modulareren Ansatz** für das Design mit einer besseren **Trennung von Zuständigkeiten** (engl. separation of concerns) fördert, insbesondere in Bezug auf Daten.

Serverless Computing verändert die Wirtschaftlichkeit von Systemen, indem es die Berechnung von »Kosten pro Byte« auf »Kosten pro CPU-Zyklus« ändert. Dies bedeutet – oder sollte bedeuten –, dass wir ganz andere Arten von Optimierungen in Betracht ziehen müssen.

Anstatt unsere Systeme auf eine Minimierung des Speicherbedarfs zu optimieren, indem wir normalisierte Datenspeicher verwenden, sollten wir wahrscheinlich ein wirklich verteiltes Modell der Datenverarbeitung mit nicht-normalisiertem Speicher und Eventual Consistency akzeptieren. Diese Dinge sind wichtig, weil sie sich auf die Modularität der Systeme auswirken, die wir erstellen.

Die Tools sind nur insofern wichtig, als sie bei einigen grundlegenderen Dingen »den Hebel ansetzen«.

2.14 Der Weg vom Handwerk zum Engineering

Es ist wichtig, den Wert des Handwerks nicht zu verkennen. Die Sorgfalt und die Liebe zum Detail sind notwendig, um ein Werk von hoher Qualität zu schaffen. Ebenso wichtig ist es, die Bedeutung des Engineerings für die Verbesserung der Qualität und Wirksamkeit der handwerklichen Produkte nicht zu verkennen.

Die Brüder Wright waren die Ersten, die eine steuerbare Flugmaschine bauten, die schwerer als Luft war und von einem Motor angetrieben wurde. Sie waren ausgezeichnete Handwerker und hervorragende Ingenieure. Ein Großteil ihrer Arbeit beruhte auf empirischer Forschung, aber sie führten auch richtige Untersuchungen der Leistungsfähigkeit ihres Designs durch. Sie waren nicht nur die Ersten, die eine Flugmaschine konstruierten, sondern auch die Ersten, die einen Windkanal bauten, um die Leistungsfähigkeit ihrer Flügelkonstruktionen messen zu können.

Ein Flugzeugflügel ist eine bemerkenswerte Konstruktion. Die Konstruktion der Brüder Wright ist ein wunderschönes, wenn auch nach modernen Maßstäben unglaublich primitives Gerät. Sie ist aus Holz und Draht gebaut und mit Stoff bespannt, der mithilfe von Bananen-Öl winddicht gemacht wurde.

Das und der Windkanal dienten dazu, aufbauend auf den Arbeiten früherer Pioniere die Grundlagen einer Theorie der Aerodynamik zu entwickeln. Die Flugmaschine der Brüder Wright im Allgemeinen und der Flügel im Besonderen wurden jedoch eher durch Versuch und Irrtum als durch rein theoretisches Design entwickelt.

Für moderne Augen sieht es eher wie ein Handwerksprodukt als ein Ingenieursprodukt aus. Das ist teilweise, wenn auch nicht ganz, zutreffend. Viele Menschen hatten versucht, mit handwerklichen Methoden eine »Flugmaschine« zu bauen, und waren gescheitert. Einer der wichtigsten Gründe für den Erfolg der Brüder Wright war, dass sie sich des Engineerings bedienten. Sie haben Berechnungen angestellt sowie Mess- und Forschungsinstrumente entwickelt und eingesetzt. Sie kontrollierten die Variablen, sodass sie ihr Verständnis vertiefen und ihr Flugmodell weiterentwickeln konnten. Dann bauten sie Modelle, Segelflugzeuge und Teile von Windkanälen, um ihr Wissen zu testen und anschließend zu erweitern. Die Prinzipien, die sie aufstellten, waren nicht perfekt, aber sie verbesserten nicht nur die praktischen Aspekte, sondern auch die Theorie.

Als die Brüder Wright den kontrollierten Motorflug erreichten, konnten sie dank ihrer aerodynamischen Forschungen Flugmaschinen mit einer Gleitzahl von 8,3:1 bauen.[10]

Um dies mit einem modernen Flugzeugflügel zu vergleichen, z.B. dem Flügel eines modernen Segelflugzeugs: Der Flügel des Wright-Fliegers war gewölbt (ein langsames Profil mit hohem Auftrieb) und nach heutigen Maßstäben schwer, obwohl er zu seiner Zeit leicht gebaut war. Er verwendete einfache natürliche Materialien und erreichte diese 8,3:1.

Durch Engineering, empirische Forschung und Experimente sowie Materialwissenschaft, die Verfeinerung der aerodynamischen Theorie, Computermodellierung usw. hat ein modernes Segelflugzeug einen Flügel aus Kohlefaser mit hoher Streckung. Er ist dahin gehend optimiert, dass er so leicht und stabil ist, dass man deutlich sehen kann, wie er sich beim Erzeugen von Auftrieb biegt und krümmt. Er kann eine Gleitzahl von mehr als 70:1 erreichen, fast neunmal mehr als die Wright Flugmaschine.

2.15 Handwerk ist nicht genug

Handwerk ist wichtig, vor allem, wenn man unter *Handwerk* eigentlich Kreativität versteht. Unsere Disziplin ist ein zutiefst kreatives Unterfangen, aber das gilt auch für das Engineering. Ich glaube, dass Engineering den Gipfel der menschlichen Kreativität und des Einfallsreichtums darstellt. Das ist die Art von Denken, die wir brauchen, wenn wir große Werke im Bereich von Software schaffen wollen.

10 Die Gleitzahl ist ein Maß für die Effizienz eines Fluggeräts. Sie ist das Verhältnis zwischen zurückgelegter Strecke und verlorener Höhe. Für jeden Fuß (oder Meter), den das Flugzeug im (unmotorisierten) Gleitflug absinkt, bewegt es sich zum Beispiel 8,3 Fuß (oder Meter) vorwärts. Siehe `https://de.wikipedia.org/wiki/Gleitzahl_(Flugzeug)`.

2.16 Zeit für ein Umdenken?

Die Entwicklung des Software Engineerings als Disziplin hat nicht wirklich das erreicht, was sich viele erhofft haben. Software hat die Welt verändert, und sie verändert sie weiter. Es wurden einige wunderbare Arbeiten geleistet und innovative, interessante und aufregende Systeme entwickelt, aber für viele Teams, Unternehmen und einzelne Entwickler ist nicht immer klar, wie sie erfolgreich sein oder sogar Fortschritte erzielen können.

Unsere Branche ist überflutet von Philosophien, Praktiken, Prozessen und Technologien. Unter Technologen gibt es Glaubenskriege über die besten Programmiersprachen, Architekturansätze, Entwicklungsprozesse und Tools. Oft scheint es nur eine lose Vorstellung davon zu geben, was die Ziele und Strategien unseres Berufsstands sind oder sein sollten.

Moderne Teams kämpfen mit Termindruck, Qualität und Wartbarkeit ihrer Designs. Sie haben oft Mühe, die Ideen zu identifizieren, die bei den Benutzern wirklich ankommen, und sie nehmen sich nicht die Zeit, sich mit der Anwendungsdomäne, der Technologie und den Möglichkeiten vertraut zu machen, um etwas Großartiges in Produktion zu bringen.

Unternehmen tun sich oft schwer damit, das zu bekommen, was sie von der Softwareentwicklung erwarten. Sie beklagen sich oft über die Qualität und Effizienz der Entwicklungsteams. Sie verstehen oft nicht, was sie tun können, um diese Schwierigkeiten zu überwinden.

Gleichzeitig stelle ich fest, dass unter den Experten, deren Meinungen ich schätze, ein ziemlich hohes Maß an Übereinstimmung über einige grundlegende Ideen besteht, die nicht oft oder zumindest nicht deutlich genug zum Ausdruck gebracht werden.

Vielleicht ist es an der Zeit, noch einmal darüber nachzudenken, was einige dieser Grundlagen sind. Welches sind die Leitgedanken, die unserer Disziplin zugrunde liegen? Was sind die Prinzipien, die über Jahrzehnte hinweg gelten, nicht nur für die aktuelle Generation von technischen Tools?

Software-Entwicklung ist keine einfache Aufgabe, und sie ist auch keine homogene Aufgabe. Es gibt jedoch einige Praktiken, die allgemeingültig sind. Es gibt Wege, über die Software-Entwicklung nachzudenken, sie zu verwalten, zu organisieren und zu praktizieren, die einen bedeutenden, sogar dramatischen Einfluss auf all diese problematischen Aspekte des Unterfangens haben.

Der Rest dieses Buchs ist dazu gedacht, einige dieser allgemeinen Leitgedanken zu erforschen und eine Liste von Grundprinzipien bereitzustellen, die allen Software-Entwicklungen zugrunde liegen sollten, unabhängig von der Anwendungsdomäne, den Tools und den kommerziellen oder qualitativen Anforderungen.

Die Leitgedanken in diesem Buch scheinen mir etwas Tiefgreifendes, etwas Grundlegendes über die Natur unseres Unterfangens zu verkörpern.

Wenn wir diese Dinge richtig machen – und viele Teams tun dies –, erleben wir eine höhere Produktivität, weniger Stress und Burnout bei den Teammitgliedern, eine höhere Qualität des Designs und eine größere Widerstandsfähigkeit der Systeme, die wir schaffen.

Die von uns entwickelten Systeme stellen ihre Benutzer besser zufrieden. Wir sehen deutlich weniger Fehler in der Produktion, und Teams, die diese Leitgedanken anwenden, finden es wesentlich einfacher, fast jeden Aspekt der Systeme, an denen sie arbeiten, zu ändern, während sich ihr Wissen weiterentwickelt. Unterm Strich führt dies in der Regel zu einem größeren wirtschaftlichen Erfolg für die Unternehmen, die auf diese Weise arbeiten. Diese Eigenschaften sind die Markenzeichen des **Engineerings**.

Engineering stärkt unsere Fähigkeit, kreativ zu sein, nützliche Dinge zu erschaffen und mit Vertrauen und Qualität voranzuschreiten. Es ermöglicht es uns, Ideen zu erforschen und schließlich unsere Fähigkeit, etwas zu erschaffen, so zu skalieren, dass wir immer größere, komplexere Systeme bauen können.

Wir stehen an der Schwelle zu einer echten Ingenieursdisziplin für Software. Wenn wir diese Gelegenheit ergreifen, könnten wir beginnen, die Art und Weise zu verändern, in der Software-Entwicklung praktiziert, organisiert und gelehrt wird.

Dies mag ein Generationenwechsel sein, aber er ist von so großem Wert für die Unternehmen, die uns beschäftigen, und für die Welt im Allgemeinen, dass wir es versuchen müssen. Was wäre, wenn wir Software schneller und kostengünstiger erstellen könnten? Was wäre, wenn diese Software auch qualitativ hochwertiger, leichter zu warten, anpassungsfähiger, widerstandsfähiger und besser auf die Bedürfnisse der Benutzer abgestimmt wäre?

2.17 Zusammenfassung

In der Software-Branche haben wir die Bedeutung von Engineering in gewisser Weise neu definiert. In manchen Kreisen wird Engineering als unnötig, beschwerlich und lästig angesehen. Als etwas, das der »echten Software-Entwicklung« im Wege steht. Echtes Engineering in anderen Disziplinen ist nichts von alledem. Ingenieure in anderen Disziplinen machen schneller Fortschritte, nicht langsamer. Sie schaffen Resultate von höherer Qualität, nicht von geringerer.

Wenn wir anfangen, einen praktischen, rationalen, leichtgewichtigen, wissenschaftlichen Ansatz für die Software-Entwicklung zu wählen, werden wir ähnliche Vorteile erkennen. Software Engineering wird Software-spezifisch sein, aber es wird uns auch dabei helfen, bessere Software schneller zu entwickeln, und uns dabei nicht im Weg stehen.

Kapitel 3

Grundlagen eines Engineering-Ansatzes

Engineering unterscheidet sich je nach Fachgebiet. Brückenbau ist nicht dasselbe wie Luft- und Raumfahrttechnik oder Elektrotechnik oder Chemietechnik, aber alle diese Disziplinen haben einige Leitgedanken gemeinsam. Sie sind alle fest im wissenschaftlichen Rationalismus verankert und verfolgen einen pragmatischen, empirischen Ansatz, um Fortschritte zu erzielen.

Wenn wir unser Ziel erreichen wollen, unter der Bezeichnung »Software Engineering« eine Sammlung von langlebigen Gedanken, Konzepten, Praktiken und Verhaltensweisen aufzustellen, müssen diese Ideen für die Software-Entwicklung ziemlich grundlegend und angesichts des ständigen Wandels in unserer Branche auch robust sein.

3.1 Eine Branche im Wandel?

Wir reden viel über den Wandel in unserer Branche. Wir begeistern uns für neue Technologien und neue Produkte, aber bringen diese Veränderungen wirklich Bewegung in die Software-Entwicklung? Viele der Veränderungen, die uns beschäftigen, scheinen nicht so viel zu bewirken, wie wir manchmal zu glauben meinen.

Mein Lieblingsbeispiel dafür wurde in einem schönen Konferenzvortrag von Christin Gorman[1] gezeigt. Darin demonstriert Gorman, dass bei der Verwendung der damals beliebten Open-Source-Bibliothek Hibernate für die objektrelationale Abbildung tatsächlich mehr Code zu schreiben war, als würde man das entsprechende Verhalten direkt in SQL umsetzen, zumindest subjektiv; SQL war darüber hinaus leichter zu verstehen. Christin vergleicht die Software-Entwicklung auf amüsante Weise mit dem Backen von Kuchen. Machen Sie Ihren Kuchen mit einer Backmischung oder wählen Sie frische Zutaten und backen ihn von Grund auf selbst?

Ein Großteil der Veränderungen in unserer Branche ist kurzlebig und führt nicht zu Verbesserungen. Einige, wie zum Beispiel Hibernate, machen die Dinge sogar noch schlimmer.

1 Quelle: »Gordon Ramsay benutzt keine Backmischungen« von Christin Gorman, `https://bit.ly/3g02cWO`

Ich habe den Eindruck, dass unsere Branche sich schwertut zu lernen und Fortschritte zu machen. Dieser relative Mangel an Fortschritten wird durch die unglaublichen Fortschritte bei der Hardware verdeckt, auf der unser Code läuft.

Ich will damit nicht sagen, dass es keinen Fortschritt in der Software-Entwicklung gibt – im Gegenteil –, aber ich glaube, dass das Tempo des Fortschritts viel langsamer ist, als viele von uns denken. Überlegen Sie doch einmal, welche Veränderungen während Ihrer Laufbahn die Art und Weise, wie Sie über Software-Entwicklung denken und sie praktizieren, maßgeblich beeinflusst haben. Welche Ideen haben sich auf die Qualität, den Umfang oder die Komplexität der Probleme ausgewirkt, die Sie lösen können?

Die Liste ist kürzer, als wir für gewöhnlich annehmen.

Ich habe zum Beispiel während meiner beruflichen Laufbahn etwa 15 oder 20 verschiedene Programmiersprachen verwendet. Und obwohl ich Vorlieben habe, haben nur zwei Sprachwechsel mein Denken über Software und Design radikal beeinflusst.

Dies waren der Schritt von Assembler zu C und der Schritt von prozeduraler zu objektorientierter Programmierung. Die einzelnen Sprachen sind in meinen Augen weniger wichtig als die Programmierparadigmen. Diese Schritte stellten bedeutende Veränderungen in der Abstraktionsebene dar, mit der ich beim Schreiben von Code umgehen konnte. Jeder Schritt bedeutete einen »Sprung« für die Komplexität der Systeme, die wir bauen konnten.

Als Fred Brooks schrieb, dass es keinen Zuwachs in dieser Größenordnung gibt, hat er etwas übersehen. Vielleicht gibt es keinen 10-fachen Zuwachs, aber es gibt sicherlich einen 10-fachen Verlust.

Ich habe Unternehmen erlebt, die durch ihre Herangehensweise an die Software-Entwicklung gehemmt waren, manchmal durch die Technologie, häufiger jedoch durch ihre Prozesse. Ich war einmal Berater in einem großen Unternehmen, das seit mehr als fünf Jahren keine Software mehr in Produktion gegeben hatte.

Es scheint uns nicht nur schwerzufallen, neue Ideen zu adaptieren, sondern auch fast unmöglich, alte Ideen zu verwerfen, egal wie sehr sie auch in Verruf gekommen sein mögen.

3.2 Die Bedeutung von Messungen

Einer der Gründe, warum es uns schwerfällt, schlechte Konzepte zu verwerfen, ist, dass wir unsere Leistungen in der Software-Entwicklung nicht wirklich effektiv messen.

Die meisten Metriken für die Software-Entwicklung sind entweder irrelevant (Geschwindigkeit) oder manchmal sogar schädlich (Code-Zeilen und Testabdeckung).

In Kreisen der agilen Entwicklung wird seit Langem die Ansicht vertreten, dass eine Messung der Leistung von Software-Teams oder -Projekten nicht möglich ist. Martin Fowler schrieb 2003 in seinem viel gelesenen Bliki über einen dieser Aspekte.[2]

Fowler hat recht: Wir haben kein vertretbares Maß für die Produktivität, aber das ist nicht dasselbe wie zu sagen, dass wir nichts Nützliches messen können.

Die wertvolle Arbeit, die Nicole Fosgren, Jez Humble und Gene Kim in den »State-of-DevOps«-Berichten[3] und in ihrem Buch *Accelerate: The Science of Lean Software & DevOps*[4] geleistet haben, ist ein wichtiger Schritt nach vorn, um fundiertere Entscheidungen treffen zu können. Sie stellen ein interessantes und überzeugendes Modell für die nützliche Messung der Leistung von Software-Teams vor.

Interessanterweise versuchen sie nicht, die Produktivität zu messen, sondern sie bewerten die Effektivität von Software-Entwicklungsteams anhand von zwei Schlüsselattributen. Die Messgrößen werden dann als Teil eines Vorhersagemodells verwendet. Sie können nicht beweisen, dass diese Messgrößen in einem kausalen Zusammenhang mit der Leistung von Software-Entwicklungsteams stehen, aber sie können einen statistischen Zusammenhang nachweisen.

Die Messgrößen sind **Stabilität** und **Durchsatz**. Teams mit hoher Stabilität und hohem Durchsatz werden als »High Performer« eingestuft, während Teams mit niedrigen Werten bei diesen Messgrößen »Low Performer« sind.

Das Interessante daran ist, dass die Aktivitäten dieser leistungsstarken und -schwachen Gruppen, wenn man sie analysiert, durchweg miteinander in Beziehung stehen. Leistungsstarke Teams weisen gemeinsame Verhaltensweisen auf. Wenn wir uns die Aktivitäten und Verhaltensweisen eines Teams ansehen, können wir ihr Ergebnis in Bezug auf diese Messgrößen vorhersagen, und auch hier besteht ein Zusammenhang. Einige Aktivitäten können auf dieser Skala zur Vorhersage der Leistung verwendet werden.

Wenn Ihr Team beispielsweise Testautomatisierung, trunk-basierte Entwicklung[5], Deployment-Automatisierung und etwa zehn weitere Praktiken einsetzt, sagt das Modell voraus, dass Sie **Continuous Delivery** (dt. kontinuierliche Bereitstellung)

---

2 Quelle: »Cannot Measure Productivity« von Martin Fowler, `https://bit.ly/3mDO2fB`

3 Quelle: Nicole Fosgren, Jez Humble, Gene Kim, `https://bit.ly/2PWyjw7`

4 Im *Accelerate Buch* wird beschrieben, dass Teams, die einen disziplinierteren Ansatz bei der Entwicklung verfolgen, »44 % mehr Zeit für neue Arbeit« aufwenden als Teams, die dies nicht tun. (Nicole Forsgren, Jez Humble, Gene Kim: Das Mindset von DevOps, Vahlen 2019.)

5 Anmerkung des Übersetzers: Ein Branching-Modell in der Versionsverwaltung, bei dem die Entwickler in einem einzigen Branch, dem »trunk«, zusammenarbeiten.

praktizieren werden. Wenn Sie die Continuous Delivery praktizieren, sagt das Modell voraus, dass Sie in Bezug auf die Leistung bei der Software-Bereitstellung und die organisatorische Ausführung »leistungsstark« (engl. high performing) sein werden.

Wenn wir uns Unternehmen ansehen, die als leistungsstark gelten, dann gibt es Verhaltensweisen, die ihnen gemeinsam sind, wie z.B. die Continuous Delivery und die Organisation in kleinen Teams.

Messungen der Stabilität und des Durchsatzes geben uns also ein Modell an die Hand, mit dem wir Teamergebnisse vorhersagen können.

Stabilität und Durchsatz werden jeweils durch zwei Messgrößen erfasst.

Die Stabilität wird wie folgt gemessen:

- **Change Failure Rate (Änderungsfehlerrate):** Die Rate, mit der eine Änderung an einem bestimmten Punkt des Prozesses einen Fehler einführt.
- **Recovery Failure Rate (Wiederherstellungszeit):** Wie lange dauert es, bis ein Fehler an einem bestimmten Punkt des Prozesses behoben ist.

Die Messung der Stabilität ist wichtig, weil sie eigentlich ein Maß für die Qualität der geleisteten Arbeit ist. Sie sagt nichts darüber aus, ob das Team die richtigen Dinge baut, aber sie misst die Effektivität des Teams bei der Bereitstellung von Software mit messbarer Qualität.

Der Durchsatz wird anhand der folgenden Kriterien gemessen:

- **Lead Time (Durchlaufzeit):** Ein Maß für die Effizienz des Entwicklungsprozesses. Wie lange dauert es, bis eine einzeilige Änderung von der »Idee« zu »funktionierender Software« braucht?
- **Frequency (Taktung):** Ein Maß für die Geschwindigkeit. Wie oft werden Änderungen in die Produktion übernommen?

Der Durchsatz ist ein Maß für die Effizienz eines Teams bei der Bereitstellung von Ideen in Form von funktionierender Software.

Wie lange dauert es, bis eine Änderung in die Hände der Benutzer gelangt, und wie oft wird dies erreicht? Dies ist unter anderem ein Hinweis auf die Lernmöglichkeiten eines Teams. Es kann sein, dass ein Team diese Gelegenheiten nicht wahrnimmt, aber ohne einen guten Wert beim Durchsatz verringern sich die Möglichkeiten eines Teams zu lernen.

Dies sind technische Maßregeln für unseren Entwicklungsansatz. Sie geben Antwort auf die Fragen »Welche Qualität hat unsere Arbeit?« und »Wie effizient können wir Resultate in dieser Qualität produzieren?«

Das sind sinnvolle Ansätze, aber sie hinterlassen einige Lücken. Sie sagen nichts darüber aus, ob wir die richtigen Dinge bauen, sondern nur, ob wir sie richtig bauen. Aber nur weil sie nicht perfekt sind, schmälert das nicht ihren Nutzen.

Interessanterweise geht das von mir beschriebene Korrelationsmodell weiter als die Vorhersage der Teamgröße und die Frage, ob Sie Continuous Delivery anwenden. Die Autoren von *Accelerate* verfügen über Daten, die signifikante Zusammenhänge mit viel wichtigeren Dingen zeigen.

Beispielsweise verdienen Unternehmen, die aus leistungsstarken Teams bestehen, laut diesem Modell mehr Geld als Unternehmen, die dies nicht tun. Diese Daten belegen, dass es einen Zusammenhang zwischen einem Entwicklungsansatz und dem wirtschaftlichen Ergebnis für das Unternehmen, das ihn praktiziert, gibt.

Es wird auch mit der weitverbreiteten Meinung aufgeräumt, dass man »entweder Geschwindigkeit oder Qualität haben kann, aber nicht beides«. Das ist einfach nicht wahr. Geschwindigkeit und Qualität hängen laut den Daten dieser Untersuchung eindeutig zusammen. Der Weg zu höherer Geschwindigkeit ist eine qualitativ hochwertige Software, der Weg zu einer qualitativ hochwertigen Software ist die Geschwindigkeit des Feedbacks, und der Weg zu beidem ist ein hervorragendes Engineering.

3.3 Anwendung von Stabilität und Durchsatz

Der Zusammenhang zwischen guten Werten bei diesen Messgrößen und qualitativ hochwertigen Ergebnissen ist wichtig. Er bietet uns die Möglichkeit, sie zu nutzen, um Änderungen an unseren Prozessen, unserer Organisation, unserer Kultur oder unserer Technologie zu bewerten.

Stellen Sie sich zum Beispiel vor, dass wir uns mit der Qualität unserer Software befassen. Wie könnten wir sie verbessern? Wir könnten beschließen, eine Änderung an unserem Arbeitsablauf vorzunehmen. Wir könnten ein Change Approval Board (CAB) einrichten.

Es ist klar, dass die zusätzlichen Überprüfungen und Sign-offs sich negativ auf den Durchsatz auswirken, und solche Änderungen werden den Prozess unweigerlich verlangsamen. Aber erhöhen sie auch die Stabilität?

Für dieses spezielle Beispiel liegen die Daten vor. Es mag überraschen, aber Change Approval Boards verbessern die Stabilität nicht. Die Verlangsamung des Prozesses wirkt sich vielmehr nachteilig auf die Stabilität aus.

> *Wir fanden heraus, dass externe Abnahmen negativ mit der Durchlaufzeit, der Bereitstellungshäufigkeit und der Wiederherstellungszeit zusammenhängen, aber keinen Zusammenhang mit der Ausfallrate bei Änderungen auf-*

> *wiesen. Kurz gesagt, die Abnahme durch ein externes Gremium (z.B. einen Manager oder ein CAB) trägt nicht dazu bei, die Stabilität von Produktionssystemen zu erhöhen, gemessen an der Zeit bis zur Wiederherstellung des Betriebs und der Ausfallrate bei Änderungen. Allerdings verlangsamt sie die Abläufe. Es ist sogar schlimmer, als wenn es überhaupt kein Genehmigungsverfahren für Änderungen gäbe.*[6]

Mir geht es hier nicht darum, mich über Change Approval Boards lustig zu machen, sondern vielmehr darum zu zeigen, wie wichtig es ist, Entscheidungen auf der Grundlage von Fakten und nicht von Vermutungen zu treffen.

Es ist nicht offensichtlich, dass CABs eine schlechte Idee sind. Sie klingen vernünftig, und tatsächlich versuchen viele – wahrscheinlich die meisten – Unternehmen auf diese Weise, Qualität zu steuern. Das Problem ist nur, dass es nicht funktioniert.

Ohne wirksame Messungen können wir nicht sagen, dass es nicht funktioniert; wir können nur Vermutungen anstellen.

Wenn Sie einen stärker evidenzbasierten, wissenschaftlich-rationalen Ansatz auf die Entscheidungsfindung anwenden wollen, sollten Sie sich in dieser Frage weder auf mein Wort noch auf das von Forsgren und ihren Mitautoren verlassen.

Stattdessen könnten Sie diese Messung für sich selbst, in Ihrem Team, durchführen. Messen Sie den Durchsatz und die Stabilität Ihrer bestehenden Herangehensweise, wie auch immer sie aussieht. Ändern Sie etwas, was auch immer dies sein mag. Bewegt sich durch die Änderung der Zeiger bei einer der Messgrößen?

Mehr über dieses Korrelationsmodell erfahren Sie in dem hervorragenden Buch *Accelerate*. Darin werden der Ansatz zur Messung und das Modell beschrieben, das sich im Zuge weiterer Forschung weiterentwickelt. Es geht mir hier nicht darum, diese Ideen zu duplizieren, sondern auf die wichtigen, vielleicht sogar tiefgreifenden Auswirkungen hinzuweisen, die sie auf unsere Branche haben dürften. **Endlich haben wir ein brauchbares Messinstrument.**

Wir können dieses Modell der Stabilität und des Durchsatzes verwenden, um die Auswirkungen jeder Veränderung zu messen.

Wir können die Auswirkungen von Änderungen in der Organisation, den Prozessen, der Kultur und der Technologie erkennen. »Wenn ich diese neue Sprache einführe, erhöht sich dadurch mein Durchsatz oder meine Stabilität?«

Wir können diese Messgrößen auch dazu verwenden, verschiedene Teile unseres Prozesses zu evaluieren. »Wenn ich einen hohen Anteil an manuellen Tests habe, ist das sicher langsamer als automatisierte Tests, aber verbessert sich dadurch die Stabilität?«

---

6 *Accelerate* von Nicole Forsgren, Jez Humble, and Gene Kim, 2018.

Wir müssen immer noch sorgfältig abwägen. Wir müssen die Bedeutung der Ergebnisse berücksichtigen. Was bedeutet es, wenn etwas den Durchsatz verringert, aber die Stabilität erhöht?

Nichtsdestotrotz sind aussagekräftige Messgrößen, die es uns ermöglichen, Maßnahmen zu bewerten, wichtig, ja sogar unerlässlich, um einen stärker evidenzbasierten Ansatz bei der Entscheidungsfindung zu verfolgen.

3.4 Die Grundlagen einer Ingenieursdisziplin für die Software-Entwicklung

Was sind nun einige dieser grundlegenden Ideen? Was sind die Konzepte, von denen wir erwarten können, dass sie auch in 100 Jahren noch gültig und unabhängig von unserem Problem und unserer Technologie anwendbar sind?

Es gibt zwei Kategorien: Den Prozess, oder vielleicht sogar den philosophischen Ansatz, und die Technik bzw. das Design.

Einfacher ausgedrückt, sollte sich unsere Disziplin auf zwei Kernkompetenzen konzentrieren.

Wir sollten **Experten im Lernen** werden. Wir sollten erkennen und akzeptieren, dass unser Fachgebiet eine kreative Designdisziplin ist und keine bedeutende Beziehung zur Produktionstechnik hat, und uns stattdessen auf die Beherrschung der Fähigkeiten des Erkundens, Entdeckens und Lernens konzentrieren. Dies ist eine praktische Anwendung eines wissenschaftlichen Denkstils.

Wir müssen uns auch darauf konzentrieren, unsere Fähigkeiten im Umgang mit Komplexität zu verbessern. Wir bauen Systeme, die nicht in unsere Köpfe passen. Wir bauen Systeme in großem Maßstab mit großen Gruppen von Menschen, die an ihnen arbeiten. Um dies zu bewältigen, müssen wir **Experten im Umgang mit Komplexität** werden, sowohl auf technischer als auch auf organisatorischer Ebene.

3.5 Experten im Lernen

Die Wissenschaft ist die beste Problemlösungsmethode der Menschheit. Wenn wir zu Lernexperten werden wollen, müssen wir die Art von praktischem, wissenschaftlich fundiertem Problemlösungsansatz, der das Wesen anderer Ingenieursdisziplinen ausmacht, übernehmen und darin geübt werden.

Er muss auf unsere Probleme zugeschnitten sein. Software Engineering wird sich von anderen Formen des Engineerings unterscheiden, so wie sich die Luft- und Raumfahrttechnik von der Chemietechnik unterscheidet. Sie muss praktisch, leichtgewichtig und ganzheitlich für unseren Ansatz zur Lösung von Software-Problemen sein.

Zu diesem Thema besteht ein breiter Konsens unter denjenigen, die viele von uns als Vordenker in unserer Branche betrachten. Obwohl diese Leitgedanken sehr bekannt sind, werden sie derzeit nicht allgemein oder sogar weitverbreitet als Grundlage für unsere Herangehensweise an die Software-Entwicklung praktiziert.

Es gibt fünf miteinander verbundene Vorgehensweisen in dieser Kategorie:

- Iteratives Arbeiten
- Schnelles, qualitativ hochwertiges Feedback
- Inkrementelles Arbeiten
- Experimentieren
- Empirisches Arbeiten

Falls Sie noch nie darüber nachgedacht haben, mögen Ihnen diese fünf Praktiken abstrakt und von den alltäglichen Aktivitäten der Software-Entwicklung, geschweige denn des Software Engineerings, ziemlich losgelöst vorkommen.

Software-Entwicklung ist eine Praxis des Erkundens und Entdeckens. Wir versuchen immer, mehr darüber zu erfahren, was unsere Kunden oder Benutzer von dem System erwarten, wie wir die uns gestellten Probleme besser lösen und wie wir die uns zur Verfügung stehenden Tools und Techniken besser einsetzen können.

Wir lernen, dass wir etwas übersehen haben und Dinge korrigieren müssen. Wir lernen, dass wir uns besser organisieren müssen, um besser zu arbeiten, und wir lernen, die Probleme, an denen wir arbeiten, besser zu verstehen.

Lernen ist das Herzstück all unserer Arbeit. Diese Praktiken bilden die Grundlage jedes effektiven Ansatzes zur Software-Entwicklung, aber sie schließen auch einige weniger effektive Herangehensweisen aus.

Wasserfall-Entwicklungsansätze weisen diese Eigenschaften zum Beispiel nicht auf. Nichtsdestotrotz wird diesen Handlungsweisen eine hohe Leistungsfähigkeit für Software-Entwicklungsteams zugeschrieben und sie sind seit Jahrzehnten das Markenzeichen erfolgreicher Teams.

In Teil II wird jeder dieser Grundgedanken aus praktischer Sicht vertieft: Wie werden wir zu Lernexperten und wie wenden wir dies in unserer täglichen Arbeit an?

3.6 Experten im Umgang mit Komplexität

Als Software-Entwickler sehe ich die Welt durch die Linse der Software-Entwicklung. Daher kann ich meine Wahrnehmung der Fehler in der Software-Entwicklung und der Kultur, die sie umgibt, im Wesentlichen mit zwei Begriffen aus der Informatik beschreiben: Nebenläufigkeit (engl. concurrency) und Kopplung (engl. coupling).

Diese Begriffe sind im Allgemeinen kompliziert, nicht nur in der Software-Entwicklung. Diese Ideen sickern also aus dem Design unserer Systeme heraus und beeinflussen die Art und Weise, wie die Unternehmen funktionieren, in denen wir arbeiten.

Man kann dies mit Konzepten wie dem Gesetz von Conway[7] erklären, aber das Gesetz von Conway ist eher eine Begleiterscheinung dieser tieferen Wahrheit.

Es lohnt sich, dies in technischeren Begriffen zu fassen. Eine menschliche Organisation ist genauso ein Informationssystem wie ein Computersystem. Sie ist mit Sicherheit komplexer, aber es gelten dieselben grundlegenden Konzepte. Dinge, die von Grund auf schwierig sind, wie Nebenläufigkeit und Kopplung, sind auch in der realen Welt der Menschen schwierig.

Wenn wir Systeme entwickeln wollen, die komplexer sind als die einfachsten Programmieraufgaben, müssen wir diese Kernkonzepte ernst nehmen. Wir müssen die Komplexität der von uns erstellten Systeme beherrschen, während wir sie erstellen, und wenn wir dies in einem Umfang tun wollen, der über den Rahmen eines einzelnen, kleinen Teams hinausgeht, müssen wir die Komplexität der organisatorischen Informationssysteme ebenso beherrschen wie die der eher technischen Software-Informationssysteme.

Ich habe den Eindruck, dass wir diesen Konzepten als Branche zu wenig Aufmerksamkeit schenken, sodass alle, die schon einmal mit Software zu tun hatten, mit den Folgen vertraut sind: Systeme, die aus dem Ruder laufen, technische Schulden, lähmende Fehlerzahlen und Unternehmen, die sich nicht trauen, Änderungen an den Systemen vorzunehmen, die ihnen gehören.

All dies ist meiner Meinung nach ein Symptom für Teams, die die Kontrolle über die Komplexität der Systeme, an denen sie arbeiten, verloren haben.

Wenn Sie an einem einfachen Wegwerf-Software-System arbeiten, dann spielt die Qualität des Designs keine Rolle. Wenn man etwas Komplexeres bauen will, muss man das Problem so aufteilen, dass man über Teile davon nachdenken kann, ohne von der Komplexität überwältigt zu werden.

Wo man diese Grenzen zieht, hängt von vielen Variablen ab: von der Art des Problems, das man lösen will, von den Technologien, die man einsetzt, und wahrscheinlich sogar bis zu einem gewissen Grad davon, wie intelligent man ist, aber man muss Grenzen ziehen, wenn man schwierigere Probleme lösen will.

Sobald Sie sich auf diese Vorstellung einlassen, sprechen wir über Konzepte, die einen großen Einfluss auf das Design und die Architektur der von uns geschaffenen Systeme haben. Ich war etwas vorsichtig, als ich im vorigen Absatz »Intelli-

7 1967 stellte Mervin Conway fest, dass »jedes Unternehmen, das ein System (im weitesten Sinne) entwirft, ein Design produziert, dessen Struktur eine Kopie der Kommunikationsstruktur des Unternehmens ist.« Siehe `https://bit.ly/3s2KZP2`.

genz« als Parameter erwähnte, aber es ist ein Parameter. Das Problem, vor dem ich mich in Acht nehme, ist, dass die meisten von uns ihre Fähigkeiten überschätzen, ein Problem mittels Code zu lösen.

Dies ist eine der vielen Lektionen, die wir aus einem informellen Zugang zur Wissenschaft lernen können. Am besten ist es, wenn wir von der Annahme ausgehen, dass unsere Ideen falsch sind, und auf Basis dieser Annahme arbeiten. Wir sollten also viel vorsichtiger sein, was die potenzielle Explosion der Komplexität in den von uns geschaffenen Systemen angeht, und uns bemühen, diese mit Sorgfalt und Umsicht zu verwalten, während wir Fortschritte machen.

Auch in dieser Kategorie gibt es fünf Leitgedanken. Diese stehen in engem Zusammenhang miteinander und sind mit den Konzepten verknüpft, die dazu beitragen, Experten im Lernen zu werden. Dennoch lohnt es sich, über diese fünf Leitgedanken nachzudenken, wenn wir die Komplexität eines Informationssystems strukturiert handhaben wollen:

- Modularität
- Kohäsion
- Trennung von Zuständigkeiten
- Information Hiding/Abstraktion
- Kopplung

Wir werden jeden dieser Begriffe in Teil III genauer untersuchen.

3.7 Zusammenfassung

Die Werkzeuge unseres Handwerks sind oft nicht die, von denen wir denken, dass sie es sind. Die Sprachen, Tools und Frameworks, die wir verwenden, ändern sich im Laufe der Zeit und von Projekt zu Projekt. Die Methoden, die uns das Lernen erleichtern und es uns ermöglichen, mit der Komplexität der von uns erstellten Systeme umzugehen, sind die wahren Werkzeuge unseres Handwerks. Indem wir uns auf diese Dinge konzentrieren, können wir die Sprachen besser auswählen, die Tools besser einsetzen und die Frameworks so anwenden, dass wir unsere Probleme im Rahmen der Software-Entwicklung effektiver lösen können.

Ein »Messinstrument« zu haben, das es uns erlaubt, diese Dinge zu bewerten, ist ein enormer Vorteil, wenn wir Entscheidungen auf der Grundlage von Beweisen und Daten treffen wollen, statt auf der Grundlage von Trends oder Vermutungen. Wenn wir eine Entscheidung treffen, sollten wir uns fragen: »Erhöht dies die Qualität der Software, die wir erstellen?«, gemessen an den Kennzahlen für die **Stabilität**. Oder: »Steigert dies die Effizienz, mit der wir Software dieser Qualität erstellen?«, gemessen an der **Durchsatzrate**. Wenn sich keiner dieser Aspekte verschlechtert, können wir uns aussuchen, was wir bevorzugen; und andernfalls – warum sollten wir etwas wählen, das einen dieser Aspekte verschlechtert?

Teil II

Für das Lernen optimieren

In diesem Teil:

Kapitel 4

Iterativ arbeiten

Iteration ist definiert als »ein Verfahren, bei dem die Wiederholung einer Folge von Operationen zu Ergebnissen führt, die sich einem gewünschten Ergebnis immer weiter annähern«.[1]

Grundsätzlich ist die Iteration ein Verfahren, das Lernen fördert. Iteration ermöglicht es uns zu lernen, zu reagieren und uns an Gelerntes anzupassen. Ohne Iteration und das damit eng verbundene Einholen von Feedback gibt es keine Möglichkeit, kontinuierlich zu lernen. Grundsätzlich erlaubt es uns die Iteration, Fehler zu machen und sie zu korrigieren, oder Fortschritte zu machen und sie weiter zu verbessern.

Diese Definition erinnert uns auch daran, dass Iteration es ermöglicht, uns schrittweise einem Ziel zu nähern. Ihre wahre Stärke liegt darin, dass sie uns dies auch dann ermöglicht, wenn wir nicht genau wissen, wie wir uns unseren Zielen nähern sollen. Solange wir auf irgendeine Weise feststellen können, ob wir uns einem Ziel nähern oder uns davon entfernen, können wir sogar wahllos iterieren und trotzdem unser Ziel erreichen. Wir können die Schritte, die uns vom Ziel entfernen, verwerfen und die Schritte, die uns dem Ziel näherbringen, bevorzugen. So funktioniert im Wesentlichen die Evolution. Das ist auch das Herzstück der Funktionsweise des modernen Machine Learning (ML).

Die agile Revolution

Spätestens seit den 1960er-Jahren praktizieren Teams vermehrt iterative, feedback-basierte Entwicklungsansätze. Im Anschluss an ein berühmtes Treffen führender Denker und Praktiker in einem Skigebiet in Colorado wurde im Agilen Manifest eine gemeinsame Philosophie dargelegt, die diese flexibleren, lernorientierten Strategien im Gegensatz zu den damals üblichen schwerfälligeren Prozessen untermauerte.

Das Agile Manifest[2] ist ein einfaches Dokument. Es besteht aus neun Zeilen Text und zwölf Grundsätzen, aber es hatte eine große Wirkung.

1 Merriam Webster Dictionary, `https://www.merriam-webster.com/dictionary/iteration`

2 Das Agile Manifest, `https://agilemanifesto.org/`

Bis dahin war die gängige Meinung – mit einigen wenigen stillen Abweichlern –, dass man, wenn man etwas »Ernsthaftes« im Software-Bereich machen wollte, die produktionsorientierten Techniken des Wasserfall-Modells brauchte.

Es dauerte eine Weile, bis sich die agile Denkweise durchgesetzt hatte, aber jetzt ist sie anstelle des Wasserfall-Modells der vorherrschende Ansatz, zumindest was die Denkweise betrifft.

Jedoch sind die meisten Unternehmen nach wie vor kulturell dominiert durch das Wasserfall-Denken, zumindest auf organisatorischer, wenn nicht sogar auf technischer Ebene.

Dennoch steht das agile Denken auf einem wesentlich stabileren Fundament als die Ideen, die ihm vorausgingen. Der Satz, der den Leitgedanken, vielleicht sogar die Ideale der agilen Gemeinschaft am besten wiedergibt, lautet »inspizieren und anpassen« (engl. »inspect and adapt«).

Dieser Wandel in der Wahrnehmung ist bedeutsam, aber nicht ausreichend. Warum war dieser Schritt so wichtig? Weil er einen Schritt in die Richtung darstellt, die Software-Entwicklung als eine Praxis des Lernens und weniger als ein Produktionsproblem zu betrachten. Wasserfall-Prozesse können für einige Arten von Produktionsproblemen effektiv sein, aber sie sind äußerst ungeeignet für Probleme, bei denen es um das Erkunden geht.

Dieser Schritt ist wichtig, denn obwohl Verzehnfachung von Fred Brooks hinsichtlich Technologie, Werkzeuge oder Verfahren nicht verfügbar zu sein scheint, gibt es einige Ansätze, die so ineffizient sind, dass es durchaus möglich ist, sie um das Zehnfache zu verbessern. Die Wasserfall-Methode, wenn sie auf die Software-Entwicklung angewandt wird, ist ein solcher Kandidat.

Das Wasserfall-Denken geht von der Annahme aus, dass »wir die Dinge von Anfang an richtig machen können, wenn wir nur hart genug nachdenken/arbeiten«.

Agiles Denken kehrt dies um. Es geht von der Annahme aus, dass wir unweigerlich etwas falsch machen werden. »Wir werden nicht verstehen, was die Benutzer wollen«, »wir werden das Design nicht auf Anhieb richtig hinbekommen«, »wir werden nicht wissen, ob wir alle Fehler in dem Code, den wir geschrieben haben, gefunden haben«, und so weiter und so fort. Da sie von Anfang an davon ausgehen, dass sie Fehler machen werden, arbeiten agile Teams auf eine Art und Weise, die die Kosten von Fehlern, durchaus bewusst, verringert.

Agiles Denken hat diese Vorstellung mit der Wissenschaft gemeinsam. Eine skeptische Sichtweise und das Bestreben, Ideen zu widerlegen, anstatt sie zu beweisen (»Falsifizierbarkeit«), gehören zu einer eher wissenschaftlichen Denkweise.

Diese beiden Denkansätze, Vorhersagbarkeit versus Erkundung, propagieren völlig unterschiedliche, unvereinbare Herangehensweisen für die Projektorganisation und die Teamarbeit.

Ausgehend von den Annahmen des agilen Denkens werden wir die Organisation unserer Teams, Prozesse und Technologien so angehen, dass wir Dinge auf sichere Weise falsch machen, den Fehler leicht erkennen, eine Änderung vornehmen und es im Idealfall beim nächsten Mal besser machen können.

Diskussionen über Scrum versus Extreme Programming oder Continuous Integration versus Feature Branching oder TDD versus erfahrene, scharf nachdenkende Entwickler, oder über irgendetwas anderes, sind irrelevant. Im Kern ist jeder tatsächlich agile Prozess eine Praxis »empirischer Prozesskontrolle«.

Diese Methode eignet sich wesentlich besser für jegliche Art von Software-Entwicklung als die produktionszentrierte, auf Vorhersagen basierende Wasserfall-Methode, die ihr vorausging.

Die iterative Arbeitsweise unterscheidet sich in einigen grundlegenden Aspekten von einem eher geplanten, sequenziellen Ansatz. Sie ist dennoch eine wesentlich effektivere Strategie.

Für viele Leser mag dies offensichtlich erscheinen, aber das ist es nicht. Während des Großteils der Geschichte der Software-Entwicklung wurde von der Annahme ausgegangen, dass Iteration unnötig und ein detaillierter Plan aller Schritte das Ziel der frühen Phasen der Software-Entwicklung sei.

Iteration ist das Herzstück allen forschenden Lernens und grundlegend für jeden echten Wissenserwerb.

4.1 Praktische Vorteile iterativen Arbeitens

Wenn wir Software Engineering als eine Praxis des Entdeckens und Lernens betrachten, muss die Iteration im Zentrum stehen. Es gibt jedoch noch eine Reihe anderer Vorteile des iterativen Arbeitens, die auf den ersten Blick vielleicht nicht sofort ersichtlich sind.

Der vielleicht wichtigste Gedanke ist folgender: Wenn wir beginnen, unsere Arbeitsmethoden zu ändern, um iterativ zu arbeiten, schränken wir automatisch unseren Fokus ein und wir werden ermutigt, in kleineren Einheiten zu denken und Modularität und die Trennung von Zuständigkeiten ernster zu nehmen. Dies ist zunächst eine natürliche Folge der iterativen Arbeitsweise, aber letztlich ist es ein Teil einer Erfolgsgeschichte, die die Qualität unserer Arbeit verbessert.

Einer der gemeinsamen Leitgedanken von Scrum und Extreme Programming (XP) war, dass wir bis zur Fertigstellung an kleinen Arbeitseinheiten arbeiten sollten. Der agile Gedankengang lautete: »Der Fortschritt in der Software-Entwicklung ist schwer zu messen, aber wir können fertige Funktionen messen, also sollten wir an kleineren Funktionen arbeiten, damit wir sehen können, wann sie fertig sind.«

Diese Verringerung der Batchgröße war ein großer Schritt nach vorn. Kompliziert wird es jedoch, wenn man wissen will, wie lange es tatsächlich dauert, bis man »fertig« ist. Dieser iterative Entwicklungsansatz unterscheidet sich von traditionellen Denkweisen. Bei Continuous Delivery arbeiten wir zum Beispiel so, dass jede kleine Änderung mehrmals am Tag releast werden könnte. Sie sollte so fertig sein, dass wir unsere Software jederzeit sicher und zuverlässig in Produktion geben können. Was bedeutet also »fertig« in diesem Zusammenhang wirklich?

Jede Änderung ist fertig, weil sie releast werden kann, daher ist also der einzig sinnvolle Maßstab für »fertig«, dass sie den Benutzern einen gewissen Nutzen bringt. Das ist eine sehr subjektive Angelegenheit. Wie können wir vorhersagen, wie viele Änderungen erforderlich sind, um einen »Wert« für unsere Benutzer zu schaffen? Die meisten Unternehmen gehen davon aus, dass es eine Reihe von Funktionen gibt, die in Kombination einen »Wert« darstellen, aber wenn ich zu jedem beliebigen Zeitpunkt im Leben meiner Software ein Release durchführen kann, ist das ein etwas ungenaues Konzept.

Es ist problematisch, die Menge der Änderungen zu schätzen, die den »Wert« ausmachen, da dies von der Annahme abhängt, dass man bereits zu Beginn alle benötigten Funktionen kennt und dass man den Fortschritt in Richtung einer Vorstellung von »Vollständigkeit« bestimmen kann. Dies ist eine zu starke Vereinfachung dessen, was die Begründer der agilen Bewegung im Sinn hatten, aber es ist eine Annahme, die die meisten traditionellen Unternehmen, die den Übergang zur agilen Planung vollziehen, gemacht haben.

Einer der subtileren Vorteile des iterativen Arbeitens besteht darin, dass wir eine Wahl haben. Wir können die Produkte, die wir erstellen, iterativ weiterentwickeln und sie auf der Grundlage des guten Feedbacks unserer Kunden und Benutzer in Richtung höherwertiger Ergebnisse lenken. Dies ist einer der wertvolleren Aspekte dieser Arbeitsweise, der oft von traditionelleren Unternehmen, die versuchen, sie zu übernehmen, übersehen wird.

Nichtsdestotrotz hat uns der Ansatz kleiner Einheiten, unabhängig von der Absicht oder dem Ergebnis, dazu ermutigt, den Umfang und die Komplexität der Funktionen, an denen wir arbeiten, zu reduzieren, und das ist ein wirklich wichtiger Schritt.

Bei der agilen Planung kam es in hohem Maße darauf an, die Arbeit in so kleine Teile zu zerlegen, dass wir unsere Funktionen innerhalb eines einzigen Sprints –

oder einer Iteration – fertigstellen konnten. Ursprünglich wurde dies als Mittel zur Messung des Fortschritts propagiert, aber es hatte die weitaus tiefgreifendere Auswirkung, dass wir regelmäßig ein eindeutiges Feedback über die Qualität und Angemessenheit unserer Arbeit bekamen. Diese Veränderung erhöht die Geschwindigkeit, mit der wir lernen können. Funktioniert dieses Design? Mögen unsere Benutzer diese Funktion? Ist das System schnell genug? Habe ich alle Bugs beseitigt? Ist mein Code angenehm zu bearbeiten? und so weiter.

Das iterative Arbeiten in kleinen, eindeutig abgegrenzten und produktionsreifen Schritten liefert uns ein großartiges Feedback!

4.2 Iteration als defensive Design-Strategie

Iteratives Arbeiten ermutigt uns zu einer defensiven Herangehensweise beim Design. (Auf die Einzelheiten dieses Ansatzes gehe ich in Teil III näher ein.)

Eine interessante Sichtweise auf die Grundlagen des agilen Denkens wurde mir erstmals von meinem Freund Dan North vorgestellt. Dan beschrieb den Unterschied zwischen Wasserfall- und agilem Denken quasi als ein wirtschaftliches Problem. Das Wasserfall-Denken geht von der Annahme aus, dass Änderungen mit der Zeit immer teurer werden. Man spricht klassischerweise vom Änderungskosten-Modell, wie in Abbildung 4.1 dargestellt.

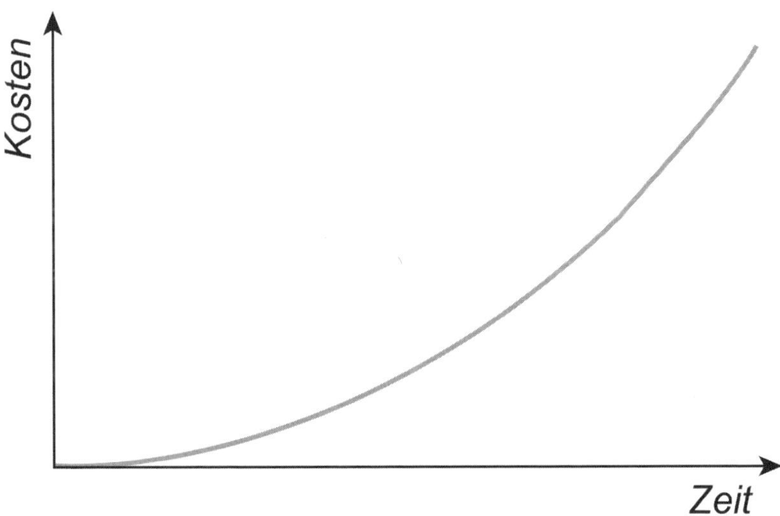

Abb. 4.1: Die klassischen Kosten von Änderungen

Diese Weltanschauung ist problematisch. Wäre das Modell zutreffend, würde das bedeuten, dass die einzig sinnvolle Lösung darin bestünde, die wichtigsten Entscheidungen in einer frühen Phase eines Projekts zu treffen. Das Problem dabei ist, dass wir zu Beginn eines Projekts am wenigsten darüber wissen. Wir treffen also für den gesamten Lebenszyklus des Projekts grundlegende Entscheidungen auf der Basis wenig sachkundiger Vermutungen, ganz gleich, wie intensiv wir daran arbeiten, uns vorab zu informieren.

Die Software-Entwicklung beginnt nie damit, dass »... jeder Teil der Arbeit vollständig verstanden wird«, egal wie sehr wir die Dinge zu Beginn analysieren. Da wir nie mit einem »genau definierten Satz von Eingaben« beginnen, egal wie sorgfältig wir planen, scheitert das definierte Prozessmodell – oder der Wasserfall-Ansatz – an der ersten Hürde. Es ist unmöglich, die Software-Entwicklung in diese unzweckmäßige Form zu pressen.

Überraschungen, Missverständnisse und Fehler sind bei der Software-Entwicklung normal, weil es sich um eine Praxis des Erkundens und Entdeckens handelt, weshalb wir uns auf das Lernen konzentrieren müssen, um uns vor den Fehltritten zu schützen, die wir auf dem Weg unweigerlich machen werden.

Dan North vertrat folgende alternative Ansicht: Da das klassische Modell der Änderungskosten offensichtlich nicht hilfreich ist – was würde uns dann helfen? Wie viel schöner wäre es, wenn wir die Kurve der Änderungskosten abflachen könnten? (Siehe Abbildung 4.2.)

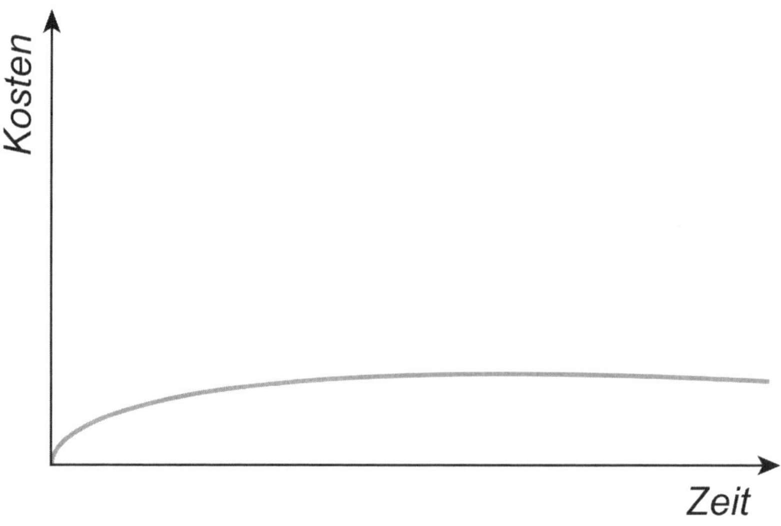

Abb. 4.2: Die Kosten des agilen Wandels

Was wäre, wenn wir unsere Meinung ändern, auf neue Ideen kommen und Fehler entdecken und beheben könnten, und das alles zu annähernd den gleichen Kosten, wann immer es dazu kommt? Was wäre, wenn die Kurve der Änderungskosten flach wäre?

Das würde uns die Freiheit geben, Neues zu entdecken und von unseren Entdeckungen zu profitieren. Es würde uns ermöglichen, einen Ansatz zu wählen, der es uns erlaubt, unser Verständnis, unseren Code und die Erfahrung unserer Benutzer mit unseren Produkten kontinuierlich zu verbessern.

Was wäre also nötig, um eine flache Kurve der Änderungskosten zu erreichen?

Wir können es uns nicht leisten, viel Zeit mit Analyse und Design zu verbringen, ohne etwas zu erschaffen, denn das bedeutet mehr Zeit, während der wir nicht lernen, was tatsächlich funktioniert. Wir müssen also die Dinge komprimieren. Wir müssen iterativ arbeiten. Wir müssen gerade so viel analysieren, entwerfen, programmieren, testen und freigeben, dass unsere Ideen in die Hände unserer Kunden und Nutzer gelangen, damit wir sehen können, was tatsächlich funktioniert. Wir müssen darüber nachdenken und dann, anhand dieser Erkenntnisse, unsere nächsten Schritte anpassen, um davon zu profitieren.

Dies ist einer der Kerngedanken von Continuous Delivery (siehe Abbildung 4.3).

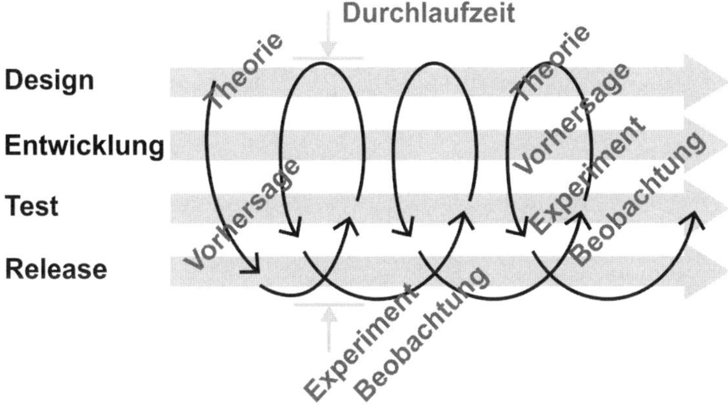

Abb. 4.3: Iteration bei Continuous Delivery

4.3 Der Reiz des Plans

Die Menschen, die das Wasserfall-Denken gefördert haben, hatten gute Absichten. Sie dachten, dies sei der beste Weg nach vorn. Unsere Branche hat jahrzehntelang versucht, dieses Konzept zum Funktionieren zu bringen, aber das tut es nicht.

Das Problem dabei ist, dass das Wasserfall-Konzept sehr vernünftig klingt: »Denke sorgfältig nach, bevor du anfängst« und »Plane sorgfältig, was du tun willst, und führe den Plan dann gewissenhaft aus«. Ausgehend von unserer Erfahrung aus dem Industriezeitalter klingen diese Ideen sehr sinnvoll. Wenn man einen klar definierten Prozess hat, funktioniert dieser Ansatz der definierten Prozesskontrolle sehr gut.

Bei der Herstellung physischer Dinge überwiegen die Probleme der Produktionstechnik und der Skalierung oft die Probleme des Designs. Dies ändert sich jedoch aktuell auch bei der Herstellung von materiellen Gegenständen. In dem Maße, in dem die Fertigung flexibler wird und einige Produktionsanlagen ihre Abläufe ändern können, wird diese Art von starrem Prozess auch in der Fertigung infrage gestellt und umgestoßen. Diese Art des »Fließband«-Denkens hat jedoch die meisten Unternehmen mindestens ein Jahrhundert lang beherrscht, und wir sind gewissermaßen darauf programmiert, Probleme auf diese Weise zu betrachten.

Es ist ein schwieriger intellektueller Sprung zu erkennen, dass das Paradigma, nach dem man arbeitet, grundlegend falsch ist. Dies gilt umso mehr, wenn die ganze Welt davon ausgeht, dass dieses Paradigma richtig ist.

Prozess-Kriege

Wenn es keine 10-fache Verbesserung durch Sprache, Formalismus oder Diagramme gibt, wo können wir dann noch danach suchen?

Die Art und Weise, wie wir uns selbst organisieren und unsere Herangehensweise an die Fähigkeiten und Techniken des Lernens und Entdeckens, die unserer Disziplin so eigen zu sein scheinen, scheinen ein fruchtbarer Weg zu sein, den es zu erkunden gilt.

In den Anfängen der Software-Entwicklung verfügten die ersten Programmierer in der Regel über eine hohe mathematische, naturwissenschaftliche oder technische Ausbildung. Sie arbeiteten als Einzelpersonen oder in kleinen Gruppen an der Entwicklung von Systemen. Diese Leute waren Entdecker auf einem neuen Gebiet, und wie die meisten Entdecker brachten sie ihre Erfahrungen und Vorurteile mit. Die frühen Ansätze zur Software-Entwicklung waren oft sehr mathematisch.

Als die Computerrevolution einsetzte und die Software-Entwicklung immer allgegenwärtiger wurde, überstieg die Nachfrage schnell das Angebot. Wir mussten mehr und bessere Software schneller produzieren! Also begannen wir, uns in anderen Branchen umzusehen und versuchten zu kopieren, wie man dort mit effizientem Arbeiten in großem Maßstab zurechtkam.

An dieser Stelle machten wir den schrecklichen Fehler, die grundlegende Natur der Software-Entwicklung falsch zu verstehen und Techniken aus Fertigung und Produktion falsch anzuwenden. Wir rekrutierten Armeen von Entwicklern und versuchten, ein Software-Äquivalent zur Fließbandproduktion zu schaffen.

Diejenigen, die das getan haben, waren nicht dumm, aber sie haben einen großen Fehler gemacht. Das Problem ist vielschichtig. Software ist ein komplexes Gebilde und der Prozess ihrer Erstellung hat nichts mit einem traditionellen »Produktionsproblem« zu tun, wie die meisten anscheinend gedacht haben.

Die ersten Versuche, unser Fachgebiet zu industrialisieren, waren schmerzhaft, durchdringend und sehr schädlich. Als Resultat wurde zwar eine Menge Software entwickelt, aber vieles davon war problematisch. Sie war langsam, ineffizient, kam zu spät, lieferte nicht das, was unsere Benutzer wollten, und war extrem schwer zu warten. In den 1980er- und 1990er-Jahren nahm die Software-Entwicklung als Disziplin explosionsartig zu, ebenso wie die Komplexität der Prozesse, die in vielen großen Unternehmen angewandt wurden.

Dies geschah, obwohl viele Aspekte dieser Problematik den führenden Denkern der Disziplin hinreichend bekannt waren.

Vom Mythos des Mann-Monats (engl. *The Mythical Man Month*) von Fred Brooks beschrieb diese Probleme, und wie sie zu vermeiden sind, im Jahr 1970 sehr detailliert. Falls Sie dieses bahnbrechende Werk noch nicht gelesen haben: Sie wären wahrscheinlich überrascht, wie genau es die Probleme beschreibt, mit denen Sie als Software-Entwickler höchstwahrscheinlich fast jeden Tag konfrontiert werden. Und das, obwohl es auf Brooks' Erfahrungen bei der Entwicklung des Betriebssystems für den IBM-360-Großrechner in den späten 1960er-Jahren mit der vergleichsweise kruden Technologie und den Werkzeugen der damaligen Zeit beruht. Brooks thematisierte wieder einmal etwas Wichtigeres und Grundlegenderes als Sprache, Werkzeuge oder Technologie.

In dieser Zeit produzierten viele Teams großartige Software, oft unter völliger Missachtung der damals gängigen »Weisheiten«, wie Projekte geplant und verwaltet werden sollten. Zugrunde lagen diesen Teams einige Gemeinsamkeiten. Sie waren in der Regel eher klein. Die Entwickler waren nah an den Benutzern ihrer Software. Sie probierten Ideen schnell aus und änderten den Kurs, wenn etwas nicht so funktionierte, wie sie sie erwartet hatten. Das war in dieser Zeit revolutionär – so revolutionär, dass viele dieser Teams im Grunde im Verborgenen arbeiteten, da das Unternehmen, für das sie tätig waren, schwerfällige Prozesse anwandte, die sie ausbremsten.

In den späten 1990erJahren begannen einige Leute, als Reaktion auf diese schwerfälligen Prozesse, Strategien zu entwickeln, die effektiver waren. Verschiedene konkurrierende Ansätze für die Software-Entwicklung gewannen an Popularität. Crystal, Scrum, Extreme Programming und einige andere versuchten, diesen völlig anderen Ansatz zu erfassen. Diese Standpunkte wurden im Agilen Manifest festgehalten.

In der Software-Branche brauchte es die agile Revolution, um diese Norm zu stürzen, aber auch heute noch sind viele, vielleicht sogar die meisten Unternehmen, im Kern plan- und wasserfall-orientiert.

Abgesehen von der Schwierigkeit, das Problem zu erkennen, gibt es in Unternehmen, die an der Wasserfall-Methode festhalten, immer noch eine Menge Wunschdenken. Es wäre schön, wenn ein Unternehmen Folgendes tun könnte:

- die Bedürfnisse ihrer Nutzer korrekt identifizieren
- den Wert für das Unternehmen genau einschätzen, wenn diese Bedürfnisse erfüllt würden
- genau abschätzen, wie viel es kosten würde, diese Bedürfnisse zu erfüllen
- eine rationale Entscheidung treffen, ob der Nutzen die Kosten überwiegt
- einen genauen Plan erstellen
- den Plan ohne Abweichung ausführen
- zum Schluss das Geld zählen

Das Problem ist, dass dies weder auf geschäftlicher noch auf technischer Ebene glaubhaft ist. Die reale Welt und die Software-Entwicklung darin funktionieren einfach nicht so.

Branchendaten besagen, dass bei den besten Software-Unternehmen der Welt zwei Drittel ihrer Ideen keinen oder einen negativen Wert erzeugen.[3] Wir sind schlecht darin zu erraten, was unsere Benutzer wollen. Selbst wenn wir unsere Benutzer fragen, wissen diese nicht, was sie wollen. Der effektivste Ansatz ist die Iteration. Das bedeutet zu akzeptieren, dass einige, vielleicht sogar viele unserer Ideen falsch sein werden, und so zu arbeiten, dass wir sie so schnell, kostengünstig und effizient wie möglich ausprobieren können.

Auch die Bewertung des geschäftlichen Werts einer Idee ist bekanntermaßen schwierig. Es gibt ein berühmtes Zitat von Thomas J. Watson, dem Präsidenten von IBM, der einmal voraussagte, dass die weltweite Nachfrage nach Computern eines Tages fünf betragen würde!

Dies ist kein technisches Problem, sondern ein Problem der menschlichen Grenzen. Um Fortschritte zu erzielen, müssen wir ein Risiko eingehen oder eine Vermutung anstellen, also bereit sein, ein Risiko einzugehen. Wir sind aber sehr schlecht im Raten. Um also möglichst effizient voranzukommen, müssen wir uns so organisieren, dass uns unsere Vermutungen nicht zerstören. Wir müssen vorsichtiger und defensiver arbeiten. Wir müssen in kleinen Schritten vorgehen, den Umfang bzw. den Radius unserer Vermutungen begrenzen und aus ihnen lernen. Wir müssen iterativ arbeiten!

Sobald wir eine Idee haben, die wir umsetzen möchten, müssen wir einen Weg finden, um zu entscheiden, wann wir aufhören. Wie können wir einer schlechten Idee Einhalt gebieten? Wenn wir uns einmal entschieden haben, dass es das

---

3 Quelle: »Online Controlled Experiments at Large Scale«, `https://stanford.io/2LdjvmC`

Risiko wert ist, die Idee auszuprobieren, wie begrenzen wir den Umfang der Explosion so, dass wir mit einer schlechten Idee nicht alles riskieren? Wir müssen in der Lage sein, die schlechten Ideen so früh wie möglich zu erkennen. Wenn wir die schlechten Ideen einfach durch Nachdenken eliminieren können, großartig. Viele Ideen sind jedoch nicht so offensichtlich schlecht. Erfolg ist ein schlüpfriges Konzept. Eine Idee kann sogar gut sein, aber aufgrund von schlechtem Timing oder mangelhafter Ausführung nicht passen.

Wir müssen einen Weg finden, unsere Ideen mit minimalen Kosten auszuprobieren, sodass wir das im Falle eines Fehlschlags schnell und zu relativ geringen Kosten herausfinden können. Eine 2012 von der McKinsey-Gruppe in Zusammenarbeit mit der Universität Oxford durchgeführte Umfrage über Software-Projekte ergab, dass 17 % der Großprojekte (Budgets über 15 Mio. USD) so schlecht liefen, dass sie die Existenz des durchführenden Unternehmens bedrohten. Wie können wir diese schlechten Ideen ausfindig machen? Wenn wir in kleinen Schritten arbeiten, echte Reaktionen auf den Fortschritt erhalten und unsere Ideen ständig validieren und überdenken, können wir am schnellsten und mit den geringsten Investitionen erkennen, wenn die Dinge beginnen, anders zu laufen als erhofft und geplant. Wenn wir iterativ in kleinen Schritten arbeiten, sind die Kosten, die entstehen, wenn ein einzelner Schritt schiefläuft, zwangsläufig geringer, und dadurch ist auch das Risiko geringer.

In »The Beginning of Infinity« beschreibt David Deutsch den tiefgreifenden Unterschied zwischen Ideen, die in ihrem Umfang begrenzt sind, und solchen, die es nicht sind. Der Vergleich zwischen einem geplanten, wasserfall-artigen, prozessdefinierten Ansatz und einem iterativen, explorativen, experimentellen Ansatz ist ein Vergleich zwischen zwei grundlegend unterschiedlichen Konzepten. Definierte Prozesssteuerungsmodelle[4] erfordern einen »festgelegten Prozess«. Dieser ist per Definition begrenzt. Die Grenze eines solchen Ansatzes liegt in der Fähigkeit des menschlichen Gehirns, die Details des gesamten Prozesses zu erfassen. Wir können klug sein und Ideen wie Abstraktion und Konzepte wie Modularität nutzen, um einige Details auszublenden, aber letztendlich setzt die Definition des Prozesses von Ende zu Ende in einer Art Plan voraus, dass wir alles, was passieren wird, berücksichtigt haben. Dies ist ein von Natur aus limitierter Ansatz zur Lösung von Problemen. Wir können nur die Probleme lösen, die wir von vornherein verstehen können.

4 Ken Schwaber beschrieb das Wasserfall-Modell als ein »linear vorhersagbares Prozesskontrollmodell«, das er wie folgt definierte: »Das Modell der linear vorhersagbaren Prozesssteuerung erfordert, dass jeder Arbeitsschritt vollständig verstanden wird. Bei einem genau definierten Satz von Eingaben werden jedes Mal die gleichen Ergebnisse erzeugt. Ein bestimmter Prozess kann gestartet werden und bis zum Abschluss laufen, wobei jedes Mal die gleichen Ergebnisse erzielt werden.« Schwaber vergleicht dies mit dem »empirischen Prozesskontrollmodell«, das durch einen agilen Ansatz repräsentiert wird. Siehe `https://bit.ly/2UiaZdS`.

Ein iterativer Ansatz ist etwas ganz anderes. Wir können beginnen, wenn wir fast nichts wissen, und dennoch brauchbare Fortschritte machen. Wir können mit einer einfachen, verständlichen Facette des Systems beginnen. Damit können wir herausfinden, wie unser Team daran arbeiten sollte, unsere ersten Gedanken zur Architektur unseres Systems ausprobieren, einige Technologien testen, von denen wir glauben, dass sie vielversprechend sein könnten, und so weiter. Keines dieser Dinge ist zwangsläufig fix. Wir haben immer noch Fortschritte gemacht, auch wenn wir festgestellt haben, dass die Technologie ein schlechter Ansatz und unser erstes Konzept der Architektur falsch war. Wir wissen jetzt mehr als vorher. Dieser Prozess ist von Natur aus ergebnisoffen und unendlich. Solange wir über eine Art »Fitnessfunktion« verfügen, mit der wir feststellen können, ob wir uns auf unser Ziel zubewegen oder davon entfernen, können wir auf diese Weise ewig weitermachen und unser Wissen, unsere Ideen, unsere Fähigkeiten und unsere Produkte verfeinern, erweitern und verbessern. Wir können sogar beschließen, unsere »Fitnessfunktion« zwischendurch zu ändern, wenn wir entscheiden, dass es bessere Ziele gibt, die wir anstreben sollten.

Der Anfang der Unendlichkeit

In seinem bewusstseinserweiternden Buch *The Beginning of Infinity* beschreibt der Physiker David Deutsch Wissenschaft und Aufklärung als das Streben nach »guten Erklärungen« und erläutert, wie verschiedene Anschauungen in der Menschheitsgeschichte einen »Anfang der Unendlichkeit« darstellen, der es uns ermöglicht, mit jeder denkbaren, relevanten Anwendung dieser guten Erklärungen fertig zu werden.

Ein gutes Beispiel dafür ist der Unterschied zwischen einem Alphabet und einer piktografischen Form der Schrift.

Die Menschen begannen mit der piktografischen Form von Schriften, und die chinesische und japanische Schrift haben diese Form (in manchen Schriftstilen) noch immer. Sie sind zwar schön anzusehen, haben aber einen schwerwiegenden Makel. Wenn Sie auf ein neues Wort stoßen, hören Sie es gesprochen; Sie können es nicht aufschreiben, bevor Sie nicht jemanden finden, der es Ihnen zeigt. Piktografische Schriftformen sind nicht wirklich inkrementell; man muss das richtige Symbol für jedes Wort kennen. (In der chinesischen Schrift gibt es etwa 50 000 Zeichen.)

Ein Alphabet funktioniert auf eine völlig andere Art und Weise. Alphabete codieren Laute, nicht Wörter. Sie können jedes Wort, auch wenn es vielleicht falsch geschrieben ist, so schreiben, dass jeder zumindest phonetisch verstehen kann, was Sie geschrieben haben.

Das gilt selbst dann, wenn Sie das Wort noch nie zuvor gesprochen oder geschrieben gesehen haben.

Genauso können Sie ein Wort lesen, das Sie nicht kennen. Sie können sogar Wörter lesen, die Sie nicht verstehen oder die Sie nicht aussprechen können. Beides ist bei der Bilderschrift nicht möglich. Das bedeutet, dass die Bandbreite eines alphabetischen Ansatzes unendlich ist, die einer piktografischen Schrift jedoch nicht. Das eine ist ein skalierbarer Ansatz zur Darstellung von Ideen, das andere nicht.

Diese Idee eines unendlichen Geltungsbereichs oder Umfangs gilt für einen agilen Entwicklungsansatz und nicht für einen wasserfall-basierten Ansatz.

Ein Wasserfall-Ansatz ist sequenziell. Man muss die Fragen der Phase, in der man sich befindet, beantworten, bevor man zur nächsten Phase übergehen kann. Das bedeutet, dass es, so klug wir auch sein mögen, irgendwann eine Grenze geben muss, an der die Komplexität des Systems als Ganzes das menschliche Verständnis übersteigt.

Das menschliche Denkvermögen ist endlich, aber unsere Fähigkeit zu verstehen, ist es nicht unbedingt. Wir können die physiologischen Grenzen unseres Gehirns mithilfe von Techniken, die wir entwickelt haben, überwinden. Wir können Dinge abstrahieren und unser Denken aufteilen (modularisieren) und so unser Verständnis in einem bemerkenswerten Maße erweitern.

Ein agiler Ansatz für die Software-Entwicklung ermutigt uns aktiv dazu, mit der Lösung von Problemen in kleineren Stücken zu beginnen. Er ermutigt uns, mit der Arbeit zu beginnen, bevor wir die Antwort auf alles wissen. Dieser Ansatz ermöglicht es uns, Fortschritte zu machen, vielleicht manchmal in suboptimale oder sogar schlechte Richtungen, aber dennoch lernen wir nach jedem Schritt etwas Neues.

So können wir unser Denken verfeinern, den nächsten kleinen Schritt bestimmen und diesen dann tun. Agile Entwicklung ist ein unbegrenzter, unendlicher Ansatz, weil wir an kleinen Teilen des Problems arbeiten, bevor wir von einer bekannten und verstandenen Position aus weitergehen. Dies ist ein sehr viel organischerer, evolutionärerer und uneingeschränkterer Ansatz zur Problemlösung.

Dies ist ein tiefgreifender Unterschied und erklärt, warum agiles Denken einen wichtigen und bedeutenden Schritt vorwärts in unserer Fähigkeit darstellt, bei der Lösung von idealerweise immer schwierigeren Problemen Fortschritte zu machen.

Das bedeutet nicht, dass agiles Denken perfekt oder die endgültige Antwort ist. Vielmehr handelt es sich um einen wichtigen, bedeutenden Schritt in Richtung einer besseren Leistung.

Der Reiz des Plans ist ein falscher. Es handelt sich nicht um einen sorgfältigeren, kontrollierteren, professionelleren Ansatz. Vielmehr ist er begrenzter und beruht mehr auf Vermutungen und Annahmen und kann realistischerweise nur bei kleinen, einfachen, gut verstandenen und klar definierten Systemen funktionieren.

Dies hat erhebliche Auswirkungen. Es bedeutet, dass wir, wie Kent Beck im Untertitel seines bahnbrechenden Werks »Extreme Programming Explained« sagte, »den Wandel umarmen« müssen!

Wir müssen lernen, das Selbstvertrauen zu haben, um mit der Arbeit zu beginnen, gerade wenn wir die Antworten noch nicht kennen und nicht wissen, wie viel Arbeit damit verbunden sein wird. Dies ist für manche Menschen und Unternehmen beunruhigend, aber es entspricht der Realität eines Großteils der menschlichen Erfahrungen. Wenn ein Unternehmen ein neues Projekt in Angriff nimmt, weiß es nicht wirklich, wann oder ob es ein Erfolg wird. Es weiß nicht, wie viele Menschen seine Ideen mögen werden und ob diese bereit sind, dafür zu bezahlen.

Selbst bei etwas so Alltäglichem wie einer Autofahrt kann man nicht sicher sein, wie lange sie dauern wird oder ob die gewählte Route immer noch die beste ist, wenn man sie einmal eingeschlagen hat. Heutzutage verfügen wir über wunderbare Hilfsmittel wie Satellitennavigationssysteme mit Funkverbindung, die nicht nur unsere Route zu Beginn planen können, sondern sie auch iterativ an Verkehrsinformationen anpassen, sodass wir die sich ändernden Umstände unserer Reise »überprüfen und anpassen« können.

Ein iterativer Ansatz bei der Planung und Ausführung ermöglicht es uns, immer das aktuellste Bild der Situation zu haben, in der wir uns tatsächlich befinden, statt einer prophetischen, theoretischen, immer ungenauen Version dieser Situation. So können wir lernen, reagieren und uns anpassen, wenn sich Änderungen ergeben. Iteratives Arbeiten ist die einzig wirksame Strategie für eine sich ständig verändernde Situation.

4.4 Praktische Aspekte des iterativen Arbeitens

Was können wir also tun, um auf diese Weise zu arbeiten? Zunächst einmal müssen wir in kleineren Einheiten arbeiten. Wir müssen den Umfang jeder Änderung reduzieren und diese Änderungen in kleineren Schritten vornehmen. Im Allgemeinen gilt: je kleiner, desto besser. So können wir unsere Techniken, Ideen und Technologien häufiger ausprobieren.

Das Arbeiten in kleinen Einheiten bedeutet auch, dass wir den Zeithorizont begrenzen, für den unsere Annahmen gelten müssen. Das Universum hat dann ein kleineres Zeitfenster, in dem es sich in unsere Arbeit einmischen kann, sodass es weniger wahrscheinlich ist, dass sich die Gegebenheiten auf schädliche Weise verändern. Und schließlich geht weniger Arbeit verloren, wenn wir kleine Schritte machen, selbst wenn ein kleiner Schritt durch veränderte Umstände oder ein Missverständnis unsererseits zunichtegemacht wird. Kleine Schritte sind also wirklich wichtig.

Die offensichtliche Verkörperung dieser Idee in agilen Teams ist das Konzept der Iterationen oder des Sprints. Agile Disziplinen propagieren die Vorstellung, innerhalb eines kleinen, festgelegten Zeitraums bis zum fertigen, produktionsreifen Code zu arbeiten. Dies hat zahlreiche nützliche Auswirkungen – die Effekte, die in diesem Kapitel beschrieben werden. Dies ist jedoch nur eine grobkörnige Variante des iterativen Arbeitens.

In einem ganz anderen Maßstab können Sie sich die Praktiken der kontinuierlichen Integration (engl. Continuos Integration oder kurz CI) und der testgetriebenen Entwicklung (engl. Test-driven Development oder kurz TDD) als inhärent iterative Prozesse vorstellen.

Bei Continuous Integration werden wir unsere Änderungen häufig übertragen, mehrmals am Tag. Das bedeutet, dass jede Änderung winzig klein sein muss, auch wenn die Funktion, zu der sie beiträgt, noch nicht vollständig ist. Dies verändert unsere Arbeitsweise, bietet uns aber auch mehr Möglichkeiten zu lernen und zu verstehen, ob unser Code noch mit dem Code der anderen funktioniert.

TDD wird oft durch die Praktiken beschrieben, die dazu beitragen: **Rot, Grün, Refactor**.

- **Rot:** Schreiben Sie einen Test, führen Sie ihn aus und beobachten Sie, dass er fehlschlägt.
- **Grün:** Schreiben Sie gerade so viel Code, dass der Test erfolgreich ist. Führen Sie ihn aus und sehen Sie, dass er funktioniert.
- **Refactor:** Ändern Sie den Code und den Test, um ihn klar, aussagekräftig, elegant und allgemeiner zu machen. Führen Sie den Test nach jeder kleinen Änderung aus und prüfen Sie, ob er weiter funktioniert.

Dies ist ein sehr detaillierter, iterativer Ansatz. Er ermutigt zu einer wesentlich iterativeren Herangehensweise an die grundlegenden technischen Aspekte der Code-Erstellung.

In meiner eigenen Entwicklung führe ich zum Beispiel fast immer neue Klassen, Variablen, Funktionen und Parameter über eine mehrstufige Reihe kleiner Refactoring-Schritte ein und überprüfe dabei immer wieder, ob mein Code weiterhin funktioniert, indem ich meine Tests ausführe.

Das ist iteratives Arbeiten mit einer sehr feinen Auflösung. Das bedeutet, dass mein Code die meiste Zeit über korrekt ist und funktioniert, und es bedeutet, dass jeder Schritt sicherer ist.

An jedem Punkt des Prozesses kann ich die Situation neu bewerten und meine Meinung und die Ausrichtung meines Designs und Codes leicht ändern. Ich halte mir meine Optionen offen!

Diese Eigenschaften machen das iterative Arbeiten so wertvoll und zu einer grundlegend wichtigen Praxis der Software-Entwicklung als Ingenieursdisziplin.

4.5 Zusammenfassung

Iteration ist ein wichtiges Konzept und dient als eine Grundlage für unsere Fähigkeit, einen kontrollierteren Ansatz für Lernen, Entdecken und bessere Software und Software-Produkte zu finden. Doch wie immer gibt es nichts umsonst. Wenn wir iterativ arbeiten wollen, müssen wir unsere Arbeitsweise in vielerlei Hinsicht ändern, um dies zu ermöglichen.

Die iterative Arbeitsweise wirkt sich auf die Gestaltung der Systeme aus, die wir entwickeln, auf die Art und Weise, wie wir unsere Arbeit organisieren und wie wir die Unternehmen, in denen wir arbeiten, strukturieren. Das Konzept der Iteration ist tief in die Überlegungen dieses Buchs und des von mir hier vorgestellten Modells für Software Engineering eingewoben. Alle Ideen sind eng miteinander verknüpft, und manchmal kann es schwierig sein, herauszufinden, wo die Iteration endet und wo das Feedback beginnt.

Kapitel 5

Feedback

Feedback wird definiert als »die Übermittlung von bewertenden oder korrigierenden Informationen über eine Handlung, ein Ereignis oder einen Prozess an die ursprüngliche oder kontrollierende Quelle«[1].

Ohne Feedback gibt es keine Möglichkeit zu lernen. Wir können nur Vermutungen anstellen, anstatt Entscheidungen auf der Grundlage der Realität zu treffen. Trotzdem ist es erstaunlich, wie wenig Aufmerksamkeit viele Menschen und Unternehmen diesem Thema schenken.

Viele Unternehmen erstellen zum Beispiel einen »Business Case« für neue Software. Wie viele dieser Unternehmen verfolgen die Entwicklungskosten und werten sie zusammen mit den tatsächlichen Vorteilen für die Kunden aus, um zu überprüfen, ob ihr »Business Case« erfüllt wurde?

Solange wir die Ergebnisse unserer Entscheidungen und Maßnahmen nicht kennen und verstehen, können wir nicht beurteilen, ob wir Fortschritte machen.

Dies scheint so offensichtlich zu sein, dass es sich nicht wirklich lohnt, darüber zu sprechen, aber in der Praxis sind Vermutungen, Hierarchien und Traditionen in den meisten Unternehmen die weitaus häufiger verwendeten Entscheidungskriterien.

Mithilfe von Feedback können wir eine Beweisquelle für unsere Entscheidungen schaffen. Sobald wir eine solche Quelle haben, wird die Qualität unserer Entscheidungen unweigerlich verbessert. So können wir anfangen, Mythen von Realität zu trennen.

5.1 Ein praktisches Beispiel für die Wichtigkeit von Feedback

Es kann schwierig sein, abstrakte Ideen zu verstehen. Stellen wir uns ein einfaches, praktisches Beispiel dafür vor, wie wichtig Geschwindigkeit und Qualität beim Feedback wirklich sind.

Stellen Sie sich vor, Sie stehen vor dem Problem, einen Besen ausbalancieren zu müssen.

---

1 Quelle: Merriam Webster Dictionary. `https://www.merriam-webster.com/dictionary/feedback`

Wir könnten uns entschließen, die Struktur des Besens sorgfältig zu analysieren, seinen Schwerpunkt zu bestimmen, die Struktur des Stiels genau zu untersuchen und den genauen Punkt zu berechnen, an dem der Besen perfekt ausbalanciert ist. Wir könnten dann den Besen sehr sorgfältig in die von uns geplante Position manövrieren und durch perfekte Ausführung sicherstellen, dass wir keine Restimpulse hinterlassen, die den Besen aus dem Gleichgewicht bringen.

Dieser erste Ansatz ist vergleichbar mit einem Wasserfall-Entwicklungsmodell. Man kann sich vorstellen, dass es funktioniert, aber es ist sehr unwahrscheinlich, dass es das tatsächlich tut. Das Ergebnis ist extrem schwankend. Es setzt voraus, dass unsere Vorhersagen perfekt sind, und bei der kleinsten Störung oder Ungenauigkeit in unseren Vorhersagen fällt der Besen um.

Alternativ könnten wir den Besen auf die Hand legen und unsere Hand bewegen, je nachdem, wie er kippt.

Der zweite Ansatz basiert auf Feedback. Er ist schneller und der Erfolg hängt von der Geschwindigkeit und der Qualität des Feedbacks ab. Wenn wir unsere Hand zu langsam bewegen, müssen wir große Korrekturen vornehmen. Wenn wir zu langsam sind, um die Neigungsrichtung des Besens zu erkennen, müssen wir ebenfalls große Korrekturen vornehmen, sonst fällt der Besen um. Wenn unser Feedback schnell und effektiv ist, können wir winzige Korrekturen vornehmen, und der Besen wird stabil bleiben. Selbst wenn irgendetwas passiert, das den Besen oder uns stört, können wir schnell reagieren und das Problem beseitigen.

Dieser zweite Ansatz ist so erfolgreich, dass Weltraumraketen auf diese Weise auf dem Schub ihrer Triebwerke »balancieren«. Er ist so stabil, dass ich, wenn ich einigermaßen gut darin bin, den Besen wahrscheinlich im Gleichgewicht halten könnte, selbst wenn Sie mich unerwartet schubsen und mich zum Taumeln bringen.

Diese zweite Herangehensweise fühlt sich eher spontan an; sie fühlt sich in gewisser Weise weniger wissenschaftlich an, doch sie ist ungemein effektiver.

Ich kann mir vorstellen, dass Sie an dieser Stelle denken: »Was hat der Autor getrunken? Was haben Besen mit Software zu tun?« Was ich damit sagen will, ist, dass es tiefgründig und wichtig ist, wie Prozesse funktionieren.

Das erste Beispiel ist das eines geplanten, auf Vorhersagen basierenden Ansatzes. Diese Herangehensweise funktioniert so lange gut, wie man alle Variablen vollständig versteht und nichts auftaucht, was das Verständnis oder den Plan ändern könnte. Dies ist eigentlich die Grundlage jedes detaillierten, geplanten Ansatzes. Wenn Sie einen detaillierten Plan haben, gibt es nur eine richtige Lösung, also muss entweder das Problem so einfach sein, dass dies möglich ist, oder Sie müssen allwissend sein, um die Zukunft vorhersagen zu können.

Der zweite, alternative Ansatz beinhaltet immer noch einen Plan (»Ich werde den Besen ausbalancieren«), aber dieser bezieht sich nur auf das Ergebnis und sagt nichts über den Mechanismus aus, mit dem Sie es erreichen werden. Stattdessen machen Sie sich einfach an die Arbeit und tun alles, was nötig ist, um das gewünschte Ergebnis zu erreichen. Wenn das bedeutet, dass Sie auf Feedback reagieren und Ihre Hand sehr schnell ein paar Millimeter bewegen müssen, gut. Wenn es bedeutet, ein paar wankende Schritte nach vorne und zur Seite zu machen und dabei die Hand einen Meter oder mehr zu bewegen, weil etwas Unerwartetes passiert ist, ist das auch in Ordnung, solange das Ergebnis stimmt.

Der zweite Ansatz, auch wenn er eher spontan erscheint, ist in Wirklichkeit wesentlich effektiver und stabiler in Hinblick auf das Ergebnis. Beim ersten Ansatz gibt es nur eine richtige Lösung. Beim zweiten Ansatz gibt es viele Lösungen und es ist wahrscheinlicher, dass wir eine von ihnen erreichen.

Feedback ist ein wesentlicher Bestandteil eines jeden Systems, das in einer sich verändernden Umgebung arbeitet. Die Software-Entwicklung ist immer auch ein Lernprozess, und das Umfeld, in dem sie stattfindet, verändert sich ständig. Daher ist Feedback ein wesentlicher Aspekt jedes effektiven Software-Entwicklungsprozesses.

Die NATO-Konferenz[2]

In den späten 1960er-Jahren wurde deutlich, dass die Programmierung von Computern eine schwierige Aufgabe ist. Die Systeme, die gebaut wurden, wurden immer größer, komplexer und wichtiger, und die Zahl der Menschen, die sie programmierten, wuchs schnell. Als den Menschen diese zunehmende Schwierigkeit bewusst wurde, begannen sie darüber nachzudenken, was sie tun könnten, um den Prozess der Software-Erstellung effizienter und weniger fehleranfällig zu gestalten.

Ein Ergebnis dieser Überlegungen war die Abhaltung einer berühmten Konferenz, auf der versucht wurde zu definieren, was Software Engineering war. Die Konferenz fand 1968 statt und hatte zum Ziel, die Bedeutung und die Praxis des Software Engineerings im weitesten Sinne zu erkunden.

Die Konferenz war eine Veranstaltung, an der man »nur auf Einladung« teilnehmen konnte und zu der die damaligen Experten aus aller Welt eingeladen wurden, um ein breites Spektrum von Ideen im Zusammenhang mit dem Software Engineering zu diskutieren. Angesichts des bemerkenswerten Kapazitätszuwachses bei der Computer-Hardware in den letzten 50 Jahren ist es unvermeidlich, dass einige Ideen inzwischen extrem veraltet sind:

2 Quelle: »NATO Conference on Software Engineering 1968«, `https://bit.ly/2rOtYvM`

> ***Dr. H. J. Helms:*** *Allein in Europa gibt es etwa 10.000 installierte Computer – und diese Zahl steigt jährlich um 25 bis 50 Prozent. Die Qualität der für diese Computer bereitgestellten Software wird bald mehr als eine viertel Million Analytiker und Programmierer betreffen.*

Andere Gedanken scheinen beständiger zu sein:

> ***A. J. Perlis:*** *Das Bild von Selig erfordert eine Feedback-Schleife zur Überwachung des Systems. Man muss Daten über die Systemleistung sammeln, um sie für zukünftige Verbesserungen zu nutzen.*

Die Ausdrucksweise von Perlis klingt zwar veraltet, aber die Idee könnte eher einen modernen DevOps-Ansatz für die Entwicklung beschreiben als etwas, das in Algol geschrieben wurde!

Viele andere Beiträge waren ähnlich vorausahnend:

> ***F. Selig:*** *Externe Spezifikationen, egal auf welcher Ebene, beschreiben das Software-Produkt hinsichtlich der Elemente, die vom Benutzer kontrolliert werden und ihm zur Verfügung stehen. Das interne Design beschreibt das Software-Produkt in Bezug auf die Programmstrukturen, die die externen Spezifikationen realisieren. Es muss klar sein, dass das Feedback zwischen dem Design der externen und der internen Spezifikationen ein wesentlicher Bestandteil eines realistischen und effektiven Implementierungsprozesses ist.*

Diese Beschreibung klingt für moderne Ohren bemerkenswert nach den Storys[3] der agilen Entwicklung, die die Bedeutung der Trennung von »Was« und »Wie« im Anforderungsprozess beschreiben.

Es gibt Kerne universeller Wahrheiten, in denen wir im Rückblick auf das 21. Jahrhundert die Problematiken und die Gepflogenheiten unseres Berufsstands wiedererkennen:

> ***D'Agapeyeff:*** *Programmieren ist immer noch zu sehr ein künstlerisches Unterfangen. Wir brauchen eine solidere Grundlage, die in der Praxis gelehrt und überwacht werden muss:*
>
> *(i) den Aufbau von Programmen und den Ablauf ihrer Ausführung;*
>
> *(ii) die Gestaltung von Modulen und einer Umgebung für deren Test;*
>
> *(iii) die Simulation von Laufzeitbedingungen.*

3 Eine User Story ist eine informelle Beschreibung einer Funktion des Systems, die aus der Perspektive eines Benutzers des Systems geschrieben wird. Sie war eines der Konzepte, die in Extreme Programming eingeführt wurden.

Aus heutiger Sicht klingen Ideen wie »Gestaltung von Modulen und Umgebungen [zur Erleichterung] des Testens« und »Simulation von Laufzeitbedingungen« völlig modern und richtig und bilden einen Großteil der Grundlage des kontinuierlichen Ansatzes für die Software-Entwicklung.

Wenn man die Fortschritte aus heutiger Perspektive betrachtet, gibt es viele Ideen, die eindeutig beständig waren. Sie haben sich im Laufe der Zeit bewährt und sind heute noch genauso zutreffend wie 1968.

Es ist etwas anderes, etwas Fundierteres, wenn man sagt: »Schaffen Sie Feedback-Schleifen« oder »Gehen Sie davon aus, dass Sie etwas machen werden« im Vergleich zu »Verwenden Sie Sprache X« oder »Erproben Sie Ihre Entwürfe mithilfe der Schematisierung Y«.

5.2 Feedback bei der Entwicklung

Wie wirkt sich dieses Bedürfnis nach schnellem, hochwertigem Feedback in der Praxis auf unsere Arbeitsweise aus?

Wenn wir Feedback ernst nehmen, wollen wir viel davon. Es reicht nicht aus, Code zu schreiben und sich darauf zu verlassen, dass das Test-Team sechs Wochen später darüber berichtet.

Meine eigene Herangehensweise an das Schreiben von Code hat sich im Laufe meiner Karriere erheblich weiterentwickelt. Ich verwende jetzt durchgehend Feedback auf mehreren Ebenen. Ich nehme Änderungen in kleinen Schritten vor.

Im Allgemeinen verfolge ich beim Schreiben von Code einen testbasierten Ansatz. Wenn ich ein neues Verhalten zu meinem System hinzufügen möchte, schreibe ich zuerst einen Test.

Wenn ich mit dem Schreiben des Tests beginne, möchte ich wissen, ob mein Test korrekt ist. Ich möchte ein Feedback über die Angemessenheit meines Tests. Also schreibe ich den Test und führe ihn aus, um zu sehen, ob er fehlschlägt. Die Art des Fehlschlags gibt mir ein Feedback, das mir hilft zu verstehen, ob mein Test korrekt ist.

Wenn der Test bestanden wird, bevor ich überhaupt Code geschrieben habe, um den Test zu bestehen, ist etwas mit meinem Test nicht in Ordnung, und ich muss ihn korrigieren, bevor ich fortfahre. All dies beschreibt die Anwendung von spezifischen Feedback-Techniken, die auf schnelles Lernen ausgerichtet sind.

Wie ich im vorigen Kapitel beschrieben habe, nehme ich Änderungen an meinem Code in einer Reihe von kleinen Schritten vor. Dabei sind mindestens zwei Ebenen des Feedbacks im Spiel. Zum Beispiel verwende ich die Refactoring-Tools in meiner IDE häufig, um mir bei der ersten Ebene zu helfen, aber ich erhalte auch bei jedem Schritt Feedback darüber, ob mein Code funktioniert und, eher subjektiv, ob mir gefällt, was ich sehe, während sich mein Design weiterentwickelt. Dadurch wird meine Fähigkeit, Fehler oder falsche Schritte zu erkennen, erheblich verbessert.

Diese zweite Ebene des Feedbacks wird dadurch unterstützt, dass ich bei jeder Änderung den Test, mit dem ich gerade arbeite, erneut ausführen kann. Dadurch erhalte ich sehr schnell die Bestätigung, dass mein Code auch nach der Änderung noch funktioniert.

Diese Feedback-Zyklen sind unglaublich kurz, oder sollten es zumindest sein. Die meisten Feedback-Zyklen, die ich hier erwähnt habe, dauern höchstens eine Handvoll Sekunden. Einige, wie z.B. die Durchführung eines Unit-Tests, um zu überprüfen, ob alles noch funktioniert, werden wahrscheinlich eher in Millisekunden gemessen.

Dieser kurze, schnelle Feedback-Zyklus ist wegen seiner Schnelligkeit und seiner unmittelbaren Relevanz für das, an dem man arbeitet, unglaublich wertvoll.

Wenn wir unsere Arbeit in eine Reihe winziger Schritte unterteilen, haben wir mehr Möglichkeiten, unseren Fortschritt zu reflektieren und unsere Designs in die Richtung besserer Resultate zu lenken.

5.3 Feedback bei der Integration

Wenn ich meinen Code übergebe, wird mein Continuous-Integration-System ausgelöst und meine Änderung im Kontext der Änderungen aller anderen bewertet. An diesem Punkt erreiche ich eine neue Feedback-Ebene. Ich erlange ein tieferes Verständnis und kann erfahren, ob etwas in meinem Code »nach außen dringt« und andere Teil des Systems versagen lässt.

Wenn alle Tests in dieser Ebene erfolgreich sind, erhalte ich das Feedback, dass ich mit der Arbeit am nächsten Feature fortfahren kann.

Dies ist die entscheidende Ebene der Feedbacks, die das Konzept der Continuous Integration untermauert.

Leider wird die Continuous Integration immer noch weitgehend missverstanden und schlecht praktiziert. Wenn wir versuchen, einen wissenschaftlichen Ansatz für die Software-Entwicklung zu etablieren, dann ist ein ingenieurwissenschaftlicher Ansatz wichtig, um die Vor- und Nachteile von Konzepten objektiv zu bewerten. Dies scheint in unserer Branche oft schwierig zu sein. Viele Konzepte werden weithin übernommen, weil sie sich besser anfühlen und nicht, weil sie wirklich besser sind.

Ein gutes Beispiel dafür ist die Debatte zwischen den Befürwortern der **Continuous Integration (CI)** und des **Feature Branchings (FB)**.

Lassen Sie uns die Vor- und Nachteile dieser Ansätze rational, aber kritisch betrachten.

Bei der Continuous Integration geht es darum, jede Änderung am System zusammen mit jeder anderen Änderung am System so häufig wie möglich zu überprüfen, so nah an »kontinuierlich«, wie wir es in der Praxis erreichen können.

Die Definition für CI lautet:

> *(CI) ist die Praxis, die Arbeitskopien aller Entwickler mehrmals täglich in eine gemeinsame Hauptlinie zusammenzuführen.*[4]

Die meisten CI-Experten werden statt »mehrmals am Tag« auch »mindestens einmal am Tag« als akzeptablen, wenn auch nicht wünschenswerten Kompromiss betrachten.

Per Definition geht es bei CI also darum, Änderungen in kleinen Schritten mindestens einmal pro Tag einer Bewertung zu unterziehen.

Beim Branching jeglicher Art geht es, ebenfalls per Definition, darum, Änderungen zu isolieren:

> *Branches ermöglichen es den Mitwirkenden, Änderungen zu isolieren.*[5]

Von der Definition her sind CI und FB nicht wirklich miteinander vereinbar. Das eine zielt darauf ab, Veränderungen so früh wie möglich zu erkennen, das andere darauf, sie aufzuschieben.

FB sieht einfach aus, und die Praktiker genießen es, weil es das Leben scheinbar einfacher macht. »Ich kann unabhängig von meinen Teamkollegen entwickeln«. Das Problem tritt dann auf, wenn Änderungen zusammengeführt werden. CI wurde erfunden, um das Problem der »Merge-Hölle« zu lösen.

In den schlechten alten Zeiten – und in einigen hartnäckigen Unternehmen auch heute noch – arbeiteten Teams und Einzelpersonen so lange an Code-Abschnitten, bis sie als »vollständig« angesehen wurden, bevor sie in das Ganze eingebunden wurden.

An diesem Punkt traten dann alle möglichen unerwarteten Probleme auf, sodass die Zusammenführung komplex wurde und eine lange und unvorhersehbare Zeit in Anspruch nahm.

Um das Problem zu lösen, wurden zwei Ansätze gewählt, einer davon war CI. Der andere Ansatz bestand darin, die Qualität der Merge-Tools zu verbessern.

---

4 Eine Definition für Continuous Integration (deutsch: kontinuierliche Integration) finden Sie hier: `https://bit.ly/3ZMHAWv`.

5 Eine Definition für Branching in der Versionskontrolle finden Sie hier: `https://bit.ly/2N1A118`.

Ein gängiges Argument von FB-Praktikern ist, dass die Merge-Tools inzwischen so gut sind, dass das Zusammenführen selten ein Problem darstellt. Es ist jedoch immer möglich, dass Code geschrieben wird, der von den Merge-Tools übersehen wird, weil das Zusammenführen von Code nicht unbedingt dasselbe ist wie das Zusammenführen von Verhalten.

Angenommen, Sie und ich arbeiten in derselben Code-Basis und haben eine Funktion, die einen Wert auf verschiedene Weise verändert. Wir entscheiden beide unabhängig voneinander, dass diese Funktion den Wert um eins erhöhen muss, aber wir implementieren das jeweils in einem anderen Teil der Funktion. Es ist durchaus möglich, dass die Zusammenführung nicht erkennt, dass diese beiden Änderungen zusammenhängen, weil sie in verschiedenen Teilen des Codes stehen, und wir erhalten beide Änderungen. Jetzt wird unser Wert um zwei statt um eins erhöht.

Continuous Integration, wenn es so praktiziert wird, wie es definiert ist, bedeutet, dass wir regelmäßig und häufig Feedback erhalten. Das gibt uns einen umfassenden Einblick in den Zustand unseres Codes und in das Verhalten unseres Systems während des Arbeitstags, aber es hat seinen Preis.

Damit CI funktioniert, müssen wir unsere Änderungen häufig genug übertragen, um dieses Feedback und diese Erkenntnisse zu erhalten. Das bedeutet, dass wir ganz anders arbeiten müssen.

Anstatt an einer Funktion zu arbeiten, bis sie »fertig« oder »produktionsreif« ist, verlangen Continuous Integration und sein großer Bruder Continuous Delivery von uns, dass wir Änderungen in kleinen Schritten vornehmen und nach jedem kleinen Schritt etwas fertig haben. Dies verändert die Art und Weise, wie wir über das Design unseres Systems denken, in einigen wichtigen Punkten.

Dieser Ansatz bedeutet, dass der Prozess der Entwicklung unseres Codes eher einer gelenkten Evolution gleicht, bei der jeder kleine Schritt uns Feedback gibt, aber noch nicht unbedingt zu einer ganzen Funktion führt. Für viele ist dieser Perspektivwechsel eine große Herausforderung, aber wenn man ihn annimmt, ist er ein befreiender Schritt, der sich positiv auf die Qualität unseres Designs auswirkt.

Dieser Ansatz bedeutet nicht nur, dass unsere Software jederzeit freigegeben werden kann und dass wir häufiges, detailliertes Feedback über die Qualität und Anwendbarkeit unserer Arbeit erhalten, sondern es ermutigt uns auch, unsere Arbeit so zu gestalten, dass dieser Ansatz beibehalten wird.

5.4 Feedback beim Design

Einer der Gründe, warum ich das TDD als Verfahren so sehr schätze, ist das Feedback, das es mir über die Qualität meines Designs gibt. Wenn meine Tests schwer zu schreiben sind, sagt mir das etwas Wichtiges über die Qualität meines Codes.

Meine Fähigkeit, einen einfachen, effektiven Test zu erstellen, und die Effektivität meines Designs stehen in Beziehung zu den Qualitätsmerkmalen, die wir bei »gutem« Code für wichtig halten. Wir können uns lange über eine ausführliche Definition dessen, was »gute Qualität« im Code bedeutet, streiten, aber ich glaube nicht, dass ich das tun muss, um meinen Standpunkt darzulegen. Ich schlage vor, dass die folgenden Attribute für alle ziemlich übereinstimmend als Qualitätsmerkmale für Code gelten. Sie sind vielleicht nicht die einzigen Qualitätsmerkmale, aber ich bin sicher, dass Sie mir zustimmen werden, dass sie wichtig sind:

- Modularität
- Trennung von Zuständigkeiten
- Hohe Kohäsion
- Information Hiding (»Verstecken von Informationen«, eine Form von Abstraktion)
- Angemessene Kopplung

Ich gehe davon aus, dass Ihnen diese Liste inzwischen bekannt vorkommt. Es sind nicht nur »Qualitätsmerkmale« für den Code, sondern auch die Werkzeuge, die es uns ermöglichen, mit Komplexität umzugehen. Das ist kein Zufall!

Wie also bringt man »Qualität« auf der Grundlage dieser Attribute in den Code? Ohne TDD hängt es allein von der Erfahrung, dem Engagement und den Fähigkeiten eines Entwicklers ab.

Mit TDD schreiben wir per Definition zuerst den Test. Wenn wir den Test nicht zuerst schreiben, dann handelt es sich nicht um test*getriebene* Entwicklung.

Wenn wir den Test zuerst schreiben, müssten wir schon sehr merkwürdig und dumm sein, wenn wir uns dadurch selbst das Leben schwer machen. Wir werden also versuchen, dies auf eine Weise zu tun, die uns das Leben erleichtert.

Es ist zum Beispiel äußerst unwahrscheinlich, dass wir einen Test so schreiben, dass wir die Ergebnisse des zu testenden Codes nicht zurückbekommen. Da wir den Test zuerst schreiben, bevor wir irgendeinen Nicht-Test-Code geschrieben haben, bedeutet das, dass wir in dem Moment der Testerstellung auch die Schnittstelle zu unserem Code entwerfen. Wir legen fest, wie externe Benutzer unseres Codes mit ihm interagieren werden.

Da wir die Ergebnisse für den Test benötigen, entwerfen wir den Code so, dass wir die Ergebnisse, an denen wir interessiert sind, leicht erhalten können. Das bedeutet, dass TDD uns dazu drängt, Code zu schreiben, der besser testbar ist. Wie sieht testbarer Code aus?

Er umfasst alle folgenden Punkte:

- ist modular aufgebaut
- hat eine gute Trennung von Zuständigkeiten

- weist eine hohe Kohäsion auf
- nutzt Information Hiding (Abstraktion)
- ist angemessen gekoppelt

Die grundlegende Rolle des Testens

Bei den klassischen Entwicklungsansätzen wurde das Testen manchmal als Praxis für das Ende des Projekts übrig gelassen, manchmal dem Kunden überlassen und manchmal durch den Zeitdruck so sehr eingeschränkt, dass es fast ganz verschwand.

Durch diesen Ansatz wurde die Feedback-Schleife so weit ausgedehnt, dass sie im Grunde genommen nutzlos war. Fehler im Code oder im Design wurden oft erst entdeckt, nachdem das Entwicklungsteam das Projekt beendet und die Wartung an ein Production-Support-Team übergeben hatte.

Extreme Programming (XP) und die Anwendung von TDD und CI haben dies auf den Kopf gestellt und das Testen in das Zentrum des Entwicklungsprozesses gerückt. Dies reduzierte die Feedback-Schleife auf Sekunden und führte zu sofortigem Feedback zu Fehlern, was wiederum, wenn es gut umgesetzt wurde, ganze Reihen von Fehlern eliminieren konnte, die ohne TDD oft in die Produktion gelangten.

In dieser Denkschule trieb das Testen den Entwicklungsprozess und, was noch wichtiger war, das Design der Software selbst voran. Software, die unter Zuhilfenahme von TDD geschrieben wurde, sah anders aus als Software, die ohne geschrieben wurde. Um die Software testbar zu machen, musste sichergestellt werden, dass die erwarteten Verhaltensweisen bewertet werden konnten.

Dadurch wurde das Design in bestimmte Richtungen gelenkt. Software, die »testbar« war, war modular, lose gekoppelt, wies eine hohe Kohäsion auf, hatte eine gute Trennung von Zuständigkeiten und implementierte Information Hiding. Dies sind ebenfalls Eigenschaften, die weithin als Qualitätsmerkmale für Software gelten. TDD bewertet also nicht nur das Verhalten der Software, sondern steigert auch die Qualität ihres Designs.

Das Testen von Software ist extrem wichtig. Software ist in einer Weise anfällig wie nur wenig anderes in der menschlichen Geschichte. Der kleinste Fehler – ein falsch gesetztes Komma – kann katastrophale Folgen haben.

Außerdem ist Software viel komplexer als die meisten menschlichen Erfindungen. Ein modernes Passagierflugzeug besteht aus etwa vier Millionen Teilen. Die Software in einem modernen Volvo Truck besteht aus etwa 80 Millionen Code-Zeilen, von denen jede aus zahlreichen Anweisungen und Variablen besteht.

TDD war keine neue Idee, als Kent Beck es Ende der 1990er-Jahre in seinem Buch beschrieb. Alan Perlis hatte 1968 auf der NATO Software Engineering Conference etwas Ähnliches beschrieben, aber Beck führte das Konzept ein und beschrieb es wesentlich ausführlicher, sodass es in größerem Umfang übernommen wurde.

TDD ist nach wie vor in vielen Kreisen umstritten, aber die Datenlage ist ziemlich gut. Dieser Ansatz kann die Anzahl der Fehler in einem System drastisch reduzieren, was sich positiv auf die Qualität des Systementwurfs auswirkt.

TDD drängt uns dazu, Code zu erstellen, der objektiv betrachtet »höherwertig« ist. Dies gilt unabhängig von der Begabung oder Erfahrung des Software-Entwicklers. Es macht schlechte Software-Entwickler nicht großartig, aber es macht »schlechte Software-Entwickler« besser und »großartige Software-Entwickler« noch großartiger.

TDD und andere Aspekte eines testgetriebenen Entwicklungsansatzes haben einen erheblichen Einfluss auf die Qualität des von uns erstellten Codes. Dies ist der Effekt der Optimierung für ein besseres Feedback, aber dieser Effekt endet nicht hier.

5.5 Feedback zur Architektur

Eine subtilere Auswirkung beim Einsatz eines feedback-getriebenen Ansatzes zeigt sich in der allgemeinen Software-Architektur der von uns entwickelten Systeme, sowie in den detaillierten Designentscheidungen auf Code-Ebene, die wir treffen.

Continuous Delivery ist ein hochperformanter, feedback-getriebener Entwicklungsansatz. Einer seiner Eckpfeiler ist der Gedanke, dass wir Software produzieren sollten, die jederzeit bereit ist, in Produktion gegeben zu werden. Dies ist ein hoher Standard und erfordert eine sehr hohe Frequenz und Qualität des Feedbacks.

Um dies zu erreichen, müssen Unternehmen viele verschiedene Aspekte ihres Entwicklungsansatzes ändern. Zwei Aspekte, die dabei in den Vordergrund treten, können als architektonische Qualitäten der von uns entwickelten Systeme betrachtet werden. Wir müssen die **Testbarkeit** und **Deploybarkeit** unserer Systeme ernst nehmen.

Ich rate den Unternehmen, mit denen ich zusammenarbeite, das Ziel zu verfolgen, mindestens einmal pro Stunde »releasefähige Software« zu erstellen. Das bedeutet, dass wir in der Lage sein müssen, wahrscheinlich zehn-, vielleicht Hunderttausende von Tests pro Stunde durchzuführen.

Unter der Annahme, dass wir unendlich viel Geld und Rechenkapazität haben, können wir unsere Tests parallel laufen lassen, um schnelles Feedback zu erhalten, aber es gibt eine Grenze. Stellen wir uns vor, dass wir jeden Test unabhängig und parallel zu allen anderen laufen lassen.

Einige Tests müssen die Bereitstellung und Konfiguration des Systems testen, sodass die physikalische Grenze für die Zeit bis zum Feedback auf der Zeit für die Bereitstellung und Inbetriebnahme des Systems und der Zeit für die Ausführung des langsamsten Testfalls basiert.

Wenn ein einzelner Test länger als eine Stunde dauert oder wenn die Bereitstellung Ihrer Software länger als eine Stunde dauert, können Sie Ihre Tests nicht so schnell durchführen, egal wie viel Geld Sie für Hardware ausgeben.

Die Testbarkeit und die Deploybarkeit unseres Systems schränken also unsere Möglichkeiten ein, Feedback zu sammeln. Wir können uns dazu entscheiden, unsere Systeme so zu gestalten, dass sie leichter zu testen und bereitzustellen sind, sodass wir Feedback effizienter und in kürzeren Zeitintervallen einholen können.

Wir würden es vorziehen, wenn die Tests in Sekunden oder Millisekunden ablaufen und die Bereitstellung in ein paar Minuten oder, noch besser, in ein paar Sekunden abgeschlossen wäre.

Das Erreichen dieses Leistungsniveaus bei der Deploybarkeit und Testbarkeit erfordert Arbeit und Konzentration des Teams und ein Bekenntnis zum Konzept der Continuous Delivery durch das entwickelnde Unternehmen, aber es erfordert oft auch sorgfältige architektonisches Denken.

Es gibt zwei effektive Wege: Entweder man baut monolithische Systeme und optimiert sie im Hinblick auf Deploybarkeit und Testbarkeit, oder man modularisiert sie in separate, individuell »deploybare Einheiten«. Diese zweite Herangehensweise ist eine der treibenden Kräfte hinter der Popularität von Microservices.

Der Microservice-Architekturansatz ermöglicht es Teams, ihre Dienste unabhängig voneinander zu entwickeln, zu testen und bereitzustellen; außerdem werden sie organisatorisch entkoppelt, wodurch Unternehmen effektiver und effizienter wachsen können.

Die Unabhängigkeit von Microservices stellt einen großen Nutzen dar, aber auch ein großes Hindernis. Microservices sind per Definition unabhängig voneinander einsetzbare Code-Einheiten. Das bedeutet, dass wir nicht die Möglichkeit haben, sie zusammen zu testen.

Die Anwendung von Continuous Delivery auf monolithische Systeme ist zwar effektiv, verlangt aber von uns, dass wir kleine Änderungen vornehmen und diese mehrmals am Tag evaluieren können. Bei größeren Systemen müssen wir immer noch in der Lage sein, mit vielen anderen Personen in einer Code-Basis zusammenzuarbeiten, daher brauchen wir die Unterstützung, die gutes Design und Continuous Integration bieten.

Egal, ob wir uns dazu entscheiden, unser System in kleinere, unabhängigere Module (Microservices) aufzuteilen, oder ob wir enger gekoppelte Code-Basen (Monolithe) entwickeln: Beide Herangehensweisen haben ähnliche Auswirkungen auf die Architektur der Systeme, die wir erschaffen.

Die Einführung von Continuous Delivery in beiden Herangehensweisen, Monolith und Microservice, fördert modularere, besser abstrahierte, loser gekoppelte Designs, weil man sie nur auf diese Weise bereitstellen und ausreichend effektiv testen kann, um Continuous Delivery zu praktizieren.

Dies bedeutet, dass die Wertschätzung und Priorisierung von Feedback in unserem Entwicklungsansatz eine bewusstere und effektivere architektonische Entscheidungsfindung fordert.

Dies ist ein tiefgreifender und wichtiger Gedanke. Er hat zur Folge, dass wir einen erheblichen, messbaren Einfluss auf die Qualität der von uns entworfenen Systeme nehmen, wenn wir einige allgemeine Grundsätze übernehmen. Indem wir Prozesse, Technologie, Verfahren und Kultur auf die effiziente Bereitstellung von hochqualitativem Feedback ausrichten, können wir mit größerer Effizienz bessere Software entwickeln.

5.6 Frühzeitiges Feedback bevorzugen

Im Allgemeinen ist es eine gute Praxis, so früh wie möglich eindeutiges Feedback zu erhalten. Wenn ich entwickle, kann ich meine Entwicklungswerkzeuge verwenden, um Fehler in meinem Code während der Eingabe hervorzuheben. Dies ist die schnellste und kostengünstigste Feedback-Schleife und eine der wertvollsten. Ich kann mir dies zunutze machen, indem ich Techniken wie Typsysteme verwende, um schnelles und eindeutiges Feedback über die Qualität meiner Arbeit zu erhalten.

Ich kann den Test (oder die Tests) in dem Bereich des Codes ausführen, an dem ich gerade in meiner Entwicklungsumgebung arbeite, und erhalte sehr schnell Feedback – in der Regel in weniger als ein paar Sekunden.

Meine automatisierten Unit-Tests, die als Ergebnis meines TDD-Ansatzes erstellt wurden, geben mir eine zweite Ebene des Feedbacks, während ich arbeite und sie regelmäßig in meiner lokalen Entwicklungsumgebung ausführe.

Meine vollständige Suite von Unit- und anderen Commit-Tests wird ausgeführt, sobald ich meinen Code committed habe. Dies gibt mir eine umfassendere, jedoch zeitintensivere Absicherung dafür, dass mein Code zusammen mit dem Code der anderen funktioniert.

Akzeptanztests, Performance-Tests, Sicherheitstests und alles andere, was wir für wichtig halten, um die Validität unserer Änderungen zu verstehen, geben uns überdies Vertrauen in die Qualität und Eignung unserer Arbeit, allerdings zu dem Preis, dass es länger dauert, bis wir Ergebnisse erhalten.

Wenn wir uns also bemühen, Fehler zuerst bei der Kompilierbarkeit (ermittelt in unserer Entwicklungsumgebung), dann im Rahmen von Unit-Tests und erst nach erfolgreicher Validierung durch andere Formen von Tests auf höherer Ebene zu identifizieren, können wir am schnellsten scheitern und erhalten das qualitativ hochwertigste und effektivste Feedback.

Continuous-Delivery- und DevOps-Praktiker bezeichnen diesen Prozess der Bevorzugung früher Fehler manchmal als *shift-left*, obwohl ich den weniger obskuren Ausdruck »Fail fast!« bevorzuge.

5.7 Feedback beim Produktdesign

Die Auswirkungen, die es hat, wenn wir das Feedback zur Qualität der von uns entwickelten Systeme ernst nehmen, sind wichtig und tiefgreifend, aber letztendlich werden Software-Entwickler nicht dafür bezahlt, schön designte, leicht testbare Software zu entwickeln. Wir werden dafür bezahlt, dass wir für die Unternehmen, die uns beschäftigen, eine Form von Wert schaffen.

Dies ist eines der Spannungsfelder, die oft den Kern der Beziehung zwischen den eher geschäftlich orientierten Menschen und den eher technisch orientierten Menschen ausmachen, die es in den meisten traditionellen Unternehmen gibt.

Das Problem wird dadurch gelöst, dass man sich darauf konzentriert, die *Continuous Delivery nützlicher Ideen in den Produktionsumgebungen zu ermöglichen.*

Woher wissen wir, dass die Ideen, die wir haben und die Produkte, die wir schaffen, gut sind?

Die Antwort ist, dass wir das erst wissen, wenn wir Feedback von den Nutzern unserer Ideen (unseren Benutzern oder Kunden) erhalten.

Das Schließen der Feedback-Schleife rund um die Entwicklung von Produktideen und die Bereitstellung von Nutzen für die Produktion ist der wahre Wert der Continuous Delivery. Das ist der Grund, warum es in Unternehmen auf der ganzen Welt so populär geworden ist, nicht die kleineren (wenn auch immer noch wichtigen) technischen Vorteile.

Durch die Anwendung der Grundsätze für den Einsatz und die Optimierung von schnellem, qualitativ hochwertigem Feedback können Unternehmen schneller lernen, herausfinden, welche Ideen bei ihren Kunden funktionieren und welche nicht, und ihre Produkte besser an die Kundenbedürfnisse anpassen.

Die effektivsten Software-Entwicklungsunternehmen der Welt nehmen diesen Aspekt sehr ernst.

Das Hinzufügen von Telemetriedaten zu unseren Systemen, die es uns ermöglichen, Daten darüber zu sammeln, welche Funktionen unserer Systeme genutzt werden und wie sie genutzt werden, ist heute die Regel. Das Sammeln von Informationen (Feedback) aus Produktionssystemen, um nicht nur Probleme zu diagnostizieren, sondern auch, um die nächste Generation von Produkten und Diensten effektiver zu gestalten, führt dazu, dass sich Unternehmen von »Business und IT« hin zu »Digital Business« entwickeln. Dies ist in vielen Bereichen so komplex geworden, dass die gesammelten Informationen oft wertvoller sind als die erbrachten Dienstleistungen, und Einblicke in die Wünsche, Bedürfnisse und das Verhalten der Kunden geben können, die selbst den Kunden nicht bewusst sind.

5.8 Feedback in Unternehmen und Kultur

Die Messbarkeit der Software-Entwicklung ist seit Langem ein Problem. Wie messen wir den Erfolg, und wie messen wir die Verbesserung? Wie können wir feststellen, ob die Änderungen, die wir vornehmen, wirksam sind oder nicht?

Für einen Großteil der Geschichte der Software-Entwicklung basierte dies entweder auf der Messung dessen, was leicht zu messen war (z.B. »Code-Zeilen« oder »Entwicklertage« oder »Testabdeckung«) oder auf Vermutungen und der subjektiven Entscheidungsfindung auf der Grundlage von Intuition. Das Problem ist, dass keines dieser Dinge wirklich in realistischer Weise mit dem Erfolg korreliert, was auch immer das bedeutet.

Mehr Code-Zeilen bedeuten nicht, dass der Code besser ist, sondern wahrscheinlich, dass er schlechter ist. Die Testabdeckung ist bedeutungslos, wenn die Tests nichts Sinnvolles testen. Der Aufwand, den wir in Software stecken, steht in keinem Verhältnis zu ihrem Wert. Vermutungen und Subjektivität können also genauso gut sein wie diese Maßstäbe.

Wie können wir es also besser machen? Wie können wir nützliches Feedback ohne eine Art von Maßstab für Erfolg geben?

Es gibt zwei Ansätze für dieses Problem. Der erste Ansatz hat sich schon seit einiger Zeit in Kreisen der agilen Entwicklung etabliert. Wir akzeptieren, dass die Beurteilungen in gewisser Weise subjektiv sind, aber wir versuchen, eine sinnvolle Disziplin einzuführen, um die Subjektivität abzumildern. Der Erfolg dieses Ansatzes ist unweigerlich mit den beteiligten Personen verknüpft. Es geht um »Individuen und Interaktionen statt um Prozesse und Werkzeuge«[6].

Diese Strategie war in der Vergangenheit wichtig, um uns von den eher formalistischen, zeremoniellen Ansätzen der Software-Entwicklung wegzubringen, und sie bleibt als Grundprinzip von Bedeutung.

Agile Entwicklungsansätze beziehen das Team, die Menschen *bei der Arbeit*, in die Feedback-Schleife ein, sodass sie die Ergebnisse ihrer Handlungen beobachten, darüber nachdenken und ihre Entscheidungen im Laufe der Zeit weiterentwickeln konnten, um ihre Situation zu verbessern. Dieser subjektive, feedback-getriebene Ansatz war wesentlich für die wichtigste agile Idee des »Inspizierens und Anpassens« (engl. *Inspect and Adapt*).

Eine kleine Verfeinerung, die ich diesem Ansatz des subjektiven Feedbacks hinzufügen würde, um die Qualität des Feedbacks zu verbessern, besteht darin, die Art des Feedbacks genau zu beschreiben.

Wenn Ihr Team beispielsweise eine Idee hat, wie es seine Vorgehensweise verbessern kann, sollten Sie sich ein Beispiel an den Wissenschaftlern nehmen und klar sagen, wo Sie Ihrer Meinung nach jetzt stehen (Ist-Zustand) und wo Sie gerne sein möchten (Soll-Zustand). Beschreiben Sie einen Schritt, von dem Sie glauben, dass er Sie in die richtige Richtung führt. Entscheiden Sie, wie Sie feststellen wollen, ob Sie Ihrem Zielzustand nähergekommen sind oder sich davon entfernt haben. Gehen Sie den Schritt und überprüfen Sie, ob Sie dem Ziel nähergekommen sind oder sich weiter von ihm entfernt haben, und wiederholen Sie dies, bis Sie das Ziel erreicht haben.[7]

Dies ist eine einfache, leichtgewichtige Anwendung der wissenschaftlichen Methode. Das sollte offensichtlich sein. Das sollte »so klar wie Kloßbrühe« sein, aber es ist nicht das, was die meisten Menschen in den meisten Unternehmen tun. Wenn man diese Art von Ansatz anwendet, erzielt man viel bessere Ergebnisse. Dies ist zum Beispiel die Idee, die Lean Thinking[8] und insbesondere dem »Toyota Way« zugrunde liegt, dem schlanken Produktionsansatz, der die Automobilindustrie und viele andere Branchen revolutioniert hat.

Viele Jahre lang habe ich geglaubt, dass dies wirklich alles ist, was wir tun können, um immer noch subjektive, aber besser organisierte Ansätze zur Problemlösung anzuwenden. In den letzten Jahren hat sich meine Meinung durch die hervorra-

---

6 »Individuen und Interaktionen sind wichtiger als Prozesse und Werkzeuge« ist eine Aussage aus dem Agilen Manifest; siehe `https://agilemanifesto.org/`.

7 Mike Rother hat diesen Ansatz in seinem Buch »Die Kata des Weltmarktführers: Toyotas Erfolgsmethoden« ausführlicher beschrieben (Campus Verlag, 2009). Es handelt sich dabei aber eigentlich nur um eine Verfeinerung der wissenschaftlichen Methode.

8 Lean Thinking ist ein Sammelbegriff für Ideen, die auf Lean Production und Lean Process ausgerichtet sind oder damit in Verbindung stehen.

gende Arbeit der Google-DORA-Gruppe geändert.[9] Ich glaube nun, dass ihre Arbeit einige spezifischere, weniger subjektive Maßnahmen aufgezeigt hat, die wir sinnvollerweise zur Bewertung von Veränderungen im Unternehmen und Kultur sowie von eher technisch ausgerichteten Veränderungen einsetzen können.

Das bedeutet nicht, dass der bisherige Ansatz überflüssig ist. Die menschliche Kreativität muss zum Einsatz kommen, und datengestützte Entscheidungsfindung kann auch eine schlechte Idee sein, aber wir können die subjektive Bewertung mit Daten untermauern und etwas quantitativer bei der Erfolgsbewertung vorgehen.

Die in Kapitel 3 beschriebenen Stabilitäts- und Durchsatzmessungen sind wichtig. Sie sind nicht ideal, und das Modell, innerhalb dessen sie funktionieren, ist korrelativ, nicht kausal. Wir haben keine Beweise, um zu sagen: »X verursacht Y«; die Sache ist viel komplexer als das. Es gibt auch viele Fragen, die wir gerne quantitativer beantworten würden, aber wir wissen nicht wie. **Stabilität** und **Durchsatz** sind wichtig, weil sie das Beste sind, was wir derzeit kennen, nicht weil sie perfekt sind.

Dennoch ist dies ein enormer Schritt nach vorn. Jetzt können wir diese Maßstäbe für Effizienz und Qualität, die sinnvolle, nützliche Ergebnisse liefern, zur Bewertung fast jeder Art von Veränderung nutzen. Wenn mein Team beschließt, seinen Arbeitsplatz neu zu organisieren, um die Kommunikation zu verbessern, können wir die Stabilität und den Durchsatz überwachen, um zu sehen, ob es eine Veränderung gibt. Wenn wir eine neue Technologie ausprobieren wollen, können wir damit Software schneller produzieren, unsere Durchsatzzahlen verbessern oder unsere Qualität steigern, oder verbessert sie unsere Stabilität?

Dieses Feedback ist als »Fitnessfunktion« von unschätzbarem Wert, um unsere Bemühungen in Richtung der besseren Ergebnisse zu lenken, die durch das DORA-Modell vorhergesagt wurden. Indem wir unsere Ergebnisse in Bezug auf Stabilität und Durchsatz beobachten, während wir unsere Prozesse, Technologien, Organisation und Kultur weiterentwickeln, können wir sicherstellen, dass die von uns vorgenommenen Änderungen auch tatsächlich von Nutzen sind. Wir sind nicht mehr Opfer von Modeerscheinungen oder Vermutungen, sondern arbeiten eher wie Ingenieure.

Diese Änderungen sind immer noch Stellvertreter für den tatsächlichen Wert der Software, die wir produzieren. Dieser Wert zeigt sich in den Auswirkungen, die unsere Änderungen auf die Benutzer haben. Allerdings messen diese Änderungen wichtige Merkmale unserer Arbeit und sind nicht manipulierbar. Wenn Ihre

9 Die DORA-Gruppe entwickelte den wissenschaftlich vertretbaren Ansatz für die Datenerfassung und -analyse, der das Herzstück des »State of DevOps Report« bildet, der seit 2014 jährlich erstellt wird. Ihr Ansatz und ihre Ergebnisse werden in dem Buch *Accelerate: The Science of Lean Software and DevOps* genauer beschrieben.

Stabilität und Ihre Durchsatzzahlen gut sind, ist Ihre technische Leistung gut. Wenn Sie also mit guter Stabilität und gutem Durchsatz nicht erfolgreich sind, liegt es an Ihren Produktideen oder Ihrer Geschäftsstrategie.

5.9 Zusammenfassung

Feedback ist eine wesentliche Voraussetzung für unsere Lernfähigkeit. Ohne schnelles, effektives Feedback raten wir nur. Es kommt sowohl auf die Geschwindigkeit als auch auf die Qualität des Feedbacks an. Wenn das Feedback zu spät kommt, ist es nutzlos. Wenn es irreführend oder falsch ist, werden auch die Entscheidungen, die wir auf seiner Grundlage treffen, falsch sein. Wir denken oft nicht darüber nach, welches Feedback wir für unsere Entscheidungen benötigen und wie wichtig die Zeitspannen, in denen wir Feedback einholen, wirklich sind.

Sowohl Continuous Delivery als auch Continuous Integration sind Konzepte, die grundsätzlich auf der Idee beruhen, unseren Entwicklungsprozess zu optimieren, um die Qualität und die Geschwindigkeit des Feedbacks, das wir sammeln, zu maximieren.

Kapitel 6

Inkrementalismus

Inkrementalismus wird wie folgt definiert: »Inkrementelles Design steht in direktem Zusammenhang mit jeder Anwendung mit modularem Design, bei der Komponenten frei ersetzt werden können, wenn sie verbessert werden, um eine bessere Performance zu gewährleisten.«[1]

Beim inkrementellen Arbeiten geht es darum, schrittweise einen Wert zu schaffen. Einfach ausgedrückt, geht es darum, sich die Modularität oder Aufteilung unserer Systeme in Komponenten zunutze zu machen.

Wenn es beim iterativen Arbeiten darum geht, etwas über eine Reihe von Iterationen zu verfeinern und zu verbessern, dann geht es beim inkrementellen Arbeiten darum, ein System Stück für Stück aufzubauen und idealerweise ebenfalls Stück für Stück freizugeben. Dies wird in Abbildung 6.1, die dem Buch *User Story Mapping* [Patton][2] entnommen ist, sehr schön dargestellt.

Iterativ

Inkrementell

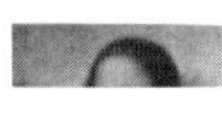

Abb. 6.1: Iterativ versus inkrementell

1 Quelle: Wikipedia, `https://en.wikipedia.org/wiki/Continuous_design`

2 Ich habe diesen Vergleich zwischen dem »iterativen« und dem »inkrementellen« Ansatz erstmals in dem Buch »User Story Mapping« von Jeff Patton gesehen. Siehe `https://bit.ly/3s9jvY6`.

Um komplexe Systeme zu schaffen, brauchen wir beide Ansätze. Ein inkrementeller Ansatz ermöglicht es uns, die Arbeit zu zerlegen und den Wert schrittweise (*inkrementell*) zu liefern, sodass wir schneller zum Wert gelangen und den Wert in kleineren, einfacheren Schritten liefern können.

6.1 Die Bedeutung von Modularität

Modularität ist ein wichtiges Konzept. Sie ist für die Entwicklung von Technologie von Bedeutung, aber sie ist nicht spezifisch für die Informationstechnologie. Als die Handwerker der Steinzeit Äxte aus Feuerstein mit einem Holzstiel herstellten, war dies ein modulares System. Wenn man den Stiel abbrach, konnte man den Kopf der Axt behalten und einen neuen Stiel herstellen. Wenn der Kopf der Axt zerbrach, konnte man einen neuen an den alten, bewährten Stiel binden.

Als die Maschinen immer komplexer wurden, wuchsen Bedeutung und Wert der Modularität mit ihnen. Bis auf die letzten Jahre des zwanzigsten Jahrhunderts teilten die Flugzeugkonstrukteure ihr Werk in zwei Hauptmodule auf, wenn sie etwas Neues erschaffen wollten: das Triebwerk und die Flugzeugzelle. Ein großer Teil des Fortschritts in der Luftfahrt wurde als eine Art technischer Staffellauf durchgeführt. Wenn man ein neues Triebwerk ausprobieren wollte, erprobte man es zuerst in einer bewährten Flugzeugzelle. Wollte man eine neue Zelle ausprobieren, verwendete man ein bewährtes Triebwerk.

Als das Apollo-Programm in den 1960er-Jahren mit dem Ziel, Menschen auf den Mond zu schicken, startete, war die Erstellung eines Missionsprofils, das *Mondumlaufbahn-Rendezvous* (engl. *lunar orbit rendezvous* oder LOR) genannt wurde, einer der ersten Verbesserungen. LOR sah vor, dass das Raumschiff in eine Reihe von Modulen unterteilt wurde, von denen sich jedes auf einen bestimmten Teil der Aufgabe konzentrierte. Es gab die Saturn V, deren Aufgabe es war, alles andere in die Erdumlaufbahn zu bringen, und in der letzten Phase sollte ein anderes aufgabenspezifisches Modul den Rest der Komponenten des Raumfahrzeugs von der Erde zum Mond bringen.

Der Rest des Apollo-Raumschiffs bestand aus vier Hauptmodulen:

- Das Service-Modul hatte die Aufgabe, alles andere von der Erde zum Mond und wieder zurückzubringen.
- Das Kommando-Modul war der Hauptaufenthaltsbereich für die Astronauten; seine Hauptaufgabe bestand jedoch darin, die Astronauten aus der Erdumlaufbahn auf die Oberfläche zurückzubringen.
- Das *Mond-Exkursionsmodul* (engl. *lunar excursion module* oder LEM) bestand aus den beiden anderen Modulen: dem Abstiegs- und dem Aufstiegs-Modul. Das Abstiegs-Modul brachte die Astronauten von der Mondumlaufbahn auf die Mondoberfläche.

- Das Aufstiegs-Modul brachte die Astronauten zurück in die Mondumlaufbahn, wo es mit dem Kommando- und Service-Modul zusammentraf und angedockt wurde, bevor es zurück zur Erde ging.

Diese Modularität hatte viele Vorteile. Sie bedeutete, dass jede Komponente so gebaut werden konnte, dass sie sich auf einen Teil der Aufgabe konzentrierte und weniger Kompromisse beim Design eingehen musste. Sie ermöglichte es verschiedenen Gruppen – in diesem Fall völlig unterschiedlichen Unternehmen –, an jedem Modul weitgehend unabhängig von den anderen zu arbeiten. Solange sich die verschiedenen Gruppen darüber einig waren, wie die Module miteinander verbunden werden sollten, konnten sie ohne Einschränkungen an der Lösung der Aufgabe ihres Moduls arbeiten. Jedes Modul konnte leichter werden, da die Mondlandefähre beispielsweise auf dem Weg bis zur Mondoberfläche nicht die Mittel zur Rückkehr zur Erde mitführen musste.

Obwohl es weit hergeholt ist, ein Apollo-Raumschiff als einfach zu bezeichnen, konnte jedes Modul einfacher sein, als wenn es für die Bewältigung eines größeren Teils der Gesamtaufgabe konzipiert worden wäre.

Ich hoffe, dass dieser Exkurs Sie zum Nachdenken darüber anregt, wie dies mit Software zusammenhängt. Obwohl keine dieser komplexen Maschinen einfach war, waren sie minimalistisch in Bezug auf die Erfüllung ihrer Anforderungen.

Das ist die eigentliche Philosophie komponentenbasierter Designansätze wie Microservices oder eigentlich jedes serviceorientierten Designs.

Zerlegen Sie das Problem in Teile, um einen einzelnen Aspekt des Problems zu lösen. Dieser Ansatz hat viele Vorteile. Jede Komponente des Systems ist einfacher und konzentriert sich stärker auf die eigentliche Aufgabe. Jede Komponente lässt sich leichter testen, ist schneller einsatzbereit und kann manchmal sogar unabhängig von den anderen Komponenten eingesetzt werden. Sobald man diesen Punkt erreicht, und nicht vorher, befindet man sich wirklich in der Welt von Microservices.

Microservices sind jedoch nicht der einzige Ansatz, mit dem wir Modularität in einem Software-System erreichen und davon profitieren können. Es geht in Wirklichkeit darum, das Design ernst zu nehmen.

Ein modularer Ansatz zwingt Sie dazu, die Grenzen zwischen den Modulen des Systems zu berücksichtigen und ernst zu nehmen. Diese Grenzen sind von großer Bedeutung; sie stellen einen der wichtigsten Kopplungspunkte im System dar, und wenn man sich auf die Protokolle des Informationsaustauschs zwischen ihnen konzentriert, kann das einen erheblichen Einfluss darauf haben, wie einfach es ist, Arbeitsschritte zu isolieren und die Flexibilität zu erhöhen. Auf diese Ideen gehe ich in späteren Kapiteln noch näher ein.

6.2 Inkrementalismus im Unternehmen

Einer der großen Vorteile von Modularität ist die Isolierung; die internen Details eines Moduls sind vor anderen Modulen verborgen und für diese irrelevant. Dies ist aus technischen Gründen wichtig, aber noch wichtiger ist es aus organisatorischen Gründen.

Ein modularer Ansatz gibt den Teams die Möglichkeit, unabhängiger zu arbeiten. Sie können in kleinen, inkrementellen Schritten vorankommen, ohne sich untereinander absprechen zu müssen, oder zumindest mit minimaler Koordination. Diese Freiheit ermöglicht es Unternehmen, die Modularität anwenden, in einem noch nie da gewesenen Tempo voranzukommen und zu innovieren.

Abgesehen von der wertvollen Möglichkeit, technische Änderungen inkrementell vorzunehmen, bietet dieser Ansatz den Unternehmen auch die Freiheit, kulturelle und organisatorische Veränderungen inkrementell anzugehen.

Viele Unternehmen tun sich schwer damit, ihre Arbeitsweisen erfolgreich zu verändern. Solche »Transformationen« sind bekanntermaßen schwierig. Das Haupthindernis für einen solchen Wandel ist immer die Frage, wie man eine Lösung in einem Unternehmen verbreitet. Es gibt zwei Hindernisse, die die Umsetzung von Veränderungen erschweren. Das erste besteht darin, den Menschen die Veränderung zu erklären und sie dazu zu motivieren, und das zweite ist die Überwindung der organisatorischen oder verfahrenstechnischen Hindernisse, die deren Umsetzung einschränken.

Die gebräuchlichste Herangehensweise zur Einführung von Veränderungen scheint der Versuch zu sein, Prozesse innerhalb eines Unternehmens zu standardisieren. »Prozess-Mapping« und »Business-Transformationen« sind ein großes Geschäft für Unternehmensberatungen. Das Problem ist, dass alle Unternehmen, insbesondere diejenigen, die sich mit kreativer Arbeit befassen, von der menschlichen Kreativität abhängig sind. Wenn wir den Prozess in eine Reihe von Schritten »standardisieren« könnten, könnten wir ihn automatisieren und die kostspieligen, fehleranfälligen Menschen eliminieren. Wie oft haben Sie schon eine automatisierte Telefonauskunft verwendet und sind zu einem Menü gelangt, das keine Option enthält, die Ihrer Anfrage entspricht, oder das den Anruf einfach abweist? Das liegt daran, dass manche Dinge nicht einfach in simple Schritte zerlegt werden können, was jeder, der schon einmal ein Computerprogramm geschrieben hat, bestätigen kann.

Wenn wir über Software-Entwicklung sprechen, sind wir nicht annähernd in der Lage, die menschliche Kreativität aus diesem Unterfangen zu eliminieren. Um also menschliche Kreativität zu ermöglichen, müssen wir in den Prozessen und Richtlinien, die unsere Arbeit strukturieren, Raum für kreative Freiheit lassen.

Eines der charakteristischen Merkmale leistungsstarker Teams in der Software-Entwicklung ist, dass sie die Möglichkeit haben, Fortschritte zu machen und ihre Meinung zu ändern, ohne eine Person oder Gruppe außerhalb ihres kleinen Teams um Erlaubnis zu fragen.[3]

Lassen Sie uns das ein wenig auseinandernehmen. Beginnen wir mit »kleine Teams«. Obwohl wir jetzt mehr Daten haben, um diese Aussage zu untermauern,[4] ist seit Langem bekannt, dass kleine Teams besser funktionieren als große Teams. In seinem Buch *Vom Mythos des Mann-Monats* schrieb Fred Brooks:

> *Die Schlussfolgerung ist einfach: Wenn ein 200-Mann-Projekt 25 Manager hat, die die kompetentesten und erfahrensten Programmierer sind, dann entlasse die 175 Mann starke Truppe und setze die Manager wieder in der Entwicklung ein.*

Heutzutage würden die meisten agilen Praktiker ein Team von 25 Personen als ein großes Team betrachten. Derzeit geht man davon aus, dass die optimale Teamgröße bei acht oder weniger liegt.

Kleine Teams sind aus verschiedenen Gründen wichtig, aber ihre Fähigkeit, in kleinen, inkrementellen Schritten Fortschritte zu erzielen, ist ein wichtiger davon. Die effektivste Strategie zur Durchführung organisatorischer Veränderungen besteht darin, viele kleine, unabhängige Teams zu bilden und ihnen die Möglichkeit zu geben, ihre eigenen Veränderungen vorzunehmen. Aber dieser Fortschritt kann und sollte auch strukturiert werden. Er sollte zu einem gewissen Grad eingeschränkt werden, damit getrennte, unabhängige Teams eine annähernd ähnliche Richtung einschlagen können, die auf die Erfüllung einer größeren, das Unternehmen betreffenden Vision abzielt, aber dennoch ist dies ein grundlegend dezentralerer Ansatz für die Unternehmensstruktur, als sie in den meisten großen Unternehmen üblich war und ist.

Die wichtigste Transformation, die die meisten Unternehmen vollziehen müssen, besteht also darin, den Mitarbeitern und Teams mehr Autonomie zu geben, damit sie qualitativ hochwertige und kreative Arbeit leisten können. Dezentralisierte, inkrementelle Veränderungen sind der Schlüssel dazu.

Modulare Strukturen sind flexibler, skalierbarer und effizienter als herkömmliche Unternehmensstrukturen für die Software-Entwicklung.

---

3 Im Buch *Accelerate* wird beschrieben, dass Teams, die einen disziplinierteren Ansatz bei der Entwicklung verfolgen, »44 % mehr Zeit für neue Arbeiten« aufwenden als Teams, die dies nicht tun (Nicole Forsgren, Jez Humble, Gene Kim: Das Mindset von DevOps, Vahlen 2019).

4 In ihrem Buch *Accelerate: The Science of Lean Software & DevOps* beschreiben Nicole Forsgren, Jez Humble und Gene Kim die Merkmale von leistungsstarken Teams. (Nicole Forsgren, Jez Humble, Gene Kim: Das Mindset von DevOps, Vahlen 2019.)

6.3 Werkzeuge für den Inkrementalismus

Meine fünf Grundsätze für das Lernen und meine fünf Grundsätze für den Umgang mit Komplexität sind eng miteinander verknüpft. Es ist schwierig, über eines von ihnen zu sprechen, ohne auf das andere zu verweisen.

Die tiefgreifendsten Werkzeuge, die Inkrementalismus ermöglichen, sind **Feedback** und **Experimente**, aber wir müssen uns auch auf **Modularität** und die **Trennung von Zuständigkeiten** konzentrieren.

Welche weniger abstrakten Ideen, die über diese tieferliegenden Prinzipien hinausgehen, können uns helfen, einen inkrementellen Ansatz für Veränderungen zu erreichen? Was müssen wir tun, damit wir inkrementell arbeiten können?

Inkrementalismus und Modularität sind eng miteinander verbunden. Wenn wir eine Veränderung inkrementell durchführen wollen, müssen wir in der Lage sein, diese Veränderung umzusetzen und gleichzeitig ihre Auswirkungen auf andere Bereiche zu begrenzen. Es ist eine gute Idee, an der Verbesserung der Modularität unseres Systems zu arbeiten, aber wie machen wir das?

Wenn mein Code ein großer Haufen Spaghetti ist und ich an einer Stelle eine Änderung vornehme, kann sich das ungewollt auf einen anderen Teil des Codes auswirken. Es gibt drei wichtige Techniken, mit denen ich eine solche Änderung sicherer durchführen kann.

Ich kann mein System so gestalten, dass die Reichweite der Änderung begrenzt wird. Indem ich Systeme entwerfe, die modular sind und eine gute Trennung von Zuständigkeiten aufweisen, kann ich die Auswirkungen meiner Änderungen auf den Bereich des Codes begrenzen, an dem ich gerade arbeite.

Ich kann Verfahren und Techniken wählen, die es mir ermöglichen, den Code mit geringerem Risiko zu verändern. Das wichtigste dieser sichereren Verfahren ist das **Refactoring**. Das ist die Fähigkeit, Änderungen in kleinen, einfachen, kontrollierten Schritten vorzunehmen, die es mir ermöglichen, meinen Code zu verbessern oder ihn zumindest auf sichere Weise zu verändern.

Refactoring-Skills werden oft von Entwicklern unterschätzt, die deren Bedeutung übersehen. Wenn wir Änderungen in vielen winzigen Schritten vornehmen können, können wir viel mehr Vertrauen in die Stabilität dieser Änderungen haben.

Wenn ich die Refactoring-Tools meiner Entwicklungsumgebung verwende, um z.B. »Eine Methode zu extrahieren« oder »Einen Parameter einzuführen«, kann ich darauf vertrauen, dass die Änderung sicher durchgeführt wird, oder ich kann mir bessere Entwicklungs-Tools kaufen.

Solche winzigen Änderungen sind auch leicht rückgängig zu machen, wenn mir das Ergebnis nicht gefällt; ich kann sowohl iterativ als auch inkrementell arbeiten.

Wenn ich meinen detaillierten Inkrementalismus mit einer starken **Versionskontrolle** kombiniere, bin ich immer nur wenige Schritte von einem »sicheren Hafen« entfernt. Ich kann immer in einen stabilen Zustand zurückkehren.

Schließlich ist da noch das Testen. Das **Testen**, insbesondere das automatisierte Testen, gibt uns Sicherheit, sodass wir mit deutlich mehr Zuversicht inkrementell voranzukommen.

Es gibt einige Feinheiten bei der effektiven Arbeit mit einer hohen Abdeckung an automatisierten Tests, die wir in späteren Kapiteln noch erkunden, aber automatisierte Tests sind ein wichtiger Bestandteil unserer Fähigkeit, Änderungen schnell und sicher durchzuführen.

Es gibt noch einen weiteren Aspekt des automatisierten Testens, der oft von denjenigen übersehen wird, die Testen nicht als allgegenwärtigen Teil ihrer täglichen Arbeitsroutine ansehen. Das ist die Auswirkung, die das Testen auf das Design und insbesondere auf die Modularität und die Trennung von Zuständigkeiten in unseren Designs hat.

Ein testgetriebener Ansatz für automatisiertes Testen erfordert, dass wir kleine, ausführbare Spezifikationen für die Änderungen erstellen, die wir an unseren Systemen vornehmen. Jede dieser kleinen Spezifikationen beschreibt die notwendigen Bedingungen für den Start des Tests, führt das zu testende Verhalten aus und wertet dann die Ergebnisse aus.

Wir wären verrückt, wenn wir nicht versuchen würden, uns das Leben leichter zu machen, indem wir die Tests so einfach wie möglich halten und unser System als testbaren Code entwerfen.

Da *testbarer Code* modular ist und eine gute Trennung von Zuständigkeiten aufweist, schaffen automatisierte Tests eine positive Feedback-Schleife, die unsere Fähigkeit verbessert, bessere Systeme zu entwerfen, die Auswirkung von Fehlern zu begrenzen und Änderungen sicherer durchzuführen. Letztlich bringt die Kombination dieser drei Techniken unsere Fähigkeit, Änderungen inkrementell vorzunehmen, einen gewaltigen Schritt voran.

6.4 Die Auswirkungen von Änderungen begrenzen

Unser Ziel ist es, die Komplexität unter Zuhilfenahme dieser Methoden so zu beherrschen, dass wir es uns erlauben können, Systeme inkrementell zu entwickeln. Wir werden es immer vorziehen, in vielen kleinen Schritten voranzukommen, statt in wenigen größeren, riskanteren Schritten.

Wie wir bereits herausgefunden haben, können wir in einem Unternehmen mit mehr als einem kleinen Team, das Software entwickelt, am effizientesten arbeiten, wenn diese verschiedenen Gruppen unabhängig voneinander Fortschritte machen können.

Es gibt nur zwei Strategien, die sinnvoll sind, und beide sind inkrementeller Natur.

Wir können unsere Systeme in unabhängigere Teile zerlegen, wie bereits in diesem Kapitel beschrieben, oder wir können die Geschwindigkeit und Qualität des Feedbacks verbessern, das wir bei der Integration unserer Änderungen durch Continuous Integration erhalten.

Um die Teile unseres Systems unabhängiger zu machen, können wir das leistungsfähige Verfahren des **Ports-&-Adapters-Pattern** verwenden.[5]

An jedem Schnittstellen-Punkt zwischen zwei Komponenten des Systems, die wir entkoppeln wollen, einem **Port**, definieren wir einen separaten Teil des Codes, um Eingaben und Ausgaben zu übersetzen, den **Adapter**. Dies gibt uns mehr Freiheit, den Code hinter den Adaptern zu ändern, ohne dass andere Komponenten, die über diesen Port mit ihm interagieren, gezwungen werden, ebenfalls Änderungen vorzunehmen.

Dieser Code ist das Herzstück unserer Logik, daher ist es ein großer Vorteil, dass wir ihn ändern können, ohne uns mit anderen Teams oder Personen abstimmen zu müssen. So können wir in diesem Teil des Codes auf sichere Weise inkrementell Fortschritte machen und uns dann um die wesentlich kniffligeren und kostspieligeren Änderungen an den vereinbarten Protokollen für den Informationsaustausch zwischen den Komponenten kümmern. Diese Änderungen sollten im Idealfall viel seltener vorkommen, sodass Teams auch viel seltener den Code anderer Teams beschädigen.

Wir sollten diese Integrationspunkte, diese Ports, immer mit etwas mehr Sorgfalt behandeln als andere Teile unserer Systeme, weil es mehr Schmerzen verursacht, wenn sich hier etwas ändern muss. Die Ports-&-Adapters-Architektur gibt uns eine Strategie an die Hand, um diese »größere Sorgfalt« in unserem Code zu verankern.

Beachten Sie, dass dies nichts mit der verwendeten Technologie zu tun hat. Ports & Adapters ist für binäre Informationen, die über einen Socket gesendet werden, genauso nützlich – wahrscheinlich sogar noch nützlicher – wie für strukturierten Text, der über einen REST-API-Aufruf gesendet wird.

Das andere wichtige und oft übersehene Instrument zur Bewältigung der Auswirkungen von Änderungen ist die Geschwindigkeit des Feedbacks. Wenn ich Code schreibe, der Ihren Code beschädigt, kann dies sehr unterschiedliche Auswirkungen haben, je nachdem, wann wir herausfinden, dass ich ihn beschädigt habe.

Wenn wir erst Monate später feststellen, dass ich etwas kaputt gemacht habe, könnte das schwerwiegende Folgen haben. Wenn unser Code bereits in Produktion ist, wenn wir das Problem finden, kann das ernsthafte Konsequenzen haben.

5 Ports & Adapters ist ein Architektur-Muster, das darauf abzielt, mehr lose gekoppelte Anwendungskomponenten zu erzeugen. Es ist auch als hexagonale Architektur bekannt. Siehe `https://bit.ly/3ZMHAWv`.

Wenn wir es hingegen innerhalb weniger Minuten, nachdem ich die Änderung vorgenommen habe, herausfinden, dann ist das keine große Sache. Ich kann das von mir verursachte Problem beheben, vielleicht bevor Sie es überhaupt bemerken. Das ist das Problem, das durch **Continuous Integration** und **Continuous Delivery** gelöst wird.

Das bedeutet, dass wir eine dieser Strategien – oder auch beide – anwenden können, um die Auswirkungen von Änderungen zu begrenzen. Wir können unsere Systeme so gestalten, dass wir Änderungen vornehmen können, ohne andere dazu zu nötigen, ebenfalls Änderungen vornehmen zu müssen, und wir können unsere Arbeitsweisen so optimieren, dass wir Änderungen in kleinen, inkrementellen Schritten vornehmen. Wenn wir diese kleinen Änderungen in ein gemeinsames Bewertungssystem einspeisen und dieses dann optimieren, erhalten wir schnell genug Feedback, um darauf zu reagieren und etwaige Probleme zu bewältigen, die von unseren Änderungen verursacht werden.

6.5 Inkrementelles Design

Ich bin seit Langem ein Verfechter von agilen Ansätzen in der Software-Entwicklung. Das liegt zum Teil daran, dass ich Agilität als einen wichtigen Schritt betrachte, einen Schritt Richtung »Anfang der Unendlichkeit«, wie ich ihn in einem früheren Kapitel beschrieben habe. Das ist wichtig, weil es bedeutet, dass wir mit der Arbeit beginnen können, bevor wir alle Antworten haben. Wir lernen, während wir schrittweise vorankommen – ein Gedanke, der im Mittelpunkt dieses Buchs steht.

Dies stellt viele vorgefasste Meinungen von Software-Entwicklern infrage. Viele Leute, mit denen ich spreche, tun sich schwer mit der Vorstellung, Code zu schreiben, bevor sie eine genaue Vorstellung von dem Design haben, das sie erstellen wollen.

Für noch mehr Menschen ist der Gedanke, ein komplexes System inkrementell zu entwickeln, fast unvorstellbar, aber beide Konzepte sind das Herzstück eines hochqualitativen Engineering-Ansatzes.

Komplexe Systeme entspringen nicht völlig ausgeformt dem Geist eines genialen Schöpfers; sie sind die Früchte manch harter Arbeit, wenn man sich durch Probleme gearbeitet, das eigene Verständnis erweitert und neue Ideen sowie mögliche Lösungen erkundet hat.

Zum Teil ist dies eine Herausforderung, weil wir dafür eine Art mentalen Schalter umlegen müssen und ein gewisses Maß an Selbstvertrauen brauchen, dass wir in der Lage sein werden, Probleme zu lösen, von denen wir noch nichts wissen, bis sie schließlich auftauchen.

Meine Argumente in diesem Buch dafür, was Engineering und Software-Entwicklung wirklich ausmacht, sollen Ihnen dabei helfen, diesen mentalen Schalter umzulegen, falls Sie das nicht schon getan haben.

Die Zuversicht, angesichts dieser Unwissenheit über die Zukunft Fortschritte zu machen, ist eine andere Art von Problem, für das es in gewisser Weise eher praktische Lösungen gibt.

Erstens müssen wir akzeptieren, dass Veränderungen, Fehltritte und die Auswirkungen des Unerwarteten mit zunehmendem Wissensstand einfach unvermeidlich sind, ob wir sie uns nun eingestehen oder nicht. Das ist einfach die Realität jeder komplexen Schöpfung, und im Zusammenhang mit der Software-Entwicklung liegt es in der Natur der Sache.

Beschwerden darüber, dass »die anderen« die Anforderungen immer falsch verstehen, sind ein Symptom dafür. Ja, niemand weiß von Anfang an, was er bauen soll. Wenn die anderen Ihnen sagen, dass sie es wissen, verstehen sie das Problem nicht wirklich.

Zu akzeptieren, dass wir nichts wissen, zu bezweifeln, was wir wissen, und daran zu arbeiten, schnell zu lernen, ist ein Schritt vom Dogma zum Engineering.

Wir nutzen Fakten über das, was wir wissen und entdeckt haben, inkrementell und versuchen in jeder Phase, unseren nächsten Schritt ins Unbekannte zu extrapolieren, basierend auf all dem, was wir derzeit zu wissen glauben. Dies ist eine wissenschaftlich rationalere Weltanschauung. Wie der Physiker Richard Feynman einmal sagte, ist die Wissenschaft »eine befriedigende Philosophie der Unwissenheit«. Er sagte auch:

> *Der Wissenschaftler hat viel Erfahrung mit Ignoranz, Zweifel und Ungewissheit, und diese Erfahrung ist meiner Meinung nach von großer Bedeutung.*

Die Strategien zum Umgang mit Komplexität sind aus mehreren Gründen wichtig, aber in diesem Kontext der Software-Entwicklung als Akt des Entdeckens sind sie von entscheidender Bedeutung, weil sie uns ermöglichen, den »Explosionsradius« zu begrenzen, wenn sich unser »Schritt nach vorn« als Fehltritt herausstellt. Man kann dies als defensives Design oder defensive Programmierung bezeichnen, aber besser ist es, es als **inkrementelles Design** zu betrachten.

Wir können uns dafür entscheiden, Code auf eine Art und Weise zu schreiben, die lediglich eine Abfolge von Schritten darstellt, die wie ein großer, schlecht unterteilter Big Ball of Mud (deutsch »große Matschkugel«) organisiert oder besser gesagt nicht organisiert ist. Oder wir können Code so schreiben, dass wir seine Komplexität im Laufe seiner Entwicklung effektiv würdigen und bewältigen.

Im ersten Fall ist der Code umso schwieriger zu ändern, je enger er gekoppelt, je weniger modular und je weniger kohäsiv er ist. Deshalb sind die Eigenschaften, die es uns ermöglichen, mit der Komplexität unseres Codes umzugehen, die ich immer wieder erwähne, so wichtig. Wenn wir diese Konzepte auf jeder Detailebene in unsere Arbeit einfließen lassen, schließen wir weniger Türen für Änderungen und lassen uns gleichzeitig in der Zukunft mehr Optionen offen, etwas zu ändern, selbst wenn die Änderungen unerwartet sind. Das ist etwas anderes als Over-Engineering und das Schreiben von Code, der für alle Eventualitäten gerüstet ist. Es handelt sich um Code, der **so organisiert ist, dass er Änderungen erleichtert**, und nicht um Code, der alles ermöglicht, was man sich im Moment vorstellen kann.

Wenn ich anfange, ein System zu schreiben, das etwas Nützliches tut und erfordert, dass ich die Ergebnisse irgendwo speichere, dann könnte ich dasselbe tun wie viele Entwickler und den Code, der die nützlichen Dinge tut, mit dem Code mischen, der die Speicherung übernimmt. Wenn ich das tue und dann herausfinde, dass die von mir gewählte Speicherlösung zu teuer, zu fehleranfällig oder zu langsam ist, bleibt mir nur die Möglichkeit, meinen gesamten Code neu zu schreiben.

Wenn ich die Zuständigkeit für »Nützlichkeit« von der für »Speicherung« trenne, kann es sein, dass ich die Anzahl meiner Code-Zeilen nach und nach erhöhe. Ich muss vielleicht ein bisschen mehr darüber nachdenken, wie ich diese Trennung herstelle, aber ich habe die Tür für inkrementelles Arbeiten und inkrementelles Treffen von Entscheidungen geöffnet.

Ich glaube nicht, dass ich unbescheiden bin, wenn ich Ihnen sage, dass ich von den Menschen, die mit mir gearbeitet haben, als guter Entwickler angesehen werde. Gelegentlich wurde ich sogar als zehnfacher Entwickler[6] bezeichnet. Wenn das wahr ist, dann nicht, weil ich schlauer bin als andere oder schneller tippe oder Zugang zu besseren Programmiersprachen habe. Es liegt daran, dass ich inkrementell arbeite. Ich mache das, was ich hier beschreibe.

Ich hüte mich davor, bei meinen Lösungen Over-Engineering zu betreiben. Ich versuche nie, Code für Dinge hinzuzufügen, von denen ich nicht weiß, dass sie jetzt gebraucht werden. Ich versuche jedoch immer, die einzelnen Zuständigkeiten in meinem Design zu trennen, verschiedene Teile des Systems aufzuteilen, Schnittstellen zu entwerfen, die die Ideen in dem Code, den sie repräsentieren, abstrahieren, und die Details dessen, was auf der anderen Seite der Schnittstelle passiert, zu verbergen. Ich strebe nach einfachen, naheliegenden Lösungen in meinem Code, aber ich habe auch eine Art inneres Warnsystem, das anschlägt, wenn mein Code beginnt, zu komplex, zu stark gekoppelt oder einfach nur unzureichend modular zu werden.

6 Anmerkung des Übersetzers: Im englischen Original heißt es hier »people have called me a 10x programmer.« Das bezieht sich auf den Kasten »Die Evolution der Programmiersprachen« in Kapitel 2 und die dort angesprochene 10-fache Verbesserung der Produktivität.

Ich könnte ein paar Faustregeln aufstellen, z.B. dass ich keine Funktionen mag, die länger als zehn Zeilen Code sind oder mehr als vier Parameter haben, aber das sind nur Richtwerte. Mein Ziel ist kein kleiner, einfacher Code, sondern vielmehr ein Code, den ich ändern kann, wenn ich etwas Neues lerne. Mein Ziel ist ein Code, den ich inkrementell erweitern kann, damit er seine Funktion erfüllt, während mir diese Funktion mit der Zeit klarer wird.

Eine Arbeitsweise, die uns die Freiheit gibt, unseren Code und unsere Meinung zu ändern, wenn sich unser Verständnis vertieft, ist grundlegend für ein gutes Engineering und sie ist das Fundament des Inkrementalismus. Das Streben nach inkrementellem Arbeiten ist also auch ein Streben nach qualitativ höherwertigen Systemen. Wenn Ihr Code schwer zu ändern ist, ist er von geringer Qualität, egal was er kann.

6.6 Zusammenfassung

Inkrementelles Arbeiten ist eine Grundvoraussetzung für den Aufbau eines komplexen Systems. Es ist eine Illusion, sich vorzustellen, dass solche Systeme »fertig geformt« aus dem Kopf eines oder mehrerer Experten entspringen. Das tun sie nicht. Sie sind das Ergebnis von Arbeit und der allmählichen Anhäufung von Wissen und Verständnis, während wir Fortschritte machen. Die Organisation unserer Arbeit zur Erleichterung und Validierung dieses Lernens ermöglicht es uns, bisher unsichtbare Wege in Richtung Fortschritt zu beschreiten. Diese Ideen sind der Kern dessen, was es uns ermöglicht, effektiv Fortschritte zu machen.

Kapitel 7

Empirismus

In der Wissenschaftsphilosophie wird **Empirismus** definiert als »Fokussierung auf Beweise, die insbesondere durch Experimente gewonnen wurden. Es ist ein grundlegender Bestandteil der wissenschaftlichen Methode, dass alle Hypothesen und Theorien anhand von Beobachtungen der natürlichen Welt geprüft werden müssen, anstatt sich ausschließlich ohne Überprüfung auf Überlegungen, Intuition oder spontane Eingebungen zu stützen«[1].

Nach dieser Definition ist der Empirismus eng mit dem Experiment verwandt. Ich behalte aber trotzdem beide Konzepte in meiner Fünferliste[2], weil Experimente unter so kontrollierten Bedingungen durchgeführt werden können, dass wir leicht mit Ideen experimentieren könnten, die sich im Sinne des Engineerings nicht in eine sinnvolle Realität übersetzen lassen.

Selbst im modernen physikalischen Engineering mit all unseren Computermodellen und -simulationen sehen wir immer noch Ingenieure, die die Dinge, die sie erschaffen, testen – oft bis zur Zerstörung –, um zu lernen, wie genau oder ungenau ihre Simulationen sind. Empirismus ist ein wichtiger Aspekt des *Engineerings*.

Für Leser, die nicht so gerne vom Hölzchen aufs semantische Stöckchen kommen: Warum ist das so wichtig?

Im Gegensatz zur reinen Wissenschaft ist Engineering fest in der Anwendung von Konzepten zur Lösung von Problemen in der realen Welt verankert. Ich könnte leicht entscheiden, dass ich ein Ziel architektonischer Reinheit oder ein Performance-Ziel erreichen muss, das mich dazu zwingt, neue Methoden der Software-Entwicklung zu erfinden und zu erforschen, aber solange diese Ideen nicht in einen konkreten Wert überführt werden und solange meine Software nichts mehr tun kann, was wichtig ist oder einen neuen Wert liefert, sind sie irrelevant, egal wie viel ich mit ihnen experimentiert habe.

1 Quelle: Wikipedia, `https://de.wikipedia.org/wiki/Empirismus`

2 Anmerkung des Übersetzers: Fünferliste bezieht sich auf die Liste der fünf Vorgehensweisen aus Kapitel 3.

7.1 In der Realität verankert

Die andere Dimension hiervon ist, dass unsere Produktionssysteme uns immer wieder überraschen werden, und das sollten sie auch! Idealerweise überraschen sie uns nicht allzu oft auf sehr negative Weise, aber jedes Software-System ist wirklich nur die beste Vermutung, die seine Entwickler zu dem Zeitpunkt anstellen konnten. Wenn wir unsere Software in Produktion geben, ist dies eine Gelegenheit zu lernen, oder sollte es zumindest sein.

Dies ist eine wichtige Lektion, die wir von Wissenschaft und Engineering in anderen Disziplinen lernen können. Einer der wichtigsten Aspekte eines wissenschaftlichen, rationalen Ansatzes zur Lösung von Problemen ist das Konzept der Skepsis. Es spielt keine Rolle, wer eine Idee hat, wie sehr wir uns wünschen, dass die Idee nützlich ist, oder wie viel Arbeit wir in eine Idee gesteckt haben; wenn die Idee schlecht ist, ist sie schlecht.

Die Untersuchung der Auswirkungen von Entscheidungen bei Software-Produkten hat gezeigt, dass selbst bei den besten Unternehmen nur ein Bruchteil der Ideen die vorhergesagten Auswirkungen hatte.

> *Funktionen werden entwickelt, weil Teams glauben, dass sie nützlich sind, doch in vielen Bereichen gelingt es den meisten Ideen nicht, wichtige Kennzahlen zu verbessern. Nur ein Drittel der bei Microsoft getesteten Ideen verbesserte die Metrik(en), die sie verbessern sollte(n).*[3]

Empirismus, d.h., Entscheidungen auf der Grundlage von Beweisen und Beobachtungen der Realität zu treffen, ist von entscheidender Bedeutung, um vernünftige Fortschritte zu erzielen. Ohne diese Analyse und Reflexion werden Unternehmen weiterhin nur auf der Grundlage von Vermutungen vorgehen und weiterhin in Ideen investieren, die sie Geld oder Ansehen kosten.

7.2 Trennung von Epirismus und Experiment

Wir können empirisch vorgehen, indem wir die Informationen, die wir im Rahmen unserer Experimente sammeln, zur Entscheidungsfindung nutzen. Diesen Aspekt untersuchen wir im nächsten Kapitel. Wir können auch empirisch vorgehen, indem wir die Ergebnisse unserer Ideen weniger formell beobachten. Dies ist kein Ersatz für Experimente, sondern ein Weg, wie wir die Qualität unserer Beschreibung der aktuellen Situation verbessern können, wenn wir über unsere nächsten Experimente nachdenken.

---

3 In einer Abhandlung mit dem Titel »Online Experiments at Large Scale« (`https://stanford.io/2LdjvmC`) beschreiben die Autoren, dass zwei bis drei Drittel der Ideen für Änderungen an Software für das Unternehmen, das sie umgesetzt hat, keinen oder einen negativen Wert hatten.

Ich bin mir bewusst, dass ich bei der getrennten Betrachtung der Begriffe Empirismus und Experimentieren Gefahr laufe, in die arkanen Gefilde der Philosophie und Etymologie abzugleiten. Das ist nicht meine Absicht. Lassen Sie mich daher anhand von praktischen Beispielen erläutern, warum es sich lohnt, diese beiden eng miteinander verbundenen Ansätze unabhängig voneinander zu betrachten.

7.3 »Ich kenne diesen Bug!«

Vor einigen Jahren machte ich die fantastische Erfahrung, eine der leistungsstärksten Finanzhandelsplattformen der Welt von Grund auf mit aufzubauen. In dieser Phase meiner Karriere begann ich, bei der Software-Entwicklung den Engineering-Gedanken und die Disziplin ernst zu nehmen.

Wir waren kurz davor, eine Version in Produktion zu geben, als wir einen schwerwiegenden Fehler fanden. Dies war für uns ein relativ ungewöhnliches Ereignis. Das Team setzte die in diesem Buch beschriebenen Methoden ein, einschließlich Continuous Delivery, sodass wir über den kontinuierlichen Fluss kleiner Änderungen ständig Feedback erhielten. Wir haben selten so spät große Probleme gefunden.

Unser Release Candidate wurde vor der Freigabe letzten Prüfungen unterzogen. Früher am Tag hatte uns einer unserer Kollegen, Darren, im Stand-up-Meeting erzählt, dass er bei der Ausführung unserer API-Akzeptanztests auf seiner Entwicklungs-Workstation einen seltsamen Messaging-Fehler festgestellt hatte. Er hatte offenbar einen Thread gesehen, der in unserem zugrunde liegenden Pub-Sub-Messaging-Code eines Drittanbieters blockiert wurde. Er versuchte, das Problem zu reproduzieren, was ihm auch gelang, allerdings nur auf einer bestimmten Pairing Station. Das war seltsam, denn die Konfiguration unserer Umgebungen war vollständig automatisiert und versionsgesteuert, wobei ein ziemlich ausgeklügelter Infrastructure-as-Code-Ansatz verwendet wurde.

Später am Nachmittag begannen wir mit der Arbeit an den nächsten Änderungen. Fast sofort zeigte unser Build-Grid eine dramatische Veränderung mit vielen fehlgeschlagenen Akzeptanztests. Wir begannen zu untersuchen, was passiert war, und stellten fest, dass einer unserer Dienste eine sehr hohe CPU-Last aufwies. Dies war ungewöhnlich, da unsere Software im Allgemeinen sehr effizient war. Bei weiteren Untersuchungen stellten wir fest, dass unser neuer Messaging-Code anscheinend blockierte. Das musste das sein, was Darren gesehen hatte. Offensichtlich hatten wir ein Problem mit unserem neuen Messaging-Code!

Wir reagierten sofort. Wir teilten allen mit, dass der Release Candidate möglicherweise noch nicht freigegeben werden konnte. Wir begannen zu überlegen, dass wir vielleicht einen anderen Branch nehmen müssten, etwas, das wir normalerweise zu vermeiden versuchten, und zogen unsere Änderungen am Messaging-Code zurück.

All dies taten wir, bevor wir innehielten und darüber nachdachten. »Moment mal, das ergibt doch keinen Sinn; wir haben diesen Code seit mehr als einer Woche laufen lassen, und jetzt ist dieser Fehler innerhalb von ein paar Stunden dreimal aufgetreten.«

Wir hielten inne und sprachen über das, was wir wussten; wir sammelten unsere Fakten. Wir hatten das Messaging zu Beginn der Iteration aktualisiert, und wir hatten einen Thread-Dump, der zeigte, dass das Messaging blockiert war; das hatte Darren auch, aber sein Dump schien eine Blockade an einer anderen Stelle zu zeigen. Wir hatten seit mehr als einer Woche all diese Tests in unserer Deployment-Pipeline wiederholt und erfolgreich durchgeführt, inklusive der Messaging-Änderungen.

An diesem Punkt steckten wir fest. Unsere Hypothese, dass das Messaging fehlschlug, passte nicht zu den Fakten. Wir brauchten mehr Fakten, um eine neue Hypothese aufstellen zu können. Wir fingen wieder dort an, wo wir normalerweise mit der Lösung eines Problems beginnen würden, was wir aber in diesem Fall unterlassen hatten, weil die Schlussfolgerung so offensichtlich erschien. Wir charakterisierten unser Problem und begannen mit der Sammlung von Daten, um die Geschichte nachzuvollziehen. Wir sahen uns die Protokolldateien an und fanden, wie Sie vielleicht schon vermutet haben, eine Ausnahme, die eindeutig auf brandneuen Code hinwies.

Lange Rede, kurzer Sinn: Das Messaging war in Ordnung. Das offensichtliche »Messaging-Problem« war ein Symptom, nicht die Ursache. In Wirklichkeit handelte es sich um einen Thread-Dump, der sich in einem normalen Wartezustand befand und wie vorgesehen funktionierte. Was passiert war, war, dass wir von einem Threading-Fehler in neuem Code betroffen waren, der nichts mit dem Messaging zu tun hatte. Es handelte sich um eine offensichtliche, einfache Lösung, die wir in fünf Minuten gefunden hätten, wenn wir nicht vorschnell zu dem Schluss gekommen wären, dass es sich um ein Messaging-Problem handeln musste; tatsächlich konnten wir es in fünf Minuten beheben, nachdem wir innegehalten und unsere Hypothese auf der Grundlage der uns vorliegenden Fakten aufgestellt hatten, anstatt vorschnell zu einer falschen, aber scheinbar »offensichtlichen« Schlussfolgerung zu gelangen.

Erst als wir innehielten und die Fakten auflisteten, die sich uns zeigten, wurde uns klar, dass die Schlussfolgerungen, die wir vorschnell gezogen hatten, nicht zu diesen Fakten passten. Dies und nur dies veranlasste uns, mehr Fakten zu sammeln – genug, um das Problem zu lösen, das wir hatten, und nicht das Problem, das wir uns einbildeten zu haben.

Wir verfügten über ein ausgeklügeltes automatisiertes Testsystem, und dennoch ignorierten wir das Offensichtliche. Es war offensichtlich, dass wir einen Fehler begangen haben mussten, der den Build beschädigt hatte. Stattdessen fügten wir verschiedene Fakten zusammen und zogen eine falsche Schlussfolgerung, weil es eine Abfolge von Ereignissen gab, die uns auf den falschen Weg führte. Wir bauten eine Theorie auf Sand, die wir nicht nach und nach validierten, sondern bauten neue Vermutungen auf den alten auf. So entstand eine zunächst plausible, scheinbar »offensichtliche« Ursache, die jedoch völlig falsch war.

Wissenschaft funktioniert! Stellen Sie eine Hypothese auf. Finden Sie heraus, wie Sie sie beweisen oder widerlegen können. Führen Sie das Experiment durch. Beobachten Sie die Ergebnisse und prüfen Sie, ob sie mit Ihrer Hypothese übereinstimmen. Dann wiederholen Sie das Ganze!

Die Lektion hier ist, dass Empirismus komplizierter ist, als er scheint, und es mehr Disziplin erfordert, um ihn zu erreichen. Man könnte meinen, dass wir empirisch vorgingen und auf den Sachverhalt reagierten, als wir das Problem, das Darren gesehen hatte, mit den fehlgeschlagenen Tests in Verbindung brachten. Das taten wir aber nicht. Wir zogen voreilige Schlüsse und verdrehten die Fakten so, dass sie zu unserer bevorzugten Vermutung, was falsch lief, passten. Hätten wir zu diesem Zeitpunkt einfach das, was wir wussten, auf organisiertere Weise durchgespielt, wäre es völlig klar gewesen, dass es sich nicht um ein »Messaging-Problem« handeln konnte, da unsere Änderungen am Messaging die ganze Woche über funktioniert hatten und seither nicht mehr angefasst worden waren.

7.4 Selbsttäuschung vermeiden

Empirisch zu sein erfordert, dass wir die Zeichen, die wir in der Realität sammeln, besser organisieren und sie zu Theorien zusammenfügen, die wir durch Experimente überprüfen können.

Die Menschen sind bemerkenswert, aber so intelligent zu sein, wie wir es sind, bedarf einer enormen Verarbeitungsleistung. Unsere Wahrnehmung der Realität entspricht nicht der »Realität«, und wir verfügen über eine Reihe biologischer Tricks, um unsere Wahrnehmung der Realität nahtlos erscheinen zu lassen. Zum Beispiel ist unsere visuelle Abtastrate erstaunlich langsam. Die reibungslose Wahrnehmung der Realität, die wir mit unseren Augen wahrnehmen, ist eine vom Gehirn geschaffene Illusion. In Wirklichkeit nehmen Ihre Augen nur einen kleinen Ausschnitt Ihres Gesichtsfelds wahr, der etwa alle paar Sekunden abgetastet wird, und Ihr Gehirn erzeugt einen Eindruck dessen, was wirklich passiert, eine »virtuelle Realität«.

Das meiste, was Sie sehen, ist eine Vermutung, die Ihr Gehirn angestellt hat. Das ist wichtig, denn wir haben uns so entwickelt, dass wir uns selbst etwas vormachen. Wir ziehen voreilige Schlüsse, denn wenn wir uns früher, als wir noch ums Überleben kämpften, die Zeit genommen hätten, unser Gesichtsfeld genau zu analysieren, wären wir von einem Raubtier gefressen worden, bevor wir damit fertig gewesen wären.

Wir verfügen über alle möglichen kognitiven Abkürzungen und Vorurteile (engl. bias), die wir über Millionen von Jahren entwickelt haben, um in der realen Welt überleben zu können. In der von uns geschaffenen Welt hat jedoch unsere moderne Hightech-Zivilisation den Platz der gefährlichen, von Raubtieren bevölkerten Savanne eingenommen, und wir haben eine effektivere Methode zur Problemlösung entwickelt. Sie ist langsamer als das Ziehen oftmals falscher Schlüsse, aber sie ist erheblich effektiver bei der Lösung von Problemen – manchmal sogar von erstaunlich schwierigen Problemen. Richard Feynman charakterisierte die Wissenschaft wie folgt:

> *Der erste Grundsatz lautet, dass man sich nicht selbst täuschen darf – und man selbst ist am leichtesten zu täuschen.*[4]

Wissenschaft ist nicht das, wofür die meisten Menschen sie halten. Es geht nicht um Large Hadron Colliders[5] oder moderne Medizin oder gar Physik. Wissenschaft ist eine Problemlösungsmethode. Wir erstellen ein Modell des Problems, das vor uns liegt, und wir überprüfen, ob *alles, was wir derzeit wissen,* zu diesem Modell passt. Dann versuchen wir, Wege zu finden, wie wir beweisen können, dass das Modell falsch ist. David Deutsch sagt, das Modell bestehe aus »guten Erklärungen«[6].

7.5 Eine Realität erfinden, die zu unserer Argumentation passt

Sehen wir uns ein weiteres Beispiel dafür an, wie leicht wir uns selbst täuschen können.

Als wir unsere superschnelle Finanzhandelsplattform[7] aufbauten, haben wir viel mit der Entwicklung *sehr* schneller Software experimentiert. Durch Experimentieren haben wir eine Menge interessanter Dinge herausgefunden. Am bemerkenswertesten war ein Ansatz für die Software-Entwicklung, den wir **Mechanical Sympathy** getauft haben.

Bei diesem Ansatz haben wir unseren Code auf der Grundlage eines tiefen Verständnisses der Funktionsweise der zugrunde liegenden Hardware entwickelt, sodass wir daraus einen Nutzen ziehen konnten. Durch das Experimentieren haben wir mehrere wichtige Lektionen gelernt. Dazu zählte, dass in einem moder-

---

4 Der mit dem Nobelpreis ausgezeichnete Physiker Richard Feynman (1918-1988), `https://bit.ly/3iLkaAq`

5 Anmerkung des Übersetzers: Der Large Hadron Collider (deutsch: *Großer Hadronen-Speicherring*) ist ein Teilchenbeschleuniger am Europäischen Kernforschungszentrum CERN.

6 »The Beginning of Infinity« von David Deutsch (Penguin Books, 2011)

7 Lesen Sie hier mehr über die innovative Architektur unserer Börse: `https://bit.ly/3a48mS3`.

nen Computer ein Cache Miss die größte Auswirkung auf die reine Performance eines Codes hat, wenn man erst einmal die dummen Fehler[8] beseitigt hat.

Es lief darauf hinaus, dass die Vermeidung von Cache Misses unsere Entwicklungsmethode für besonders performanten Code dominierte.

Bei den meisten Systemen war die Nebenläufigkeit eine der häufigsten Ursachen für einen Cache Miss, was wir durch Messungen festgestellt haben.

Als wir unsere Finanzhandelsplattform aufbauten, lautete die gängige Meinung, die in der Software-Branche sehr weit verbreitet war: »Hardware-Entwicklung stößt an physikalische Grenzen, was bedeutet, dass die CPU-Geschwindigkeit nicht mehr zunimmt. Unsere Designs müssen also ›parallel laufen‹, damit sie weiterhin gut funktionieren.«

Es gab wissenschaftliche Abhandlungen zu diesem Thema sowie Sprachen, die speziell entwickelt wurden, um die parallele Programmierung zu vereinfachen und sie als Methode zur Lösung alltäglicher Programmierprobleme allgegenwärtig zu machen. In Wirklichkeit ist an diesem Modell vieles falsch, wie wir nachgewiesen haben, aber im Rahmen dieser Geschichte werde ich nur einen Aspekt beleuchten. Zu jener Zeit war eine Wissenschaftssprache im Gespräch, die darauf abzielte, Lösungen automatisch zu parallelisieren[9].

Eine Demonstration der Leistungsfähigkeit dieser Sprache wurde durch die Verarbeitung des Texts eines Buches gezeigt, um Wörter aus dem Zeichenstrom herauszufiltern. Angesichts unserer Erfahrung und unserer Überzeugung von den hohen Kosten der Nebenläufigkeit, zumindest wenn das Problem verlangt, dass wir die Ergebnisse der verschiedenen gleichzeitig ausgeführten Threads kombinieren, waren wir skeptisch.

Wir hatten keinen direkten Zugang zu der Wissenschaftssprache, aber einer meiner Kollegen, Mike Barker, führte ein einfaches Experiment durch. Er implementierte denselben Algorithmus, den die Sprachwissenschaftler beschrieben, in Scala und eine einfache Brute-Force-Methode in Java und maß dann die Ergebnisse, indem er den Text von Lewis Carrolls *Alice im Wunderland* in einer Reihe von Durchläufen verarbeitete.

Der nebenläufige Scala-Algorithmus wurde in 61 Code-Zeilen implementiert, die Java-Version benötigte 33. Die Scala-Version konnte beeindruckend klingende 400 Kopien des Buchs pro Sekunde verarbeiten. Das ist beeindruckend, bis man es mit

8 Der häufigste Fehler in Bezug auf die Performance ist die Verwendung der falschen Art von Datenstruktur zur Speicherung von Daten. Viele Entwickler berücksichtigen nicht die Zugriffszeit für verschiedene Arten von Datensammlungen. Bei kleinen Datenmengen kann ein einfaches Array (O(n) beim Abruf) schneller sein als eine Hashtabelle (mit O(1)-Semantik). Bei größeren Datenmengen ist die O(1)-Lösung für den wahlfreien Zugriff am besten geeignet. Danach kann die Implementierung der Sammlungen anfangen, Kosten zu verursachen.

9 Präsentation über die automatische Parallelisierung: `https://bit.ly/35JPqVs`

dem einfacheren, leichter zu lesenden Single-Thread-Code in Java vergleicht, der 1.600 Kopien pro Sekunde verarbeiten konnte.

Die Sprachforscher waren von der Theorie ausgegangen, dass Parallelität die Lösung sei, aber sie hatten sich so sehr in eine Implementierung verstrickt, dass sie nie daran gedacht hatten, ihre Ausgangsprämisse zu überprüfen, nämlich dass dies zu einem schnelleren Ergebnis führen würde. Dies resultierte in einem langsameren Ergebnis und deutlich komplexerem Code.

Mythos und Wirklichkeit trennen: Ein Beispiel

Es wird davon ausgegangen, dass die CPU-Entwicklung eine Grenze erreicht hat und dass die ständig steigenden Taktzyklen nicht mehr weiter erhöht werden können. Die Taktzyklen haben seit etwa 2005 nicht mehr erhöht! Dafür gibt es gute Gründe, die in physikalischen Gegebenheiten bei der Herstellung von Transistoren aus Silizium begründet sind. Es besteht ein Zusammenhang zwischen der Dichte der Transistoren und der Wärme, die sie im Betrieb erzeugen. Wenn man einen Chip baut, der viel schneller als 3 GHz taktet, wird Überhitzung zu einem ernsten Problem.

Wenn wir also keine Geschwindigkeitssteigerungen mehr erzielen können, indem wir die Rate, mit der wir Anweisungen in unseren CPUs linear verarbeiten, erhöhen, können wir noch parallelisieren, und die Prozessorhersteller haben genau das getan. Das ist gut: Moderne Prozessoren sind wunderbare Apparaturen, aber wie nutzen wir all diese Leistung? Wir können die Arbeit parallel erledigen!

Das ist gut, um unverbundene, unabhängige Prozesse auszuführen, aber was ist, wenn man einen schnellen Algorithmus entwickeln will? Die offensichtliche Schlussfolgerung (Vermutung) ist, dass die Lösung für dieses Problem zwangsläufig in der Parallelisierung unserer Algorithmen liegt. Im Wesentlichen geht es darum, dass wir die Dinge beschleunigen können, indem wir die Probleme, die wir angehen, in mehreren Threads ausführen lassen. Es gibt mehrere allgemeine Programmiersprachen, die auf dieser Annahme aufbauen, um uns zu helfen, parallele Lösungen für Probleme effektiver zu schreiben.

Leider ist dieses Problem viel komplexer, als es aussieht. Für einige ungewöhnliche Aufgabenstellungen ist die parallele Ausführung die Lösung. Sobald es jedoch erforderlich ist, die Informationen aus diesen verschiedenen Threads wieder zusammenzuführen, ändert sich das Bild.

Lassen Sie uns etwas Feedback einholen. Anstatt vorschnell den Schluss zu ziehen, dass Parallelisierung die Lösung ist, sollten wir einige Daten sammeln.

Wir könnten etwas Einfaches ausprobieren. Schreiben wir zum Beispiel einen trivial einfachen Algorithmus, um eine simple Ganzzahl 500 Millionen Mal zu inkrementieren.

Ohne jegliches Feedback scheint es offensichtlich, dass wir viele Threads auf dieses Problem loslassen können. Wenn Sie dieses Experiment jedoch durchführen und die Daten (Feedback) sammeln, werden Sie von den Ergebnissen vielleicht überrascht sein:

Methode	Zeit (ms)
Ein einzelner Thread	300
Ein einzelner Thread mit Lock	10,000
Zwei Threads mit Lock	224,000
Ein einzelner Thread mit CAS	5,700
Zwei Threads mit CAS	30,000

Die Tabelle zeigt das Ergebnis dieses Experiments, das mit verschiedenen Ansätzen durchgeführt wurde. Als Erstes der Basistest. Schreiben Sie den Code mit einem einzelnen Thread und inkrementieren Sie einen Long-Datentyp. Es dauert 300 ms, um auf 500 Millionen zu kommen.

Sobald wir Code zur Synchronisierung hinzufügen, entstehen Kosten, mit denen wir nicht gerechnet haben (es sei denn, wir sind Experten für Low-Level-Concurrency). Wenn wir die gesamte Aufgabe immer noch auf einem einzelnen Thread ausführen, aber einen Lock hinzufügen, damit die Ergebnisse von einem anderen Thread verwendet werden können, erhöht dies die Kosten um 9.700 ms. Locks sind extrem teuer!

Wenn wir uns entscheiden, die Aufgabe auf nur zwei Threads aufzuteilen und deren Ergebnisse zu synchronisieren, ist dies 746-mal langsamer, als würde die Aufgabe von einem einzelnen Thread erledigt!

Locks sind also extrem teuer. Es gibt in der Anwendung schwierigere, aber effizientere Möglichkeiten, um die Arbeit von Threads zu koordinieren. Die effizienteste Methode ist ein Low-Level-Concurrency-Ansatz namens *Compare-and-Swap* (CAS). Leider ist selbst dieser Ansatz 100-mal langsamer als die Lösung mit einem einzelnen Thread.

Auf der Grundlage dieses Feedbacks können wir fundiertere, evidenzbasierte Entscheidungen treffen. Wenn wir die Geschwindigkeit, mit der ein Algorithmus ausgeführt wird, maximieren wollen, sollten wir versuchen, so viele Aufgaben wie möglich auf einem einzigen Thread auszuführen, es sei denn, wir müssen die Ergebnisse nie wieder zusammenführen.

(Dieses Experiment wurde erstmals von Mike Barker durchgeführt, als wir vor einigen Jahren zusammenarbeiteten).

Das Beispiel im vorangehenden Kasten veranschaulicht einige der Konzepte, die im Mittelpunkt dieses Buchs stehen. Es zeigt die Bedeutung von Feedback, Experimenten und Empirismus auf.

7.6 Von der Realität geleitet

Die Forscher in diesem Szenario handelten in guter Absicht, aber sie waren in eine Falle getappt, die auch außerhalb von Wissenschaft und des Engineerings allgegenwärtig ist: Sie hatten eine Vermutung zur Lösung des Problems angestellt und dann übereilt ihre Vermutung umgesetzt, ohne vorher zu überprüfen, ob sie richtig oder falsch war.

Mike brauchte ein paar Stunden, um anhand des Beispielproblems des Forschers zu zeigen, dass die angenommene Lösung keinen Sinn ergab. Skeptisch zu sein und unsere Ideen zu überprüfen, bedeutet Arbeit, aber es ist der einzige Weg, um echte Fortschritte zu erzielen, anstatt sich auf Vermutungen, Annahmen und Hochmut zu stützen.

Am besten fängt man damit an, indem man davon **ausgeht, dass das, was man weiß und denkt, wahrscheinlich falsch ist**, und dann überlegt man sich, wie man herausfinden kann, *inwiefern es falsch ist.*

Die Programmiersprachen-Wissenschaftler dieser Geschichte waren einem Mythos aufgesessen, der keinen Bezug zur Realität hatte. Sie hatten ihr Modell zur Parallelisierung von Programmiersprachen entwickelt, weil es ein cooles Problem war, das man lösen konnte, wenn man ein Sprachwissenschaftler war.

Leider wurden dabei die Kosten der Parallelisierung nicht berücksichtigt; sie hatten die Realität der modernen Computer-Hardware und Informatik ignoriert. Es ist seit Langem bekannt, dass Parallelität Kosten verursacht, wenn man die »Ergebnisse wieder zusammenführen« muss. Das Amdahl'sche Gesetz zeigt, dass es eine strenge Begrenzung für die sinnvolle Anzahl gleichzeitiger Operationen gibt, es sei denn, sie sind völlig unabhängig voneinander.

Die Wissenschaftler gingen davon aus, dass »mehr Parallelität gut ist«, aber das ist eine Vorstellung, die auf einer Art imaginärer, theoretischer Maschine basiert, bei der die Kosten der Nebenläufigkeit niedrig sind; solche Maschinen gibt es nicht.

Diese Wissenschaftler arbeiteten nicht empirisch, obwohl sie experimentell vorgingen. Dieser Mangel an Empirismus bedeutete, dass ihre Experimente die falschen Experimente waren, sodass das Modell, das sie aufbauten, nicht mit der realen Welt übereinstimmte.

Empirismus ist der Mechanismus, mit dem wir die Gültigkeit unserer Experimente mithilfe unserer Sinne überprüfen können. Er hilft uns, sie in einen Kontext zu stellen und die Gültigkeit der Simulationen der Realität, die unseren Experimenten zugrunde liegen, zu überprüfen.

7.7 Zusammenfassung

Noch mehr als die reine Wissenschaft verlangt Engineering von uns, dass wir die Praktikabilität unserer Lösungen berücksichtigen. Genau hier kommt **Empirismus** ins Spiel. Es reicht nicht aus, nur die Welt zu betrachten, auf der Grundlage dessen, was wir sehen, Vermutungen anzustellen und dann davon auszugehen, dass unsere Vermutungen richtig sein müssen, weil wir die Informationen, auf denen sie beruhen, aus der realen Welt bezogen haben. Das ist schlechte Wissenschaft und schlechtes Engineering. Engineering ist jedoch eine praktische Disziplin. Deshalb müssen wir unseren Vermutungen und den Experimenten, mit denen wir sie testen, immer wieder skeptisch gegenüberstehen und sie mit unseren Erfahrungen aus der Realität abgleichen.

Kapitel 8

Experimentell vorgehen

Experimentieren wird definiert als »ein Verfahren, das durchgeführt wird, um eine Hypothese zu unterstützen, zu widerlegen oder zu bestätigen. Experimente geben Aufschluss über Ursache und Wirkung, indem sie zeigen, welches Ergebnis eintritt, wenn ein bestimmter Faktor manipuliert wird«[1].

Der experimentelle Ansatz zur Lösung von Problemen ist von essenzieller Bedeutung. Ich würde sogar behaupten, dass die Wissenschaft und die ihr zugrunde liegende experimentelle Praxis unsere moderne Hightech-Gesellschaft mehr als alles andere von den Agrargesellschaften unterscheidet, die uns vorausgegangen sind. Der Mensch existiert seit Hunderttausenden von Jahren als eigenständige Spezies, und dennoch hat die Geschwindigkeit des Fortschritts, den wir in den letzten 300 oder 400 Jahren seit Newton oder Galileo gemacht haben – eine Zeit, die die meisten Menschen als den Beginn der modernen Wissenschaft bezeichnen würden –, alles, was davor war, um viele Größenordnungen übertroffen. Es gibt Schätzungen, wonach sich das gesamte menschliche Wissen in unserer Zivilisation alle 13 Monate verdoppelt.[2]

Das liegt zum großen Teil an der Anwendung der besten Problemlösungsmethode der Menschheit.

Software-Entwicklung funktioniert jedoch meistens nicht auf diese Weise. Sie wird meistens bewusst als handwerkliche Praxis ausgeführt, bei der gemutmaßt wird, was den Benutzern gefallen könnte. Es wird geraten, mit welchem Design und/oder mit welcher Technologie die Produktziele erreicht werden können. Die Entwickler raten dann, ob der Code, den sie schreiben, das tut, was sie beabsichtigen, und sie raten, ob er Fehler enthält. Viele Unternehmen stellen Vermutungen darüber an, ob ihre Software nützlich ist oder ob sie mehr Geld einbringen wird, als ihre Entwicklung gekostet hat.

Das können wir besser. Wir können dort, wo es angebracht ist, auf Vermutungen zurückgreifen, aber dann können wir Experimente entwerfen, um unsere Vermutungen zu überprüfen.

Das klingt langsam, teuer und komplex, ist es aber nicht. Es handelt sich lediglich um eine Veränderung der Herangehensweise und der inneren Einstellung. Es

1 Quelle: Wikipedia, `https://de.wikipedia.org/wiki/Experiment`

2 Buckminster Fuller schuf die Wissensverdopplungskurve: `https://bit.ly/2WiyUbE`.

geht nicht darum, »härter zu arbeiten«, sondern darum, »intelligenter zu arbeiten«. Die Teams, die ich gesehen habe, die auf diese Weise vorgehen und sich diese Ideen zu Herzen genommen haben, sind nicht langsam oder übermäßig akademisch. Sie gehen jedoch disziplinierter an die Problemlösung heran und finden so schneller bessere und kostengünstigere Lösungen für Probleme und produzieren Software von höherer Qualität, die den Benutzern besser gefällt.

8.1 Was bedeutet »experimentell vorgehen«?

Eines der wichtigsten Prinzipien, die dem wissenschaftlichen Denken zugrunde liegen, ist die Abkehr von Entscheidungen, die von Autoritäten getroffen werden. Richard Feynman hat, wie immer, einen großartigen Spruch zu diesem Thema:

> *Wissenschaft ist der Glaube an die Unwissenheit der Experten.*

Er sagte weiterhin:

> *Haben Sie keinerlei Respekt vor Autoritäten; vergessen Sie, wer es gesagt hat, und schauen Sie stattdessen, womit er anfängt und wo er aufhört, und fragen Sie sich: »Ist das vernünftig?«*

Trotz der etwas sexistischen Sprache seiner Zeit ist seine Haltung richtig.

Wir müssen davon wegkommen, Entscheidungen auf der Grundlage dessen zu treffen, was die wichtigsten, charismatischsten oder berühmtesten Leute sagen, selbst wenn es Richard Feynman ist, und stattdessen Entschlüsse und Entscheidungen auf der Grundlage von Beweisen treffen.

Dies ist eine große Umstellung für unsere Branche und entspricht nicht der üblichen Arbeitsweise. Leider gilt dies auch für die Gesellschaft insgesamt, nicht nur für die Software-Entwicklung. Wenn wir also als Ingenieure erfolgreich sein wollen, müssen wir im Großen und Ganzen besser sein als die Gesellschaft.

Warum haben Sie sich für die Programmiersprache entschieden, die Sie verwenden, oder für das Framework oder den Editor, mit dem Sie Ihren Code schreiben? Führen Sie Gespräche, in denen Sie über die jeweiligen Vorzüge von Java gegenüber Python diskutieren? Halten Sie alle, die vi als Editor verwenden, für klug oder dumm? Denken Sie, dass funktionale Programmierung der einzig wahre Weg ist, oder glauben Sie, dass die Objektorientierung das Beste ist, was je erfunden wurde? Ja, ich auch!

Ich schlage nicht vor, dass wir für jede derartige Entscheidung ein ausführliches, kontrolliertes Experiment durchführen, aber wir sollten aufhören, Religionskriege darüber zu führen.

Wenn wir die Behauptung aufstellen wollen, dass Clojure besser ist als C#, warum machen wir dann nicht einen kleinen Testlauf und messen die Stabilität und den

Durchsatz des Ergebnisses? Dann könnten wir wenigstens auf einer gewissen Beweisgrundlage entscheiden, auch wenn diese nicht perfekt ist, anstatt Entscheidungen wie diese auf der Grundlage zu treffen, wer in der Diskussion am überzeugendsten war. Wenn Sie mit den Ergebnissen nicht einverstanden sind, führen Sie ein besseres Experiment durch und beweisen Sie Ihr Argument.

Experimentell vorzugehen bedeutet nicht, dass man jede Entscheidung auf strenge Physik stützen muss. Alle Naturwissenschaften beruhen auf Experimenten, aber der Grad der Kontrolle ist unterschiedlich. Im Engineering bleibt das Experimentieren das Herzstück, aber es ist eine pragmatische, praxisorientierte Form des Experimentierens.

Vier Merkmale kennzeichnen den Ansatz des »experimentellen Vorgehens«:

- **Feedback:** Wir müssen das Feedback ernst nehmen und uns darüber im Klaren sein, wie wir Ergebnisse sammeln, die uns ein klares Signal geben, und sie effizient an den Punkt zurückleiten, an dem wir gedanklich stehen. Wir müssen die Schleife schließen.
- **Hypothese:** Wir müssen ein Konzept im Kopf haben, das wir bewerten wollen. Wir wandern nicht planlos umher und sammeln willkürlich Daten. Das ist nicht gut genug.
- **Messung:** Wir brauchen eine klare Vorstellung davon, wie wir die Vorhersagen, die wir in unserer Hypothese testen, bewerten wollen. Was bedeutet »Erfolg« oder »Misserfolg« in diesem Zusammenhang?
- **Kontrolle der Variablen:** Wir müssen so viele Variablen wie möglich ausschließen, damit wir die Signale verstehen können, die unser Experiment an uns sendet.

8.2 Feedback

Aus der Perspektive des Engineerings ist es wichtig, die Auswirkungen zu erkennen, die eine Förderung der Effizienz und der Qualität des Feedbacks haben kann.

»Need for Speed«

Ich arbeitete einmal in einem Unternehmen, das komplexe Finanzhandels-Software herstellte. Die Entwickler waren sehr gut und das Unternehmen war erfolgreich, aber dennoch war ihnen bewusst, dass sie es besser machen konnten, und meine Aufgabe war es, bei der Verbesserung ihrer Software-Entwicklungsverfahren zu helfen.

Als ich dazukam, hatte das Unternehmen einen recht effektiven Ansatz für automatisierte Tests entwickelt. Sie hatten viele Tests. Der Großteil des Software-Angebots bestand aus einem großen C++-Build, dessen Fertigstellung einschließlich der Durchführung aller Tests neuneinhalb Stunden dauerte. Daher führten sie den Build jede Nacht durch.

Einer der Entwickler erzählte mir, dass es in den drei Jahren, in denen sie auf diese Weise arbeiteten, nur dreimal vorgekommen war, dass alle Tests erfolgreich waren.

Also wählten sie jeden Morgen die Module aus, die alle Tests bestanden hatten, und gaben sie frei, während sie die Module zurückhielten, bei denen ein Test fehlgeschlagen war.

Das war in Ordnung, solange eines der bestandenen Module nicht auf Änderungen in einem der nicht bestandenen Module angewiesen war, was manchmal vorkam.

Es gab viele Dinge, die ich ändern wollte, aber in einem ersten Schritt arbeiteten wir daran, die Effizienz des Feedbacks zu verbessern, ohne weitere Änderungen vorzunehmen.

Nach vielen Experimenten und harter Arbeit gelang es uns, einen Fast-Stage-Commit-Build in zwölf Minuten und den Rest der Tests innerhalb von 40 Minuten durchzuführen. Dies erledigte die gleiche Arbeit wie der neuneinhalbstündige Build, nur schneller! Abgesehen von der Beschleunigung des Builds und der effizienteren Übermittlung der Ergebnisse an die Entwickler gab es keine weiteren Änderungen an der Organisation, den Prozessen oder den Tools.

In den ersten zwei Wochen nach der Veröffentlichung dieser Änderung gab es zwei Builds, bei denen alle Tests erfolgreich waren. In den zwei Wochen danach und solange ich dort arbeitete, gab es mindestens einen Build pro Tag, bei dem alle Tests erfolgreich waren und der gesamte Code freigegeben werden konnte.

Lediglich durch die Optimierung der Feedback-Geschwindigkeit wurden den Teams die Hilfsmittel an die Hand gegeben, die sie benötigten, um die grundlegende Instabilität zu beheben.

Die »Kriegsgeschichte« im Kasten »Need for Speed« ist ein gutes Beispiel für die Wirksamkeit der Anwendung von Experimentiertechniken auf unsere Arbeit und die Optimierung für gutes Feedback. In diesem Fall haben wir experimentiert, um die Effizienz und Qualität des Feedbacks an die Entwickler zu verbessern. Im Laufe dieser Arbeit haben wir bessere Maßstäbe für die Build-Leistung eingeführt, die Variablen mit einer verbesserten Versionskontrolle und »Infrastructure as Code« überwacht und mittels A/B-Tests etliche unterschiedliche technische Lösungen und Build-Systeme ausprobiert.

Nur durch eine ziemlich disziplinierte Herangehensweise bei der Anwendung dieser Art von experimentellem Denken auf dieses Problem – ein Problem, das wir bereits in verschiedenen Anläufen zu verbessern versucht haben – konnten wir Fortschritte erzielen. Mehrere unserer Ideen haben sich nicht bewährt. Unsere Experimente zeigten uns, dass es nicht sinnvoll war, viel Zeit und Mühe in bestimmte Tools oder Techniken zu investieren, weil sie uns nicht die benötigten Geschwindigkeitssteigerungen bringen würden.

8.3 Hypothese

Wenn es um Wissenschaft und Engineering geht, spricht man oft von der »Eliminierung von Vermutungen«. Auch ich habe mich in der Vergangenheit schuldig gemacht, diese Phrase zu verwenden. Sie ist jedoch falsch. In einem gewissen, wichtigen Sinne beruht die Wissenschaft auf Vermutungen, nur dass ein wissenschaftlicher Ansatz zur Problemlösung die Vermutungen institutionalisiert und als *Hypothese* bezeichnet. Wie Richard Feynman es in seiner wunderbaren Vorlesung über die wissenschaftliche Methode[3] so treffend formulierte:

> *Bei der Suche nach einem neuen Gesetz gehen wir folgendermaßen vor:* ***Wir raten es zuerst!***

Vermutungen oder Hypothesen sind der Ausgangspunkt. Der Unterschied zwischen Wissenschaft und Engineering im Vergleich zu anderen, weniger effektiven Ansätzen besteht darin, dass die anderen hier aufhören.

Um wissenschaftlich zu arbeiten, müssen wir, sobald wir eine Vermutung in Form einer Hypothese haben, einige Vorhersagen treffen, um dann Wege zu finden, wie wir versuchen können, diese Vorhersagen zu überprüfen.

Feynman fährt in seinem großartigen Vortrag mit folgenden Worten fort:

> *Wenn Ihre Vermutung in Widerspruch zum Experiment steht, dann ist sie (Ihre Vermutung) falsch!*

Das ist der Kern der Sache! Das ist der Punkt, zu dem wir gelangen müssen, damit wir behaupten können, dass das, was wir tun, Engineering ist und kein Ratespiel.

Wir müssen in der Lage sein, unsere Hypothesen zu überprüfen. Unsere Tests können verschiedene Formen annehmen. Wir können die Realität beobachten (Produktion), oder wir können ein kontrolliertes Experiment durchführen, vielleicht in Form eines automatisierten Tests.

Wir können uns darauf konzentrieren, gutes Feedback aus der Produktion zu erhalten, um daraus zu lernen, oder wir können unsere Ideen unter kontrollierten Bedingungen ausprobieren.

3 Der Physik-Nobelpreisträger Richard Feynman über die wissenschaftliche Methode: `https://bit.ly/2RiEivq`.

Unser Denken und unsere Arbeit so zu organisieren, dass sie als eine Reihe von Experimenten zur Überprüfung unserer Hypothesen ablaufen, ist eine wichtige Verbesserung der Qualität unserer Arbeit.

8.4 Messung

Unabhängig davon, ob wir Daten sammeln, um sie anhand der Realität zu interpretieren (Produktion) oder um ein kontrolliertes Experiment durchführen, müssen wir die Messung ernst nehmen. Wir müssen darüber nachdenken, was die von uns gesammelten Daten bedeuten, und ihnen kritisch gegenüberstehen.

Es ist zu einfach, sich selbst etwas vorzumachen, indem man versucht, »die Fakten an die Daten anzupassen«. Wir können uns in gewissem Maße vor solchen Fehlern schützen, indem wir bei der Planung unseres Experiments sorgfältig überlegen, welche Messungen wir für sinnvoll halten. Wir müssen auf der Grundlage unserer Hypothese eine Vorhersage machen und dann herausfinden, wie wir die Ergebnisse unserer Vorhersage messen können.

Mir fallen viele Beispiele ein, bei denen die falschen Dinge gemessen wurden. Einer meiner Kunden entschied, dass er die Qualität seines Codes verbessern könnte, indem er die Testabdeckung erhöht. Also wurde ein Projekt zur Messung gestartet, die Daten gesammelt und eine Richtlinie zur Förderung einer besseren Testabdeckung verabschiedet. Sie setzten sich das Ziel der »80-prozentigen Testabdeckung«. Dann nutzten sie diese Bewertungsmaßstäbe, um Anreize für ihre Entwicklungsteams zu schaffen, wobei die Prämien an das Erreichen der Zielvorgaben für die Testabdeckung gebunden waren.

Und wissen Sie was? Sie haben ihr Ziel erreicht!

Einige Zeit später analysierte man die vorhandenen Tests und stellte fest, dass mehr als 25 Prozent der Tests überhaupt keine Aussagekraft hatten. Sie hatten also Mitarbeiter in den Entwicklungsteams über ihre Boni dafür bezahlt, dass sie Tests schrieben, die überhaupt nichts testeten.

In diesem Fall wäre Stabilität eine viel bessere Messgröße gewesen. Was dieses Unternehmen wirklich wollte, waren nicht mehr Tests, sondern eine bessere Code-Qualität, sodass es besser gewesen wäre, dies direkt zu messen.

Diese Problematik, die falschen Dinge zu messen, gilt nicht nur für »Metriken« und die menschliche Cleverness bei der Manipulation des Systems.

Ich habe mehr als zehn Jahre meiner beruflichen Laufbahn damit verbracht, an Finanzsystemen mit geringer Latenz zu arbeiten. Als wir anfingen, waren wir sehr auf die Messung von Latenz und Durchsatz fokussiert, also haben wir hart daran gearbeitet, Messungen zu erfassen, und uns Ziele gesetzt wie »Das System sollte in der Lage sein, 100.000 Nachrichten pro Sekunde mit einer Latenz von höchstens 2 ms zu verarbeiten.« Unsere ersten Versuche basierten auf Durchschnittswerten, von denen wir später feststellten, dass sie nicht aussagekräftig waren. Wir mussten konkreter werden, denn im folgenden Handelszyklus gab es Zeiten, in denen unsere Spitzenlast den Wert von 100.000 Nachrichten pro Sekunde weit überstieg und Spitzenwerte erreichte, die Millionen Nachrichten pro Sekunde entsprachen. Die durchschnittliche Latenz spielte keine Rolle, wenn es Ausreißer jenseits bestimmter Grenzen gab. In der Welt des Hochfrequenzhandels waren 2 ms kein Durchschnitt – das war das Limit!

In diesem zweiten Beispiel begannen wir mit Experimenten, aber wir lernten schnell, die Qualität und Genauigkeit unserer Messungen zu verbessern und unsere Experimente gezielter auszurichten, was zum Teil auf die Genauigkeit unserer Messungen zurückzuführen ist, auch wenn wir einige falsche Dinge gemessen hatten. **Es geht nur ums Lernen!**

Nicht jeder bemüht sich um diesen Präzisionsgrad bei den Messungen, aber die Prinzipien bleiben die gleichen, egal welche Art von Software man entwickelt. Das Experimentieren erfordert, dass wir der Messung unseres Systems mehr Aufmerksamkeit schenken, was auch immer das in unserem Kontext bedeutet.

8.5 Kontrolle der Variablen

Um Feedback zu sammeln und nützliche Messungen durchzuführen, müssen wir die Variablen so weit wie möglich kontrollieren. Als Jez Humble und ich unser Buch *Continuous Delivery* schrieben, gaben wir ihm den Untertitel *Reliable Software Releases Through Build, Test, and Deployment Automation* (auf Deutsch: Zuverlässige Software-Releases durch Build-, Test- und Deployment-Automatisierung). Ich glaube nicht, dass ich das damals so gesehen habe, aber was es wirklich bedeutet, ist: »Kontrolliere die Variablen, um deine Releases zuverlässig zu machen.«

Die Versionskontrolle ermöglicht es uns, die Änderungen, die wir für die Produktion freigeben, genauer zu bestimmen. Automatisierte Tests ermöglichen es uns, das Verhalten, die Geschwindigkeit, die Robustheit gegenüber Fehlern und die allgemeine Qualität der von uns produzierten Software genauer zu bestimmen. Die Automatisierung des Deployments und Konzepte wie **Infrastructure as Code** ermöglichen es uns, die Umgebungen, in denen unsere Software läuft, genauer zu bestimmen.

Durch all diese Methoden können wir viel sicherer sein, dass unsere Software das tut, was wir beabsichtigen, wenn wir sie in Produktion geben.

Meiner Meinung nach ermöglicht **Continuous Delivery** als allgemeiner Ansatz für die Software-Entwicklung ein wesentlich sichereres Vorgehen. Es eliminiert weitgehend die Variablen rund um die Qualität unserer Arbeit, sodass wir uns darauf konzentrieren können, ob unsere Produktideen gut sind. Wir können uns ein viel klareres Bild davon machen, »ob wir die richtigen Dinge bauen«, weil wir die Kontrolle darüber übernommen haben, »ob wir die Dinge richtig bauen«.

Durch die Kontrolle vieler technischer Variablen in der Software-Entwicklung können wir dank Continuous Delivery mit wesentlich größerer Zuversicht Fortschritte machen als zuvor. Dadurch können sich Software-Entwicklungsteams die Techniken zur Optimierung des Lernens, die im Mittelpunkt dieses Buchs stehen, wirklich zunutze machen.

Eine Continuous-Delivery-Deployment-Pipeline ist zum Beispiel eine ideale Versuchsplattform, um die Änderungen, die wir an unseren Produktionssystemen vornehmen wollen, zu erforschen.

Die Idee von Continuous Delivery, das darauf abzielt, dass unsere Software immer in einem veröffentlichungsfähigen Zustand ist, maximiert das Feedback, das wir über die Qualität unserer Arbeit erhalten können, und ermutigt uns, in kleineren Schritten zu arbeiten. Das wiederum bedeutet, dass wir mehr oder weniger gezwungen sind, iterativ und inkrementell zu arbeiten.

Es wäre dumm von uns, wenn wir die Vorteile von Software, die sich immer in einem releasefähigen Zustand befindet, nicht nutzen würden! Es bedeutet, dass Unternehmen häufiger neue Versionen herausbringen und viel früher Feedback über die Qualität ihrer Ideen einholen und bessere Produkte entwickeln können.

8.6 Automatisierte Tests als Experimente

Experimente können viele Formen annehmen, aber in der Software-Branche haben wir einen enormen Vorteil gegenüber allen anderen Disziplinen, denn wir haben eine fantastische Experimentierplattform: einen Computer!

Wir können buchstäblich Millionen von Experimenten pro Sekunde durchführen, wenn wir wollen. Auch diese Experimente können eine Vielzahl unterschiedlicher Formen annehmen. Sie können sich den Kompilierungsschritt als eine Art Experiment vorstellen: »Ich sage voraus, dass mein Code ohne Warnungen kompiliert wird« oder »Ich sage voraus, dass keiner meiner UI-Codes auf eine Datenbankbibliothek zugreift«. Die bei Weitem flexibelste Form des Experiments im Kontext der Software-Entwicklung ist jedoch ein automatisierter Test.

Jeder automatisierte Test zur Validierung unserer Software kann als Experiment betrachtet werden, wenn man sich nur genug Mühe gibt. Wenn Sie Ihre automatisierten Tests jedoch erst schreiben, nachdem Sie den Code geschrieben haben, verringert sich der Wert des Experiments. Ein Experiment sollte auf einer Art Hypothese beruhen, und die Frage, ob Ihr Code funktioniert oder nicht, ist eine ziemlich lahme Hypothese.

Ich denke daran, unsere Entwicklung um eine Reihe iterativer Experimente herum zu organisieren, die winzige Vorhersagen über das erwartete Verhalten unseres Codes machen und es uns ermöglichen, die Funktionalität unserer Software schrittweise zu verbessern.

Die naheliegendste Form eines solchen Experiments ist die testgeleitete Software-Entwicklung, auch **testgetriebene Entwicklung** (engl. Test Driven Development oder kurz TDD) genannt.

TDD ist eine effektive Strategie, bei der wir Tests als ausführbare Spezifikationen für das Verhalten unseres Systems verwenden. Die genaue Definition der Verhaltensänderung, die wir erreichen wollen, ist unsere Hypothese: »Wenn in diesem spezifischen Kontext diese Sache passiert, erwarten wir dieses Ergebnis.« Wir erstellen diese Vorhersage in Form eines kleinen, einfachen Tests und bestätigen dann, dass die Vorhersagen unseres Testfalls erfüllt wurden, wenn wir den Code fertigstellen und das Experiment durchführen.

Wir können diesen TDD-Ansatz auf verschiedenen Detailebenen anwenden. Wir können mit der Erstellung von benutzerzentrierten Spezifikationen beginnen, indem wir die Methoden der **akzeptanztestgetriebenen Entwicklung** (engl. Acceptance Test-Driven Development oder kurz ATDD) verwenden, die manchmal auch als **verhaltensgetriebene Entwicklung** (engl. Behavior-Driven Development oder kurz BDD) bezeichnet wird. Diese übergeordneten, ausführbaren Spezifikationen dienen als Grundlage für die spezifischeren und technischeren Unit-Tests.

Software, die mit diesen Methoden entwickelt wird, weist deutlich und messbar weniger Fehler auf als Software, die auf herkömmliche Weise entwickelt wurde.[4]

Dies ist eine willkommene Qualitätsverbesserung, aber wir erkennen den Wert erst, wenn wir auch die Auswirkungen solcher Reduzierungen auf die Produktivität berücksichtigen. Vermutlich verbringen Entwicklungsteams infolge dieser Verringerung der Fehleranzahl deutlich weniger Zeit mit anderen Aktivitäten wie der der Erkennung, der Priorisierung und der Analyse von Fehlern.

Das Ergebnis ist, dass leistungsstarke Teams, die Methoden wie TDD, Continuous Integration und Continuous Delivery anwenden, 44 Prozent mehr Zeit mit nützlicher Arbeit verbringen.[5] Diese Teams sind viel produktiver als es der Norm entspricht, während sie gleichzeitig ein qualitativ hochwertigeres Ergebnis produzieren. Man kann auf zwei Hochzeiten gleichzeitig tanzen!

4 Es gibt mehrere wissenschaftliche und inoffizielle Studien über die Auswirkungen von TDD auf die Fehlerreduzierung. Die meisten Studien stimmen darin überein, dass die Fehlerreduzierung in einem Bereich von 40 Prozent bis zu weit über 250 Prozent liegt. Quelle: `https://bit.ly/2LFixzS`, `https://bit.ly/2LDh3q3`, `https://bit.ly/3MurTgF`

5 Quelle: »State of DevOps«-Berichte (verschiedene Jahre) und *Accelerate: The science of Lean and DevOps* von Fosgren, Humble und Kim (2018).

Die Praktiken des Extreme Programmings im Kontext der Continuous Delivery, insbesondere die Continuous Integration und TDD, bieten eine wunderbare, skalierbare, experimentelle Plattform, auf der wir unsere Ideen hinsichtlich Design und Implementierung bewerten und verfeinern können. Diese Methoden haben einen erheblichen Einfluss auf die Qualität unserer Arbeit und die Geschwindigkeit, mit der wir gute Software produzieren können. Dies sind die Ergebnisse, die wir in anderen Disziplinen dem Engineering zuschreiben würden.

8.7 Einordnung der Versuchsergebnisse der Tests in den Kontext

Verzeihen Sie mir, wenn ich einen Moment lang etwas philosophisch werde, aber ich nehme an, Sie haben sich inzwischen daran gewöhnt.

Lassen Sie uns darüber nachdenken, was eine Reihe von Tests, wie die, die ich gerade beschrieben habe, wirklich bedeutet.

Ich erhebe einen Anspruch auf wissenschaftliche Rationalität als Leitprinzip des Ansatzes, den ich hier zu beschreiben versuche. Ein häufiger Fehler von Software-Entwicklern, und vielleicht auch von Menschen im Allgemeinen, ist, dass wir, sobald »Wissenschaft« erwähnt wird, fast immer an »Physik« denken.

Ich bin ein Amateur-Physik-Nerd. Ich liebe die Physik und die Gedankenmodelle, die sie mir zu konstruieren erlaubt, um die Dinge um mich herum zu verstehen. Ich scherze manchmal darüber, dass die Physik die einzig wahre Wissenschaft ist, aber das meine ich nicht so.

Die Wissenschaft umfasst weit mehr als nur die Physik, aber außerhalb der Bereiche der vereinfachten Abstraktionen, die wir im Kern der Physik verwenden, sind andere Wissenschaften oft chaotischer und weniger präzise. Das schmälert nicht den Wert der wissenschaftlichen Herangehensweise. Biologie, Chemie, Psychologie und Soziologie sind ebenfalls Wissenschaften. Sie machen zwar keine so genauen Vorhersagen wie die Physik, weil sie die Variablen im Experiment nicht so streng kontrollieren können, aber sie liefern dennoch tiefere Einblicke und bessere Ergebnisse als die Alternativen. Ich erwarte nicht, dass wir so gründlich oder so genau wie in der Physik sind.

Nichtsdestotrotz haben wir in der Software-Entwicklung einige tief reichende Vorteile gegenüber fast allen anderen Formen des Engineerings und einigen der Wissenschaften, wo Experimente aufgrund von ethischen oder praktischen Gründen oft schwierig sind. Wir können das »Universum«, in dem unsere Software lebt, vollständig erschaffen und kontrollieren. Wir können eine feinfühlige, präzise Kontrolle ausüben, wenn wir das wollen. Wir können Millionen von Experimenten zu geringen Kosten durchführen und so die Macht der Statistik zu unserem Vorteil nutzen. Das ist, vereinfacht gesagt, die wahre Bedeutung des modernen Machine Learnings.

Computer geben uns die Möglichkeit, die Kontrolle über unsere Software zu übernehmen und Experimente in einem Umfang durchzuführen, der in jedem anderen Kontext unvorstellbar wäre.

Schließlich gibt es noch eine weitere sehr tiefgreifende Fähigkeit, die uns Software verleiht.

Wir werden also keine Physiker sein, aber stellen wir uns einen Moment lang vor, wir wären es. Wenn Sie und ich eine neue Theorie in der Physik haben – woher wissen wir dann, ob sie gut ist? Nun, wir müssen ausreichend belesen sein, um zu erkennen, dass sie mit der Realität, wie die Physik sie derzeit begreift, in Einklang steht. Es nützt nichts zu behaupten, dass »Einstein falschlag«, wenn wir nicht wissen, was Einstein gesagt hat. Die Physik ist ein weites Feld, und egal, wie belesen wir sind, wir müssen die Theorie so klar beschreiben, dass sie von anderen reproduzierbar ist, damit sie sie auch testen können. Wenn ein Test der Theorie fehlschlägt, können wir sie verwerfen, nachdem wir überprüft haben, dass es sich nicht um einen Fehler im Test handelt.

In der Software-Entwicklung können wir all das mit unseren Tests tun, und anstatt Monate oder Jahre zu brauchen, bis unsere Theorien Früchte tragen, können wir innerhalb von Minuten Ergebnisse erhalten. Das ist unsere Superkraft!

Wenn wir uns vorstellen, dass unsere Software, egal wie groß oder komplex sie ist, in einem winzigen, von uns geschaffenen Universum existiert, dann sind wir in der Lage, dieses Universum genau zu kontrollieren, und wir können die Funktionen der Software darin beurteilen. Wenn wir daran arbeiten, die »Variablen« so weit zu »kontrollieren«, dass wir dieses Universum zuverlässig und reproduzierbar neu erschaffen können – zum Beispiel mit Infrastructure as Code als Teil einer Continuous-Delivery-Deployment-Pipeline – dann befinden wir uns an einem guten Ausgangspunkt für unsere Experimente.

Die Gesamtheit aller Tests, die wir geschrieben haben, einschließlich der Sammlung von Experimenten, die unser Verständnis über das Verhalten unseres Systems in diesem kontrollierten Universum bestätigen, ist unser Wissensstand über das System.

Wir können die Definition des »Universums« und des »Wissensstandes« jedem geben, und er kann bestätigen, dass sie als Ganzes in sich konsistent sind – die Tests werden alle bestanden.

Wenn wir im System »neues Wissen« schaffen wollen, können wir ein neues Experiment, einen Test, erstellen, der das neue Wissen definiert, das wir zu beobachten erwarten, und dann können wir dieses Wissen in Form von funktionierendem Code, der die Anforderungen des Experiments erfüllt, hinzufügen. Wenn die neuen Ideen nicht mit den vorherigen Ideen in Einklang stehen, d.h. mit dem »Wissensschatz« in unserem kleinen, kontrollierten Universum, dann scheitern die Experimente, und wir wissen, dass diese Theorie falsch ist oder zumindest nicht mit den dokumentierten Anweisungen bezüglich des Wissens im System übereinstimmt.

Ich gebe zu, dass dies eine etwas idealistische Darstellung eines Software-Systems und der damit verbundenen Tests ist, aber ich habe an mehreren Systemen gearbeitet, die diesem Ideal sehr nahekamen. Aber selbst, wenn Sie nur 80 Prozent des Wegs erreicht haben, denken Sie daran, was das bedeutet. Sie haben innerhalb von Minuten einen Hinweis auf die Gültigkeit und Konsistenz Ihrer Theorien, und zwar systemweit.

Wie ich bereits sagte, ist dies unsere Superkraft. Das ist es, was wir mit Software erreichen können, wenn wir sie als einen Engineering-Prozess behandeln und nicht als einen, der nur auf Handwerk basiert.

8.8 Der Umfang eines Experiments

Experimente gibt es in allen Größen. Wir können etwas Kleines, fast Triviales durchführen oder etwas Großes und Kompliziertes. Manchmal brauchen wir beides, aber die Vorstellung, »in einer Reihe von Experimenten zu arbeiten«, klingt für manche Menschen einschüchternd.

Lassen Sie mich eine gängige Art von Experiment beschreiben, die ich in meiner eigenen Software-Entwicklung regelmäßig durchführe, um Sie zu beruhigen.

Wenn ich TDD praktiziere, beginne ich eine geplante Änderung an meinem Code mit einem Test. Das Ziel ist es, einen fehlschlagenden Test zu erstellen. Wir wollen den Test ausführen und sehen, dass er fehlschlägt, um zu überprüfen, ob der Test tatsächlich etwas testet. Ich beginne also mit dem Schreiben des Tests. Sobald ich den Test so habe, wie ich ihn haben möchte, sage ich die *exakte Fehlermeldung* voraus, mit der ich erwarte, dass er fehlschlägt: »Ich erwarte, dass dieser Test mit der Meldung ›erwartet x, war aber 0‹ fehlschlägt« oder so ähnlich. Dies ist ein Experiment; es ist eine Anwendung der wissenschaftlichen Methode im Kleinen.

- Ich habe über das Problem nachgedacht und es charakterisiert: »Ich habe mich für das gewünschte Verhalten meines Systems entschieden und es in einem Testfall festgehalten.«
- Ich habe eine Hypothese aufgestellt: »Ich erwarte, dass mein Test fehlschlägt!«
- Ich habe eine Vorhersage gemacht: »Wenn er fehlschlägt, wird er mit dieser Fehlermeldung fehlschlagen: ....«
- Ich habe mein Experiment durchgeführt: »Ich habe den Test ausgeführt.«

Dies ist eine winzige Änderung gegenüber meiner früheren Arbeitsweise, aber sie hat sich äußerst positiv auf die Qualität meiner Arbeit ausgewirkt.

Die Anwendung eines disziplinierteren, experimentellen Ansatzes auf unsere Arbeit muss nicht aufwendig oder mühsam sein. Wenn wir Software Engineers werden wollen, müssen wir uns wissenschaftliche Disziplinen wie diese zu eigen machen und sie konsequent auf unsere Arbeit anwenden.

8.9 Zusammenfassung

Ein wesentliches Merkmal einer eher experimentellen Arbeitsweise ist das Ausmaß, in dem wir die Kontrolle über die beteiligten Variablen ausüben. Ein Teil der Definition des Begriffs »Experimentieren« zu Beginn dieses Kapitels lautet: »Zeigen, was passiert, wenn ein bestimmter Faktor manipuliert wird.« Um experimenteller zu arbeiten, müssen wir unsere Arbeit etwas kontrollierter angehen. Wir möchten, dass die Ergebnisse unserer »Experimente« zuverlässig sind. Im technischen Kontext der Systeme, die wir entwickeln, machen experimentelles Arbeiten und die Kontrolle über die Variablen, die wir durch effektive automatisierte Tests und Continuous-Delivery-Techniken wie Infrastructure as Code erreichen können, unsere Experimente zuverlässiger und reproduzierbarer. Vor allem aber machen sie unsere Software deterministischer und damit qualitativ hochwertiger, berechenbarer und zuverlässiger in der Anwendung.

Jeder Ansatz des Software Engineerings, der seinen Namen verdient, muss bei gleichem Arbeitsaufwand zu besserer Software führen. Das erreichen wir, indem wir unsere Arbeit als eine Abfolge von vielen kleinen, meist einfachen Experimenten organisieren.

Teil III

Optimieren für den Umgang mit Komplexität

In diesem Teil:

Kapitel 9

Modularität

Modularität wird definiert als »das Ausmaß, in dem die Komponenten eines Systems getrennt und neu kombiniert werden können, oft mit dem Vorteil von Flexibilität und Vielfalt bei der Nutzung«[1].

Ich schreibe schon seit langer Zeit Code, und bereits am Anfang meines Lernprozesses, sogar beim Schreiben einfacher Videospiele in Assembler, wurde Modularität als bedeutsam für die Gestaltung unseres Codes gepriesen.

Dennoch war ein Großteil des Codes, den ich gesehen habe – und vielleicht sogar ein Teil des Codes, den ich geschrieben habe –, alles andere als modular. Irgendwann hat sich das für mich geändert. Mein Code ist jetzt immer modular; es ist ein fester Bestandteil meines Stils geworden.

Modularität ist von entscheidender Bedeutung für den Umgang mit der Komplexität der Systeme, die wir erstellen. Moderne Software-Systeme sind riesige, komplizierte und oft wirklich komplexe Gebilde. Die meisten modernen Systeme übersteigen die Fähigkeit eines jeden Menschen, alle Details im Kopf zu behalten.

Um mit dieser Komplexität fertig zu werden, müssen wir die von uns erstellten Systeme in kleinere, überschaubare Teile aufteilen – Teile, auf die wir uns konzentrieren können, ohne uns zu viele Gedanken darüber machen zu müssen, was anderswo im System vor sich geht.

Das ist immer so, und auch hierbei handelt es sich um eine Art fraktales Konzept, das auf verschiedenen Detailebenen funktioniert.

Als Branche haben wir Fortschritte gemacht. Als ich meine berufliche Laufbahn begann, waren Computer und ihre Software einfacher, aber wir mussten härter arbeiten, um etwas zu erreichen. Betriebssysteme boten nur wenig mehr als den Zugriff auf Dateien und die Möglichkeit, Text auf dem Bildschirm darzustellen. Alles, was wir sonst noch brauchten, mussten wir für jedes Programm von Grund auf neu schreiben. Sie wollten etwas ausdrucken? Dann mussten Sie die hardware-nahen Interaktionen mit Ihrem konkreten Drucker verstehen und schreiben.

Wir haben sicherlich Fortschritte gemacht, indem wir die Abstraktion und Modularität unserer Betriebssysteme und anderer Software verbessert haben.

1 Quelle: Wörterbuchdefinition von Merriam-Webster. Wikipedia, `https://en.wikipedia.org/wiki/Modularity`.

Dennoch sehen viele Systeme selbst nicht modular aus. Das liegt daran, dass es harte Arbeit ist, modulare Systeme zu entwickeln. Wenn es bei der Software-Entwicklung um Lernen geht, dann entwickelt und verändert sich unser Verständnis, während wir lernen. Es ist also möglich, ja sogar wahrscheinlich, dass sich auch unsere Ansichten darüber, welche Module sinnvoll sind und welche nicht, mit der Zeit ebenfalls ändern.

Für mich ist das die eigentliche Kunst der Software-Entwicklung. Das ist die Eigenschaft, die den Code von Experten, die ihr Handwerk beherrschen, am meisten von dem unterscheidet, der von Anfängern geschrieben wurde. Es erfordert zwar Geschick, eine gute Modularität in unseren Designs zu erreichen, aber bei einem Großteil des Codes, den ich sehe, nehme ich wahr, dass die Leute die Modularität nicht nur »schlecht umsetzen«, sondern dass sie es »gar nicht erst versuchen«. Ein Großteil des Codes ist wie ein Rezept geschrieben, d.h., es gibt eine lineare Abfolge von Schritten, die in Methoden und Funktionen zusammengefasst sind, die sich über Hunderte oder sogar Tausende von Code-Zeilen erstrecken.

Stellen Sie sich einmal vor, wir würden in Ihrer Code-Basis eine Funktion aktivieren, die jeden Code ablehnt, der eine Methode mit mehr als 30, 50 oder 100 Zeilen enthält. Würde Ihr Code einen solchen Test bestehen? Ich weiß, dass die meisten Codes, die ich in freier Wildbahn gesehen habe, dies nicht tun würden.

Wenn ich heutzutage ein Software-Projekt beginne, führe ich in der Continuous-Delivery-Deployment-Pipeline in der »Commit-Phase« eine Prüfung ein, die genau diese Art von Test durchführt und jeden Commit mit einer Methode ablehnt, die länger als 20 oder 30 Zeilen ist. Außerdem lehne ich Methodensignaturen mit mehr als fünf oder sechs Parametern ab. Dies sind nach Ermessen festgelegte Werte, die auf meinen Erfahrungen und Vorlieben in den Teams basieren, in denen ich gearbeitet habe. Es geht mir nicht darum, diese spezifischen Werte zu empfehlen, sondern vielmehr darum, dass »Leitplanken« wie diese wichtig sind, damit wir bei unserem Design ehrlich bleiben. Ungeachtet des Zeitdrucks ist das Schreiben von schlechtem Code niemals eine Zeitersparnis!

9.1 Merkmale von Modularität

Woran können Sie erkennen, ob Ihr System modular ist? Es gibt eine vereinfachte Sichtweise, nach der ein Modul eine Sammlung von Anweisungen und Daten ist, die in ein Programm aufgenommen werden können. Das ist die »physische« Repräsentation der Bits und Bytes, die das Modul bilden.

In der Praxis suchen wir jedoch nach etwas, das unseren Code in kleine Abschnitte unterteilt. Jedes Element kann mehrfach wiederverwendet werden, unter Umständen in verschiedenen Kontexten.

Der Code in einem Modul ist kurz genug, um ohne Weiteres eigenständig außerhalb des Kontexts anderer Teile des Systems verstanden zu werden, selbst wenn der Code es erfordert, dass andere Teile des Systems vorhanden sind, damit er sinnvolle Arbeit leisten kann.

Wir haben eine gewisse Kontrolle über den Geltungsbereich von Variablen und Funktionen, der den Zugang zu ihnen beschränkt, sodass eine Art Vorstellung eines »Außerhalbs« und eines »Innerhalbs« eines Moduls existiert. Es gibt eine Art Schnittstelle, die den Zugriff kontrolliert, die Kommunikation mit anderem Code verwaltet und mit anderen Modulen zusammenarbeitet.

9.2 Die Bedeutung von gutem Design wird unterschätzt

Es gibt ein paar Gründe, warum viele Software-Entwickler solchen Gedanken keine Aufmerksamkeit schenken. Als Branche haben wir die Bedeutung des Software-Designs unterschätzt und tun das heute noch. Wir sind besessen von Sprachen und Frameworks. Wir diskutieren über IDEs versus Texteditoren oder objektorientierte versus funktionale Programmierung. Doch keines dieser Dinge ist auch nur annähernd so wichtig, so grundlegend für die Qualität unserer Ergebnisse wie etwa Konzepte wie die Modularität oder die Trennung von Zuständigkeiten.

Ein Code mit guter Modularität und guter Trennung von Zuständigkeiten ist unabhängig vom Programmierparadigma, der Sprache oder den Tools besser, leichter zu bearbeiten, leichter zu testen und leichter zu ändern, während man mehr über das Problem lernt, das man lösen möchte. Außerdem ist er flexibler in der Anwendung als Code, der diese Eigenschaften nicht aufweist.

Ich habe den Eindruck, dass diese Fähigkeiten entweder gar nicht gelehrt werden oder dass es etwas gibt, das dem Programmieren (oder den Programmierern) innewohnt und uns veranlasst, die Bedeutung dieser Fähigkeiten zu verkennen.

Im Sinne der Modularität zu entwerfen stellt eindeutig eine andere Art von Fähigkeit dar als die Kenntnis der Syntax einer Programmiersprache. Es ist eine Fähigkeit, an der wir arbeiten müssen, wenn wir hoffen, ein gewisses Maß an herausragendem Können zu entwickeln, und wir können ein Leben lang daran arbeiten und sie wahrscheinlich nie perfektionieren.

Doch genau darum geht es meiner Meinung nach bei der Software-Entwicklung. Wie können wir Code und Systeme erstellen, die im Laufe der Zeit wachsen und sich weiterentwickeln, die aber angemessen genug unterteilt sind, um den Schaden zu begrenzen, wenn wir einen Fehler machen? Wie können wir Systeme schaffen, die angemessen abstrahiert sind, sodass wir die Grenzen zwischen unseren Modulen als Möglichkeiten zur Weiterentwicklung unserer Systeme betrachten können und nicht als Verbindlichkeiten, die uns daran hindern, sie zu ändern?

Dies ist ein wichtiger Aspekt für die These dieses Buchs.

Ich habe einmal einen Kurs über testgetriebene Entwicklung (TDD) gehalten. Ich versuchte zu demonstrieren, wie TDD uns helfen kann, die Komplexität unserer Designs zu reduzieren, als einer der Kursteilnehmer (ich werde ihn nicht als *Programmierer* bezeichnen) fragte, warum es wichtig sei, dass der Code weniger komplex sei. Ich muss gestehen, dass ich schockiert war. Wenn diese Person die Unterschiede in den Auswirkungen und im Wert zwischen stumpfsinnigem, komplexem Code und klarem, einfachem Code nicht erkannt hat, dann hat sie eine andere Vorstellung von unserer Arbeit als ich. Ich tat mein Bestes, um seine Frage zu beantworten, indem ich über die Bedeutung der Wartbarkeit und die Vorteile hinsichtlich der Effizienz sprach, aber ich bin nicht davon überzeugt, dass meine Argumente viel Eindruck hinterlassen haben.

Grundsätzlich erhöht Komplexität die Betriebskosten für Software. Dies hat nicht nur direkte wirtschaftliche Auswirkungen, sondern auch eine eher subjektive: Komplexer Code ist nicht so angenehm zu bearbeiten!

Das eigentliche Problem ist jedoch, dass komplexer Code per Definition schwieriger zu ändern ist. Das bedeutet, dass man nur eine Chance erhält, seine Sache gut zu machen, nämlich wenn man ihn zum ersten Mal schreibt. Wenn mein Code komplex ist, verstehe ich ihn wahrscheinlich auch nicht so gut, wie ich glaube; es gibt mehr Stellen, an denen sich Fehler verstecken können.

Wenn wir daran arbeiten, die Komplexität des von uns geschriebenen Codes zu begrenzen, können wir Fehler machen und haben bessere Möglichkeiten, um sie zu korrigieren. Wir können also entweder auf unsere eigene Genialität setzen und davon ausgehen, dass wir von Anfang an alles perfekt hinbekommen, oder wir können vorsichtiger vorgehen. Zu Beginn gehen wir davon aus, dass es Dinge geben wird, an die wir nicht gedacht haben, sowie Missverständnisse und Veränderungen in der Welt, die zur Konsequenz haben, dass wir unseren Code wahrscheinlich eines Tages überarbeiten müssen. Komplexität ist teuer!

Es ist wichtig, dass wir für neue Ideen offen sind. Es ist wichtig, dass wir unsere Vermutungen ständig infrage stellen. Das bedeutet jedoch nicht, dass alle Ideen gleich gut sind. Es gibt dumme Ideen, die man verwerfen sollte, und es gibt großartige Ideen, die man wertschätzen sollte.

Die Kenntnis der Syntax einer Sprache reicht nicht aus, um ein »Programmierer« zu sein, geschweige denn, um ein guter Programmierer. »Idiomatisch in Sprache X« zu sein ist weniger wertvoll und weniger wichtig als hohe Qualität im Design. Die Kenntnis der abstrusen Details von »API Y« macht Sie nicht zu einem besseren Software-Entwickler; Sie können die Antwort auf diese Art von Frage jederzeit nachschlagen!

Die wahren Fähigkeiten – die Dinge, die großartige Programmierer von schlechten Programmierern unterscheiden – sind nicht sprach- oder frameworkspezifisch. Sie liegen woanders.

Jede Programmiersprache ist nur ein Werkzeug. Ich hatte das Privileg, mit ein paar Weltklasse-Programmierern zusammenzuarbeiten. Diese Leute können guten Code in einer Programmiersprache schreiben, die sie noch nie benutzt haben. Sie schreiben schönen Code in HTML und CSS oder Unix-Shell-Skripten oder YAML. Einer meiner Freunde schreibt sogar lesbares Perl!

Es gibt Dinge, die tiefer und tiefgründiger sind als die Sprache, in der sie ausgedrückt werden. Modularität ist eines dieser Dinge; wenn Ihr Code nicht modular ist, ist er mit ziemlicher Sicherheit nicht so gut wie Code, der es ist!

9.3 Die Bedeutung von Testbarkeit

Ich war ein früher Anhänger von TDD und unternahm meine ersten zaghaften Schritte in diese Richtung als Reaktion auf Kent Becks 1999 veröffentlichtes Buch *Extreme Programming Explained*. Mein Team experimentierte mit den faszinierenden Ideen von Kent und hat sie noch im selben Jahr falsch verstanden. Nichtsdestotrotz haben wir großen Nutzen aus diesem Ansatz gezogen.

TDD ist einer der wichtigsten Schritte, die die Software-Entwicklungspraxis in meiner Laufbahn gemacht hat. Das Verwirrende daran ist, dass der Grund, warum ich es so sehr schätze, wenig mit »Testen« zu tun hat, wie wir es uns normalerweise vorstellen. Ich glaube sogar, dass es ein Fehler von Kent Beck war, den Begriff »Test« in den Namen dieser Praxis aufzunehmen, zumindest aus Marketing-Perspektive. Und nein, ich weiß nicht, wie er es stattdessen hätte nennen sollen!

In Kapitel 5 wurde beschrieben, wie wir durch unsere Tests schnelles und genaues Feedback zur Qualität unseres Designs erhalten können und wie die Testbarkeit unseres Codes dessen Qualität verbessert. Dies ist ein enorm wichtiges Konzept.

Es gibt ein paar Dinge jenseits des guten Geschmacks eines erfahrenen, qualifizierten Programmierers, die uns frühzeitiges Feedback hinsichtlich der Qualität unseres Designs geben können. Wir könnten Wochen, Monate oder Jahre später erfahren, dass unser Design gut oder schlecht ist, wenn wir versuchen, es zu ändern, aber abgesehen davon gibt es keine objektiven Maßstäbe, die die Qualität anzeigen, es sei denn, wir versuchen, unser Design anhand von Tests zu steuern.

Wenn unsere Tests schwer zu schreiben sind, bedeutet das, dass unser Design schlecht ist. Wir bekommen sofort ein Signal. Wir erhalten ein Feedback über die Qualität unseres Designs, während wir versuchen, es zu verfeinern, um im nächsten Schritt neues Verhalten zu implementieren. Diese Lektionen erhalten wir automatisch, wenn wir die **Rot, Gün, Refactor**-Methode des TDD befolgen. Wenn unsere Tests schwer zu schreiben sind, ist unser Design schlechter, als er sein sollte. Wenn unsere Tests einfach zu schreiben sind, weist der Code, den wir testen, unweigerlich die Eigenschaften auf, die wir als Zeichen hoher Code-Qualität schätzen.

Das bedeutet jedoch nicht, dass ein testgetriebener Designansatz automatisch zu einem großartigen Design führt. Er ist kein Zauberstab. Es hängt immer noch von den Fähigkeiten und der Erfahrung des Designers ab. Ein großartiger Software-Entwickler wird immer noch ein besseres Ergebnis erzielen als ein schlechter. Unsere Designs auf der Grundlage von Tests zu entwickeln, ermutigt uns dazu, testbaren Code und testbare Systeme zu erstellen, was angesichts der Grenzen unserer Erfahrung und unseres Talents zu einem besseren Ergebnis führt.

Mir fällt keine andere Technik ein, die das in ähnlichem Ausmaß leisten könnte! Dieser **Talentverstärker** ist also ein wichtiges Instrument, wenn wir vom Handwerk zum Engineering übergehen wollen.

Wenn wir Ingenieure sein wollen, reicht es nicht aus, den Leuten zu raten, »es besser zu machen«. Wir brauchen Werkzeuge, die uns leiten und uns helfen, ein besseres Ergebnis zu erzielen. Das Streben nach Testbarkeit unserer Systeme ist ein solches Werkzeug.

9.4 Für Testbarkeit zu designen verbessert die Modularität

Kehren wir zum Thema zurück und denken wir speziell im Kontext der Modularität darüber nach. Inwiefern fördert die Entwicklung hinsichtlich des Erreichens von Testbarkeit eine größere Modularität?

Wenn ich die Effektivität eines Tragflächenprofils eines Flugzeugs testen möchte, kann ich das Flugzeug bauen und losfliegen. Das ist eine schreckliche Idee. Sogar die Brüder Wright, die das erste motorisierte, gesteuerte Flugzeug gebaut haben, wussten, dass sie nicht funktionieren würde.

Wenn Sie diese eher naive Herangehensweise wählen, müssen Sie zuerst die ganze Arbeit erledigen, bevor Sie etwas lernen. Wenn Sie versuchen, auf diese Weise zu lernen, wie wollen Sie dann die Effektivität dieses Tragflügels im Vergleich zu einem anderen messen? Durch den Bau eines anderen Flugzeugs?

Und selbst dann, wie wollen Sie die Ergebnisse vergleichen? Vielleicht war es beim Flug des zweiten Prototyps stürmischer als beim Flug des ersten Prototyps. Vielleicht hatte Ihr Pilot beim ersten Flug mehr gefrühstückt als beim zweiten. Vielleicht waren der Luftdruck oder die Temperatur unterschiedlich, sodass die Tragflächen unterschiedlich viel Auftrieb lieferten. Vielleicht unterschied sich die Treibstoffcharge der Flüge, sodass das Triebwerk eine andere Leistung erbrachte. Wie kann man mit all diesen Variablen umgehen?

Wenn man bei der Lösung dieses Problems den Wasserfall-Ansatz für das gesamte System wählt, wird die Komplexität des Systems auf die gesamte Umgebung ausgedehnt, in der die Tragfläche arbeitet.

Um ein Tragflächenprofil wissenschaftlich zu bewerten, muss man diese Variablen unter Kontrolle bringen und sie über alle Experimente hinweg standardisieren.

Wie können wir die Komplexität reduzieren, sodass die Signale, die wir von unserem Experiment zurückbekommen, eindeutig sind? Nun, wir könnten die beiden Flugzeuge in eine besser kontrollierte Umgebung bringen, vielleicht in einen großen Windkanal. Das würde eine genauere Kontrolle des Luftstroms über den Flügeln und der Windverhältnisse ermöglichen. Vielleicht könnten wir dies in einer Umgebung mit kontrollierter Temperatur und kontrolliertem Druck tun. Nur mit dieser Art von Regulierung können wir erwarten, dass wir zu reproduzierbaren Ergebnissen kommen.

Wenn wir diesen Weg einschlagen wollen, brauchen wir eigentlich weder ein Triebwerk noch eine Flugsteuerung oder den Rest des Flugzeugs. Warum stellen wir nicht einfach zwei Modelle der Flügel mit den Profilen her, die wir testen wollen, und erproben diese in unserem temperatur- und druckgeregelten Windkanal?

Das wäre sicherlich ein genaueres Experiment als ein bloßer Flugversuch, aber es erfordert dennoch von uns, dass wir den gesamten Flügel zweimal bauen. Warum erstellen wir nicht von jedem Flügel ein kleines Modell? Bauen Sie jedes Modell so genau wie möglich, mit genau denselben Materialien und Techniken, und vergleichen Sie die beiden. Wenn wir so weit gehen wollen, könnten wir dies in einem kleineren Maßstab tun und bräuchten nur einen einfacheren Windkanal.

Diese kleinen Teile des Flugzeugs sind Module. Es sind Teile, die sicherlich zum Verhalten des gesamten Flugzeugs beitragen, aber sie sind auf einen bestimmten Teil des Problems fokussiert. Es stimmt, dass solche Experimente nur ein teilweise realistisches Bild vermitteln. Die Aerodynamik von Flugzeugen ist komplexer als nur die Tragflächen, aber Modularität bedeutet, dass wir Dinge messen können, die wir ohne sie nicht messen könnten, sodass der Teil, das Modul, sicherlich besser testbar ist als das Ganze.

In der realen Welt führt man auf diese Weise Experimente durch, um zu bestimmen, wie die Form der Flügel und andere Dinge den Auftrieb beeinflussen.

Die Modularität ermöglicht uns eine größere Kontrolle und eine höhere Präzision bei den Dingen, die wir messen können. Übertragen wir dieses Beispiel auf die Welt der Software. Stellen Sie sich vor, Sie arbeiten an System B, das dem System A nachgeschaltet und dem System C vorgeschaltet ist (siehe Abbildung 9.1).

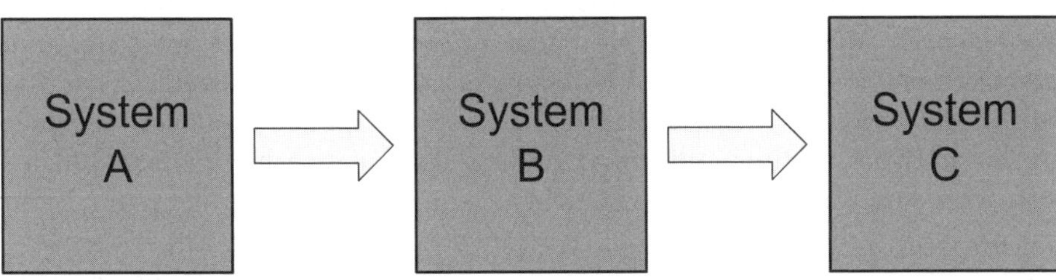

Abb. 9.1: Gekoppelte Systeme

Dies ist typisch für die Arbeit an großen Systemen in komplexen Unternehmen. Daraus ergibt sich ein Problem: Wie können wir unsere Arbeit testen? Viele, vielleicht sogar die meisten Unternehmen, die mit diesem Problem konfrontiert sind, gehen vorschnell davon aus, dass es unerlässlich ist, alles zusammen zu testen, um sicher zu sein, dass das System sicher zu benutzen ist.

Diese Herangehensweise birgt viele Probleme. Erstens: Wenn wir nur auf dieser Ebene messen, haben wir das Problem, dass wir »das ganze Flugzeug testen« müssen. Das gesamte System ist so komplex, dass es uns an Präzision, Reproduzierbarkeit, Kontrolle und klarer Sichtbarkeit dessen fehlt, was die von uns erfassten Ergebnisse wirklich bedeuten.

Wir können unseren Teil des Systems nicht mit einem gewissen Grad an Präzision bewerten, weil uns die vor- und nachgeschalteten Teile, System A und System C, in die Quere kommen. Es gibt viele Arten von Tests, die einfach unmöglich sind, wenn wir uns hierfür entscheiden. Was passiert mit System B, wenn System A ihm fehlerhafte Nachrichten schickt?

Dieser Fall ist unmöglich nachzustellen, während das echte System A gegenwärtig ist und korrekt gebildete Nachrichten sendet. Wie sollte System B reagieren, wenn der Kommunikationskanal zu System C unterbrochen ist?

Auch dieses Szenario können wir nicht testen, solange ein echtes System C mit funktionierender Kommunikation vorhanden ist und uns bei der Vortäuschung eines Kommunikationsfehlers in die Quere kommt.

Die Ergebnisse, die wir sammeln, sagen uns nicht viel. Wenn ein Test fehlschlägt, liegt das dann an einem Problem mit unserem System oder mit einem der anderen Systeme? Vielleicht bedeutet der Fehler, dass wir die falschen Versionen der vor- oder nachgeschalteten Systeme haben. Wenn alles funktioniert, bedeutet es, dass wir für das Release bereit sind? Oder bedeutet es, dass die Testfälle, die wir zu evaluieren versuchen, so vereinfacht sind, weil dieses Megasystem nicht testbar ist, dass die Fehler, die wirklich vorhanden sind, nicht gefunden werden?

Wenn wir das gesamte, zusammengesetzte System messen (siehe Abbildung 9.2), dann sind unsere Ergebnisse vage und verwirrend. Das eher karikaturhafte Diagramm in Abbildung 9.2 veranschaulicht eine wesentliche Problematik: Wir müssen uns darüber im Klaren sein, was wir messen, und wir müssen uns über den Wert unserer Messungen im Klaren sein. Wenn wir die in diesem Diagramm gezeigten End-to-End-Tests durchführen, was ist dann das Ziel unseres Tests? Was wollen wir beweisen? Wenn unser Ziel darin besteht zu beweisen, dass alle Teile im Zusammenspiel funktionieren, dann mag das für manche Kontexte nützlich sein, aber diese Art von Tests reicht nicht aus, um uns zu sagen, ob System B, für das wir in diesem Szenario tatsächlich verantwortlich sind, auch wirklich funktioniert. Diese Art von Tests ist nur als Ergänzung, als kleine Ergänzung, zu einer besseren, gründlicheren, modulareren Teststrategie sinnvoll. Sie ersetzen sicher nicht, dass detailliertere Tests notwendig sind, um die korrekte Funktionsweise unseres Systems B nachzuweisen!

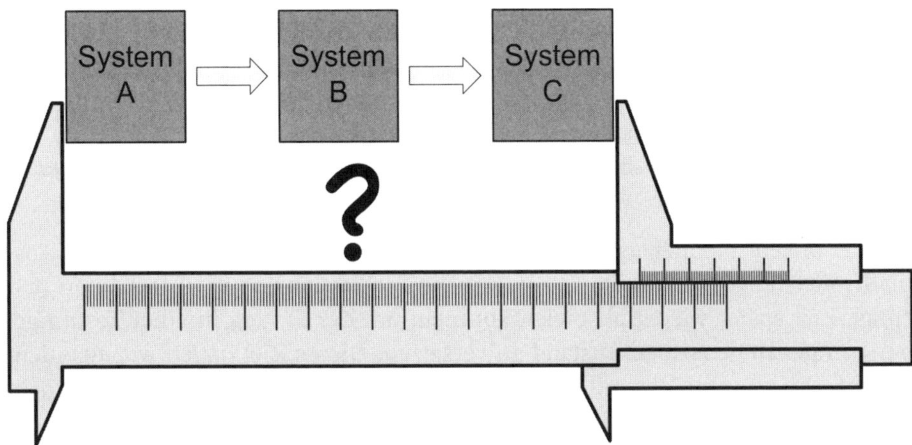

Abb. 9.2: Testen gekoppelter Systeme

Was wäre also nötig, um diese detaillierteren Tests durchzuführen? Nun, wir bräuchten einen **Messpunkt**, d.h. einen Ort in unserem gesamten System, an dem wir eine Art Sonde einführen können, die es uns ermöglicht, Messdaten zuverlässig zu erfassen. Ich habe diese »Messpunkte« in der hier gezeigten Reihe von Diagrammen als fiktive Messschieber dargestellt. In Wirklichkeit geht es darum, Testdaten in unser **zu prüfendes System** (engl. system under test oder kurz SUT) einzuspeisen, Verhaltensweisen darin aufzurufen und die Ergebnisse so zu sammeln, dass wir die diese interpretieren können. Ich weiß, dass die Messschieber ein wenig kitschig sind, aber das ist das mentale Modell, das ich habe, wenn ich an das Testen eines Systems denke. Ich werde mein System in eine Art **Prüfstand** einsetzen, damit ich es bewerten kann. Ich brauche ein Messgerät (meine Testfälle und Testinfrastruktur), das es mir ermöglicht, Messsonden an meinem SUT anzubringen, sodass ich sehen kann, wie es sich verhält.

Meine Messschieber in Abbildung 9.2 sind aus den bereits genannten Gründen nicht sehr hilfreich, aber auch, weil die Ergebnisse umso stärker schwanken, je größer und komplexer das System ist. Wir haben die Variablen nicht genug kontrolliert, um ein klares, reproduzierbares Ergebnis zu erhalten.

Wenn Sie eine Reihe von automatisierten Tests durchführen, um Ihre Software zu bewerten und festzustellen, ob sie bereit für die Veröffentlichung ist, und diese Tests nicht jedes Mal das gleiche Ergebnis liefern, welche Aussagekraft haben diese Ergebnisse dann?

Wenn unser Ziel darin besteht, ein gewisses Maß an Engineering-Denken anzuwenden, müssen wir unsere Messungen ernst nehmen. Wir müssen in der Lage sein, uns auf sie zu verlassen, was bedeutet, dass sie deterministisch sein müssen. Für jeden Test oder jede Bewertung sollte ich erwarten, dass ich bei derselben Version der zu testenden Software jedes Mal dieselben Ergebnisse erhalte, egal wie oft ich sie ausführe und was sonst noch passiert, während ich sie ausführe.

Diese Aussage ist so wertvoll, dass es sich lohnt, eventuell notwendige zusätzliche Arbeit zu leisten, um dieses reproduzierbare Ergebnis zu erzielen. Das wird sich nicht nur auf die Tests auswirken, die wir schreiben, und darauf, wie wir sie schreiben, sondern vor allem auch auf das Design unserer Software, und genau hier zeigt sich der wahre Wert dieses Engineering-Ansatzes.

Als wir unsere Finanzhandelsplattform aufbauten, war das System in dem Ausmaß vollständig deterministisch, als wir die Produktionsinputs aufzeichnen und einige Zeit später wieder abspielen konnten, um das System in einer Testumgebung in **genau denselben Zustand** zu versetzen. Dieses Ziel hatten wir uns nicht gesetzt. Das war ein Nebeneffekt des erreichten Grads an Testbarkeit und damit an Determinismus.

Komplexität und Determinismus

Mit zunehmender Komplexität des zu prüfenden Systems verringert sich die Genauigkeit, mit der wir Dinge messen können. Wenn ich zum Beispiel einen Teil einer Software habe, der leistungsentscheidend ist, kann ich ihn isolieren und in eine Art Prüfstand stellen, der es mir ermöglicht, eine Reihe von kontrollierten Testläufen zu erstellen. Ich kann z.B. die ersten Durchläufe verwerfen, um die Auswirkungen der Laufzeitoptimierung zu eliminieren, und ich kann genügend Durchläufe durchführen, um statistische Verfahren auf die gesammelten Daten anzuwenden. Wenn ich all diese Dinge ernst genug nehme, können meine Messungen bis auf Mikrosekunden und manchmal sogar Nanosekunden genau und reproduzierbar sein.

Dasselbe bei einem Leistungstest für ein Gesamtsystem zu tun ist praktisch unmöglich, wenn es sich um ein System von nennenswerter Größe handelt. Wenn ich die Leistung für ein ganzes System messe, werden die Variablen explodieren. Welche anderen Aufgaben laufen zur gleichen Zeit auf den Computern, auf denen mein Code ausgeführt wird? Was ist mit dem Netzwerk? Wird es für irgendetwas anderes genutzt, während meine Messungen laufen?

Selbst wenn ich diese Dinge unter Kontrolle habe und das Netzwerk und den Zugang zu meiner Leistungstestumgebung sperre, sind moderne Betriebssysteme sehr komplex. Was ist, wenn das Betriebssystem beschließt, Frühjahrsputz zu betreiben, während der Test läuft? Das würde die Ergebnisse sicherlich verfälschen, nicht wahr?

Determinismus ist umso schwieriger zu erreichen, je komplexer und umfangreicher das System ist.

Die eigentliche Ursache für den Mangel an Determinismus in Computersystemen ist die Nebenläufigkeit. Diese kann verschiedene Formen annehmen. Die tickende Uhr, die die Systemzeit inkrementell erhöht, ist eine Form der Nebenläufigkeit; das Betriebssystem, das die Festplatte neu organisiert, wenn es glaubt, Zeit erübrigen zu können, ist eine andere. Ohne Nebenläufigkeit sind digitale Systeme jedoch deterministisch. Bei der gleichen Abfolge von Bytes und Befehlen erhalten wir jedes Mal das gleiche Ergebnis.

Eine nützliche Triebfeder von Modularität besteht darin, die Nebenläufigkeit zu isolieren, sodass jedes Modul deterministisch und zuverlässig testbar ist. Konzipieren Sie die Systeme so, dass der Zugang zu einem Modul in einer bestimmten Reihenfolge erfolgt und die Ergebnisse besser vorhersagbar sind. Auf diese Weise geschriebene Systeme sind sehr angenehm zu bearbeiten.

Dies mag ein ziemlich esoterischer Punkt sein, aber ein System, in dem jedes Verhalten, das seine Benutzer beobachten, auf die von mir beschriebene Weise deterministisch ist, wäre hervorragend vorhersehbar und testbar, ohne unerwartete Nebeneffekte, zumindest bis zu den Grenzen unserer Tests.

Die meisten Systeme sind nicht so aufgebaut, aber wenn wir einen engineeringgeleiteten Ansatz für deren Design wählen, können sie es sein.

Wenn wir stattdessen nur unsere Systemkomponente mit dem Messschieber messen könnten (siehe Abbildung 9.3), könnten wir mit viel größerer Genauigkeit und Präzision und mit viel mehr Zuverlässigkeit vorgehen. Um meine Analogie auf die Spitze zu treiben, könnten wir auch andere Dimensionen des Problems messen.

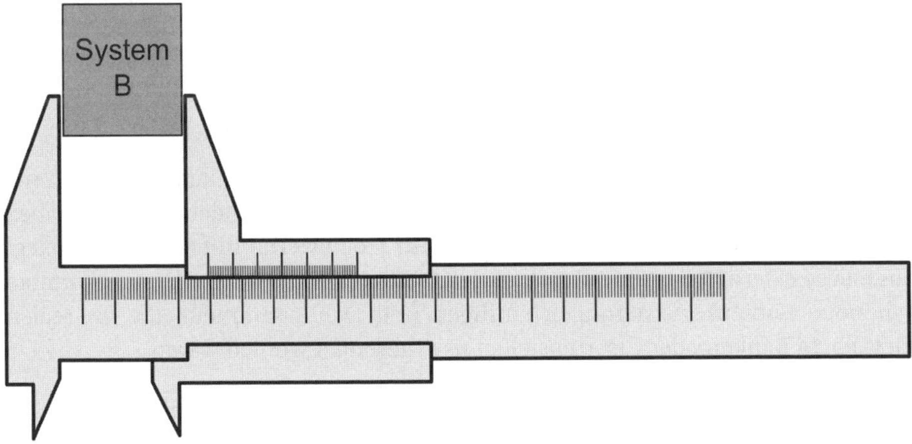

Abb. 9.3: Testen einzelner Module

Was braucht es also, um mit dieser erhöhten Präzision und Spezifität zu messen? Nun, wir möchten, dass unsere Messpunkte stabil sind, sodass wir jedes Mal dasselbe Messergebnis erhalten, wenn alle anderen Dinge gleich sind. Wir möchten, dass unsere Auswertungen deterministisch sind.

Wir möchten unsere Messpunkte auch nicht jedes Mal von Grund auf neu erstellen, wenn sich das System ändert.

Um es klar zu sagen: Was ich hier beschreibe, ist eine dauerhafte, modulare Schnittstelle zu dem Teil des Systems, den wir testen möchten. Wir setzen größere Systeme aus kleineren Modulen zusammen, aus Modulen mit klar definierten Schnittstellen für Ein- und Ausgaben. Dieser architektonische Ansatz ermöglicht es uns, das System an diesen Schnittstellen zu messen.

Wenn ich das hier lese, hoffe ich, dass dies offensichtlich erscheint. Das Problem ist, dass nur wenige Computersysteme in der realen Welt so aussehen.

Wenn wir es zu einem grundsätzlichen Teil unserer Arbeit machen, die von uns erstellten Systeme mit automatisierten Tests zu prüfen, dann werden wir durch die zusätzliche Arbeit, die wir leisten müssen, wenn wir uns irren, sehr stark dazu ermutigt, modularere Systeme zu erstellen. Das ist fraktal. Das gilt für allen Detailebenen, von ganzen Unternehmenssystemen bis hin zu einzelnen Methoden, Funktionen und Klassen.

Es ist einfach nicht möglich, ein nicht modulares System auf die Art und Weise zu testen, wie es in diesem Buch vorausgesetzt wird. Wir brauchen diese »Messpunkte«. Unsere Fähigkeit zu testen wird durch Modularität unterstützt und verbessert, und Modularität wird dadurch gefördert, dass wir uns bei unseren Designs von Tests leiten lassen.

Dies läuft nicht zwangsläufig auf eine Sammlung kleiner, unabhängiger Komponenten hinaus. Es kann gleichermaßen für große, komplexe Systeme funktionieren. Der Schlüssel liegt darin, den Umfang der sinnvollen Messungen zu verstehen und darauf hinzuarbeiten, dass diese Messungen einfach durchzuführen und in Bezug auf die Ergebnisse, die sie liefern, stabil sind.

Als ich an der Entwicklung einer Finanzhandelsplattform beteiligt war, haben wir das gesamte Enterprise-System als ein einziges System behandelt, aber wir haben klare, genau definierte Integrationspunkte für jede externe Interaktion festgelegt und diese externen Systeme simuliert. Jetzt hatten wir die Kontrolle; nun konnten wir neue Kontenregistrierungen einfügen und Daten sammeln, die im realen Betrieb an Banken oder Clearingstellen usw. gesendet worden wären.

So konnten wir bei einigen unserer Tests das gesamte System als Blackbox behandeln, Daten einspeisen, um das System in einen für einen Test geeigneten Zustand zu versetzen, und seine Ausgaben erfassen, um die Reaktion des Systems zu bewerten. Wir behandelten jeden Punkt, an dem unser System mit einem System eines Drittanbieters interagierte, und jeden Integrationspunkt als Messpunkte, an denen wir uns in unsere Testinfrastruktur einklinken konnten. Dies war nur möglich, weil unser gesamtes Enterprise-System vom ersten Tag an mit Blick auf die Testbarkeit entwickelt wurde.

Außerdem war unser System extrem modular und lose gekoppelt. So konnten wir nicht nur das System als Ganzes evaluieren, sondern auch einzelne Komponenten auf Service-Ebene genauer testen. Zwangsläufig wurde auch das gesamte Verhalten innerhalb eines Services mit spezifischen TDD-Methoden für so ziemlich jede Code-Zeile entwickelt. Wir konnten auch kleine Teile des Systemverhaltens isoliert von allem anderen testen. Wie ich bereits sagte, sind Modularität und Testbarkeit fraktal.

Die Testbarkeit hat die von uns getroffenen software-architektonischen Entscheidungen tiefgreifend geprägt und sich im Laufe der Zeit nicht nur auf die offensichtlichen Qualitätsmaßstäbe ausgewirkt, z.B. darauf, wie viele oder wie wenige Fehler wir finden konnten, sondern auch – und das ist vielleicht noch wichtiger – auf die architektonische Aufteilung unseres Systems.

In der Vergangenheit haben wir als Branche die Bedeutung der *Testbarkeit* und insbesondere der testgetriebenen Entwicklung als Instrument zur Förderung eines guten Designs und für frühzeitiges, klares Feedback zur Qualität unserer Designs unterschätzt oder sogar übersehen.

9.5 Services und Modularität

Das Konzept von Services bei Software ist schwer zu greifen. Es gibt zum Beispiel keine Mainstream-Sprachen, die Services direkt unterstützen, und doch ist das Konzept ziemlich weit verbreitet. Software-Entwickler streiten sich darüber, was einen guten oder schlechten Service ausmacht, und gestalten ihre Systeme so, dass diese das Konzept unterstützen.

Aus rein praktischer Sicht können wir uns einen Service als einen Code vorstellen, der einem anderen Code einen Dienst leistet und die Details darüber, wie er diesen »Service« leistet, verbirgt. Das ist der Grundgedanke des »Information Hiding« und er ist äußerst wichtig, wenn wir mit der Komplexität unserer Systeme umgehen wollen, während sie wachsen (siehe Kapitel 12). Es ist eine sehr gute Idee, »Nahtstellen« im Design unserer Systeme zu identifizieren, an denen der Rest des Systems nicht im Detail wissen muss, was auf der anderen Seite dieser »Nahtstellen« passiert, und sich auch nicht dafür interessieren sollte. Dies ist das eigentliche Wesen des Designs.

Services bieten uns also eine organisierende Struktur von kleinen Fächern in unseren Systemen, die Details verbergen. Das ist ein nützliches Konzept. Ein Service kann also sinnvollerweise durchaus als ein Modul unseres Systems betrachtet werden. Wenn das der Fall ist, was ist dann mit diesen »Nahtstellen«, diesen Punkten, an denen ein Service oder ein Modul etwas außerhalb seiner Grenzen berührt? Das, was dem Konzept eines »Services« in Bezug auf Software überhaupt eine Bedeutung verleiht, ist, dass er eine Grenze darstellt. Es gibt auf beiden Seiten dieser Grenze einen Unterschied zwischen dem, was bekannt ist, und dem, was offengelegt wird.

Eines der häufigsten Probleme, die ich in größeren Code-Basen sehe, ist das Ergebnis der Nichtbeachtung dieses Unterschieds. Oft ist der Code, der diese Grenzen darstellt, von dem Code auf der jeweils anderen Seite nicht zu unterscheiden. Wir verwenden die gleichen Arten von Methodenaufrufen und übergeben sogar die gleichen Datenstrukturen über solche Grenzen hinweg. Es gibt keine Validierung der Eingaben an diesen Punkten und keine Zusammenfassung und Abstraktion der Ausgaben. Solche Code-Basen werden schnell zu einem unübersichtlichen Durcheinander, das sich nur schwer ändern lässt.

In dieser Hinsicht hat es einen Fortschritt gegeben, aber es ist nur ein kleiner Schritt, und bis zu einem gewissen Grad haben wir diesen Schritt aus Versehen gemacht. Das ist die Umstellung auf REST-APIs.

Ich komme zum Teil aus dem Bereich der Hochleistungsrechnung (engl. high-performance computing, HPC), sodass mich der Gedanke, die zwischen den Services fließenden Informationen durch die Verwendung von Text, XML oder HTML zu codieren, eher kalt lässt; das ist viel *zu langsam*! Allerdings fördert es den Gedanken sehr stark, einen Übersetzungspunkt an den Grenzen der Services oder APIs zu haben. Sie übersetzen die eingehende Nachricht in eine leichter zu verarbeitende Form, damit sie von Ihrem Service genutzt werden kann, und Sie übersetzen die Ausgaben Ihres Services in eine schreckliche, große, langsame, textbasierte Nachricht für die Ausgabe. (Verzeihung, da machen sich wohl meine Vorurteile bemerkbar.)

Software-Entwickler verstehen das aber immer noch falsch. Selbst in Systemen, die nach diesem Schema aufgebaut sind, sehe ich immer noch Code, der den HTML-Code direkt durchlässt, und der gesamte Service interagiert mit diesem HTML-Code – igitt!

Die Nahtstellen oder Grenzen sollten mit mehr Sorgfalt behandelt werden. Sie sollten Übersetzungs- und Validierungspunkte für Informationen sein. Der Eintrittspunkt in einen Service sollte eine kleine Schutzmauer sein, die den schlimmsten unsachgemäßen Gebrauch durch die Nutzer dieses Services einschränkt. Was ich hier beschreibe, ist eine Art Ports-&-Adapters-Modell auf der Ebene eines einzelnen Services. Dieser Ansatz sollte für einen Service, der über Standardmethoden oder Funktionsaufrufe kommuniziert, genauso gelten wie für einen, der HTML, XML oder eine andere Form der Nachrichtenübermittlung verwendet.

Der Grundgedanke hierbei ist die Modularität! Ein System ist nicht modular, wenn die internen Abläufe benachbarter Module offenliegen. Die Kommunikation zwischen Modulen (und Services) sollte ein wenig geschützter sein als die Kommunikation innerhalb der Module.

9.6 Deploybarkeit und Modularität

In meinem Buch *Continuous Delivery* haben Jez Humble und ich einen Weg beschrieben, unsere Arbeit so zu organisieren, dass unsere Software immer release-fähig ist. Wir rieten (und raten immer noch) dazu, so zu arbeiten, dass Ihre Software immer in einem veröffentlichungsfähigen Zustand ist. Ein Teil dieser reproduzierbaren, zuverlässigen Fähigkeit, Software zu veröffentlichen, besteht darin, sicherzustellen, dass sie leicht und einfach deployt werden kann.

Seit ich das Buch über *Continuous Delivery* geschrieben habe, glaube ich felsenfest daran, dass eine Arbeitsweise, die unsere Software sowohl testbar als auch deploybar macht, einen wesentlichen Einfluss auf die Qualität unserer Arbeit hat.

Eine der Kernideen in meinem früheren Buch ist die Idee der **Deployment-Pipeline**, ein Mechanismus, der Commits an einem Ende aufnimmt und am anderen Ende ein »release-fähiges Ergebnis« produziert. Dies ist ein zentraler Gedanke. Eine Deployment-Pipeline ist nicht einfach ein kleiner Workflow von Build- oder Testschritten, sondern ein mechanisierter Weg vom Commit zur Produktion.

Diese Interpretation hat einige Folgen. Sie setzt voraus, dass sich alles, was die »Releasefähigkeit[2]« ausmacht, innerhalb Ihrer Deployment-Pipeline befindet. Wenn die Pipeline sagt, dass alles in Ordnung ist, sollte keine weitere Arbeit mehr anfallen, um das Release zu ermöglichen – nichts ... keine weiteren Integrationstests, Sign-Offs oder Staging-Tests. Wenn die Pipeline sagt, dass es »gut« ist, dann ist es »startklar«!

Dies wiederum hat einige Auswirkungen auf den sinnvollen Umfang einer Deployment-Pipeline. Wenn ihr Ergebnis »release-fähig« ist, muss er auch »unabhängig deploybar« sein. Der Umfang einer effektiven Deployment-Pipeline ist immer eine »unabhängig einsetzbare Software-Komponente«.

Dies wirkt sich nun auf die Modularität aus. Wenn die Ausgabe der Deployment-Pipeline deploybar ist, bedeutet dies, dass die Pipeline eine endgültige Bewertung unserer Software darstellt. Sie ist zumindest in dem Maße endgültig, wie es uns interessiert und wir es für sicher und sinnvoll halten, dass unsere Software für das Release bereit ist.

2 Anmerkung des Übersetzers: Im Original heißt es »releasability«. Der Begriff lässt sich im Deutschen sowohl als »Releasefähigkeit«, als auch als »Releasebarkeit« übersetzen.

Es gibt nur zwei Strategien, die sinnvoll sind, wenn wir diesen Gedanken logisch zu Ende führen wollen. Wir können alles, was unser System ausmacht, zusammen entwickeln, testen und bereitstellen, oder wir können Teile des Systems separat entwickeln, testen und bereitstellen. Es gibt keine halben Sachen. Wenn wir der Ausgabe unserer Deployment-Pipeline nicht ausreichend vertrauen und es für notwendig erachten, die von ihr erzeugten Ergebnisse mit der Ausgabe anderer Deployment-Pipelines zu testen, führt dies zu Problemen; die Botschaften, die unsere Deployment-Pipeline an uns sendet, sind nun unklar, aber da wir versuchen, Ingenieure zu sein, ist das nicht gut genug!

Jetzt ist der Umfang unserer Bewertung nicht mehr klar. Wann sind wir fertig? Sind wir fertig, wenn unsere Pipeline abgeschlossen ist, oder wenn jede andere Pipeline, die zur Überprüfung der Ausgabe unserer Pipeline erforderlich ist, ausgeführt wurde? Wenn Letzteres der Fall ist, dann beinhaltet die »Zykluszeit«[3] für unsere Änderungen auch die Zykluszeiten aller anderen Änderungen, sodass wir ein monolithisches Evaluierungssystem haben.

Der skalierbarste Ansatz für die Software-Entwicklung ist deren Aufteilung. Die Kopplung und die Abhängigkeiten zwischen den Teams und ihren Produkten müssen so weit reduziert werden, dass jedes Team seine Arbeit unabhängig erstellen, testen und deployen kann, ohne sich auf ein anderes Team beziehen zu müssen. Dies ist der Ansatz, der es Amazon mit seinen berühmten »Zwei-Pizza-Teams«[4] ermöglicht hat, in bis dato beispiellosem Tempo zu wachsen.

Technisch gesehen besteht eine Möglichkeit, diese Unabhängigkeit zu erreichen, darin, die Modularität des Systems so ernst zu nehmen, dass jedes Modul in Bezug auf Erstellung, Test und das Deployment unabhängig von jedem anderen Modul ist. Das ist es, was Microservices ausmacht. Sie sind so modular, dass wir sie vor dem Release nicht im Zusammenspiel mit anderen Diensten testen müssen. Wenn Sie Ihre Microservices zusammen testen, handelt es sich nicht wirklich um Microservices. Ein Teil der Definition eines Microservices ist, dass sie »unabhängig deploybar« sind.

Die Deploybarkeit kann die Modularität erhöhen. Wie wir gesehen haben, definiert die Deploybarkeit den tatsächlichen Umfang einer Deployment-Pipeline. Wenn wir Wert auf qualitativ hochwertige Arbeit legen, die auf schnellem, effizientem Feedback basiert, sind unsere Möglichkeiten hinsichtlich dessen, was wirklich funktioniert, ziemlich begrenzt.

---

3 Die Zykluszeit ist ein Maß für die Effizienz Ihres Entwicklungsprozesses. Wie lange dauert es »von der Idee bis zur nützlichen Software in den Händen der Benutzer«? Bei der Continuous Delivery nutzen wir die Optimierung der Zykluszeit als Instrument, um uns auf effizientere Entwicklungsansätze zu orientieren.

4 Amazon reorganisierte sich bekanntlich nach einem Memo von CEO Jeff Bezos. In seinem Memo erklärte Bezos, dass »... kein Team größer sein sollte, als von zwei Pizzen satt werden kann.«

Wir können uns dafür entscheiden, alles, was unser System ausmacht, zusammen zu bauen, zu testen und zu deployen und die Probleme der Verwaltung von Abhängigkeiten ganz zu eliminieren (alles befindet sich in einem einzigen Repository). Aber dann müssen wir die dafür sorgen, schnell genug Feedback zu erzeugen, damit die Entwickler gute Arbeit leisten können, was eine große Investition in das Engineering erfordern kann, um das Feedback zu erhalten, das nötig ist, um einen qualitativ hochwertigen Prozess schnell genug voranzutreiben.

Alternativ können wir so arbeiten, dass jedes Modul im Wesentlichen unabhängig von jedem anderen Modul ist. Wir können jedes dieser Module separat erstellen, testen und deployen, ohne dass wir sie gemeinsam testen müssen.

Das bedeutet, dass der Umfang unserer Builds, Tests und Deployments gering ist. Jeder dieser Schritte ist einfacher, daher ist es leichter, schnelle und qualitativ hochwertige Ergebnisse zu erzielen.

Dies hat jedoch den manchmal sehr hohen Preis einer komplexeren, stärker dezentralisierten Architektur in unseren Systemen. Wir sind nun gezwungen, die Modularität in der Tat sehr ernst zu nehmen.

Wir müssen in ihrem Sinne programmieren. Wir müssen die Techniken des Protokolldesigns beherrschen, damit die Interaktionen zwischen den Modulen, das Protokoll des Informationsaustauschs zwischen ihnen, stabil sind und sich nicht in einer Weise ändern können, die Änderungen in anderen Modulen erzwingt. Wahrscheinlich müssen wir Konzepte wie Versionsverwaltung zur Laufzeit für APIs usw. in Betracht ziehen und anwenden.

Fast jeder wünscht sich einen idealen Mittelweg zwischen diesen beiden Extremen, aber in Wirklichkeit gibt es ihn nicht. Der Mittelweg ist ein Irrweg und oft langsamer und komplexer als der monolithische Ansatz, den alle so eifrig zu vermeiden versuchen. Der eher organisatorisch dezentralisierte Ansatz der Microservices ist der beste Weg, den wir kennen, um die Software-Entwicklung zu skalieren, aber es ist kein einfacher Ansatz und er hat seinen Preis.

9.7 Modularität auf verschiedenen Ebenen

Modularität ist in jeder Größenordnung wichtig. Die Deploybarkeit ist ein nützliches Werkzeug, wenn man an Module auf Systemebene denkt, aber das allein reicht nicht aus, um qualitativ hochwertigen Code zu erstellen. Es gibt eine moderne Vorliebe für Services.

Dies ist ein nützliches architektonisches Werkzeug, das mindestens seit den letzten drei Jahrzehnten das Herzstück meiner Herangehensweise an die Systementwicklung war. Wenn die Modularität Ihres Designs jedoch dort endet, kann es sein, dass Sie immer noch schlechte, schwer zu bedienende Systeme entwickeln.

Wenn, wie ich behaupte, die Bedeutung der Modularität ein Werkzeug ist, das uns hilft, mit Komplexität umzugehen, dann müssen wir es so weit bringen, dass der Code lesbar ist. Jede Klasse, Methode oder Funktion sollte einfach und lesbar sein und gegebenenfalls aus kleineren, unabhängig voneinander verständlichen Teilmodulen bestehen.

Auch hier hilft TDD, solch spezifischen Code zu fördern. Damit der Code in dieser Auflösung testbar ist, fördern Methoden wie Dependency Injection einen Code mit einer größeren Oberfläche. Dies hat einen großen Einfluss auf die Modularität unserer Designs.

In kleineren Maßstäben ist Dependency Injection das effektivste Werkzeug, um Druck auf unseren Code auszuüben, der uns dazu anregt, Systeme zu erstellen, die aus vielen kleinen Teilen bestehen. Die Abhängigkeiten sind die Messschieber, die Messpunkte, die wir in unser System einführen können, um ein gründlicher testbares Ergebnis zu erzielen. Wenn wir sicherstellen, dass unser Code testbar ist, fördert dies wiederum ein wirklich modulares Design und damit einen leichter zu lesenden Code.

Einige Leute kritisieren diese Art des Designs. Diese Kritik äußert sich im Allgemeinen in der Form, dass es schwieriger ist, Code zu verstehen, der auf diese Weise eine größere Oberfläche hat. Es ist schwieriger, den Kontrollfluss durch das System zu verfolgen. Diese Kritik geht an der Sache vorbei. Die Problematik folgende: Wenn es notwendig ist, diese Oberfläche freizulegen, um den Code zu testen, dann ist das die Oberfläche des Codes. Wie viel schwieriger ist es, ihn zu verstehen, wenn er durch ein schlechtes Schnittstellendesign und einen Mangel an Tests verborgen ist? Im Grunde geht es bei dieser Kritik darum, was »gutes Design« ausmacht. Ich schlage vor, dass der Fokus unseres Designs hinsichtlich des Umgangs mit Komplexität ein wertvoller Maßstab ist, um zu definieren, was wir mit »hoher Qualität« von Code meinen.

Testen enthüllt, wenn es gut gemacht ist, etwas Wichtiges und Wahres über die Beschaffenheit unseres Codes, die Beschaffenheit unserer Designs und die Beschaffenheit des Problems, das wir lösen, das sonst nicht leicht zugänglich ist. Daher ist es eines der wichtigsten Werkzeuge in unserem Arsenal, um bessere, modularere Systeme und Code zu erstellen.

9.8 Modularität menschlicher Systeme

Auf die Auswirkungen dieses Engineering-Denkens gehe ich in Kapitel 15 ausführlich ein, aber es ist sinnvoll, auf die besondere Bedeutung der Modularität in dieser Hinsicht hinzuweisen. Einen Großteil meiner beruflichen Laufbahn habe ich mit der Arbeit an großen Computersystemen verbracht. In einer solchen Welt lautet die ständige Frage: »Wie skalieren wir?« Manchmal, in wenigen Fällen, geht es dabei um die Software, aber meistens, wenn Menschen in großen Unternehmen diese Frage stellen, meinen sie in Wirklichkeit: »Wie können wir mehr Mitarbeiter einstellen, damit wir Software schneller produzieren können?«

Die tatsächliche Antwort ist, dass es für jedes beliebige Computersystem sehr strenge Grenzen dafür gibt. Wie Fred Brooks bekanntlich sagte:

> *Man kann ein Baby nicht mit neun Frauen in einem Monat machen.*[5]

Es gibt jedoch auch andere Möglichkeiten: Man kann mit neun Frauen neun Babys in neun Monaten machen, was im Durchschnitt ein Baby pro Monat ergibt. An diesem Punkt versagt meine bzw. Freds Analogie!

In Bezug auf Software, wenn auch nicht bei Babys, geht es um das Problem der Kopplung. Solange die Teile wirklich unabhängig voneinander sind, also wirklich entkoppelt, können wir so viel parallelisieren, wie wir wollen. Sobald es eine Kopplung gibt, sind dem Grad der Parallelisierung Grenzen gesetzt. Die Kosten der Integration sind der Knackpunkt!

Wie integrieren wir die Arbeit aus unterschiedlichen Entwicklungsströmen? Wenn Sie so ein Nerd sind wie ich, klingelt bei Ihnen vielleicht etwas; hier geht es um etwas sehr Grundsätzliches. Es geht hier um Informationen und Nebenläufigkeit. Bei unabhängigen Informationsströmen können die Kosten für deren Zusammenführung zu einem kohärenten Ganzen extrem hoch sein, wenn es Überschneidungen gibt. Die beste Art, um Dinge zu parallelisieren, ist, sie so zu machen, dass sie nicht erneut integriert werden müssen (neun Babys). Dies ist im Wesentlichen der Microservice-Ansatz. Microservices sind eine organisatorische Skalierbarkeitsspielerei; sie haben eigentlich keinen anderen Vorteil, aber seien wir uns im Klaren, dass dies ein *großer* Vorteil ist, wenn Skalierbarkeit Ihr Problem ist!

Wir wissen, dass ein Team nicht schneller wird, wenn man ihm einfach mehr Leute hinzufügt. In einer schönen Metadatenstudie über mehr als 4.000 Software-Projekte, in der die relative Leistung (Zeit für die Erstellung von 100.000 Code-Zeilen) in Teams mit fünf oder weniger und Teams mit 20 oder mehr Personen verglichen wurde, brauchten die Teams mit fünf Personen über einen Zeitraum von neun Monaten nur eine Woche länger als die Teams mit 20 Personen. Kleine Teams sind also pro Person fast viermal produktiver als größere Teams.[6]

Wenn wir kleine Teams brauchen, um effizient gute, qualitativ hochwertige Arbeit zu leisten, dann müssen wir Wege finden, die Kopplung zwischen diesen kleinen Teams streng zu begrenzen. Dies ist mindestens ebenso sehr ein Problem der

5 Ein Zitat aus Fred Brooks' einflussreichem und immer noch gültigem Buch aus den 1970er-Jahren, *Vom Mythos des Mann-Monats*.

6 In einer Studie von Quantitative Software Management (QSM) wurde außerdem festgestellt, dass die größeren Teams 5-mal mehr Mängel in ihrem Code produzierten. Siehe `https://bit.ly/3lI93oe`.

Unternehmensstrategie wie ein technisches. Wir brauchen sowohl **modulare Unternehmen** als auch **modulare Software**.

Wenn wir also wollen, dass unsere Unternehmen skalierbar sind, besteht das Geheimnis darin, Teams und Systeme zu bilden, die so wenig wie möglich koordiniert werden müssen, wir müssen sie entkoppeln. Es ist wichtig, diese organisatorische Modularität aufrechtzuerhalten, denn sie ist eines der wichtigsten Merkmale wirklich leistungsstarker und skalierbarer Unternehmen.

9.9 Zusammenfassung

Modularität ist ein Eckpfeiler unserer Fähigkeit, Fortschritte zu machen, wenn wir keine allumfassende Vorstellung davon haben, wie unsere Software in Zukunft funktionieren soll. In Ermangelung von Modularität können wir sicherlich einfache Software erstellen, die ein Problem löst, das uns gerade vorliegt. Wenn wir jedoch nicht so arbeiten, dass die einzelnen Teile der Software voneinander isoliert sind, wird unsere Fähigkeit, neue Funktionen hinzuzufügen und unsere Software weiterzuentwickeln, rapide abnehmen, bis zu dem Punkt, an dem es in einigen realen Fällen überhaupt keinen Fortschritt mehr gibt. Dies ist das erste Werkzeug in unserer Sammlung von Werkzeugen, die zur Abwehr von Komplexität benötigt werden.

Modularität als Designkonzept ist fraktal. Sie ist mehr als nur »Module«, egal in welcher Form, die in unseren Programmiersprachen unterstützt werden. Sie ist viel komplexer und nützlicher als das. Im Kern geht es um die Idee, dass wir in der Lage sein müssen, Code und Systeme an einer Stelle zu ändern, ohne uns über die Auswirkungen dieser Änderungen an anderer Stelle Gedanken zu machen.

Dies veranlasst uns dazu, über andere Aspekte dieser Problematik nachzudenken, daher ist Modularität eng mit den anderen Konzepten, die wir für den Umgang mit der Komplexität unserer Systeme berücksichtigen müssen, verbunden – Konzepten wie Abstraktion, Trennung von Zuständigkeiten, Kopplung und Kohäsion.

Kapitel 10

Kohäsion

Kohäsion (in der Informatik) wird definiert als »der Grad, in dem die Elemente innerhalb eines Moduls zusammengehören«.[1]

10.1 Modularität und Kohäsion: Grundlagen des Designs

Meine Lieblingsmethode, um gutes Software-Design zu beschreiben, basiert auf diesem Zitat von Kent Beck:

> *Ziehe die Dinge, die nichts miteinander zu tun haben, weiter auseinander und bringe die Dinge, die miteinander zu tun haben, näher zusammen.*

Dieser einfache, leicht scherzhafte Satz hat etwas Wahres an sich. Bei gutem Design von Software geht es in Wirklichkeit darum, wie wir den Code in den Systemen, die wir erstellen, organisieren. Alle von mir empfohlenen Leitgedanken, die uns helfen, mit Komplexität umzugehen, befassen sich eigentlich mit der Aufteilung unserer Systeme. Wir müssen in der Lage sein, unsere Systeme aus kleineren, leichter verständlichen, leichter testbaren, diskreten Teilen aufzubauen. Um dies zu erreichen, brauchen wir sicherlich Methoden, die es uns erlauben, »Dinge, die nicht zusammenhängen, weiter auseinanderzuziehen«, aber wir müssen auch die Notwendigkeit ernst nehmen, »Dinge, die zusammenhängen, näher zusammenzubringen«. Hier kommt die Kohäsion ins Spiel.

Kohäsion ist eines der weniger greifbaren Konzepte hier. Ich kann etwas Naives tun, z.B. die Idee von Modulen in meiner Programmiersprache unterstützen und infolgedessen behaupten, dass mein Code modular ist. Das ist falsch; einfach nur eine Sammlung von unzusammenhängenden Dingen in eine Datei zu werfen, macht den Code nicht modular, außer im augenscheinlichen Sinne.

Wenn ich von Modularität spreche, meine ich eigentlich Komponenten des Systems, die tatsächlich Informationen vor anderen Komponenten (Modulen) verbergen. Wenn der Code innerhalb des Moduls nicht kohäsiv ist, dann funktioniert das nicht.

Das Problem dabei ist, dass dies zu sehr vereinfachenden Interpretationen führen kann. Dies ist wahrscheinlich der Punkt, an dem die Kunst, das Geschick und die

1 Quelle: Wikipedia `https://en.wikipedia.org/wiki/Cohesion_(computer_science)`

Erfahrung des Praktikers wirklich ins Spiel kommen. Dieser Kompromiss zwischen wirklich modularen Systemen und Kohäsion scheint die Menschen oft zu verwirren.

10.2 Der grundlegende Abbau von Kohäsion

Wie oft haben Sie schon Code gesehen, der Daten abruft, sie analysiert und dann irgendwo anders speichert? Sicherlich ist der Schritt »Speichern« mit dem Schritt »Ändern« verbunden? Ist das nicht eine gute Kohäsion? Das sind doch all die Schritte, die wir zusammen brauchen, oder nicht?

Nun, nicht wirklich – sehen wir uns ein Beispiel an. Zunächst meine Vorbehalte: Es wird schwierig sein, mehrere Konzepte hier aufzutrennen. Dieser Code wird unweigerlich ein wenig von jeder der Ideen in diesem Abschnitt demonstrieren, also verlasse ich mich darauf, dass Sie sich auf die Stellen konzentrieren, an denen es um Kohäsion geht und wissend lächeln, wenn ich auch Trennung von Zuständigkeiten, Modularität und so weiter anspreche.

Listing 10.1 zeigt zur Veranschaulichung eher unangenehmen Code. Er dient jedoch meinem Zweck, uns etwas Konkretes zum Erforschen zu geben. Dieser Code liest eine kleine Datei mit einer Liste von Wörtern, sortiert sie alphabetisch und schreibt dann eine neue Datei mit der resultierenden sortierten Liste – laden, verarbeiten und speichern!

Das ist ein gebräuchliches Muster für viele verschiedene Aufgabenstellungen: Daten lesen, sie verarbeiten und dann die Ergebnisse irgendwo anders speichern.

```
public class ReallyBadCohesion
{
   public boolean loadProcessAndStore() throws
      IOException
   {
      String[] words;
      List<String> sorted;

      try (FileReader reader =
         new FileReader("./resources/words.txt"))
      {
         char[] chars = new char[1024];
         reader.read(chars);
         words = new String(chars).split(" |\0");
      }
```

```
        sorted = Arrays.asList(words);
        sorted.sort(null);

        try (FileWriter writer =
            new FileWriter("./resources/test/sorted.txt"))
        {
            for (String word : sorted)
            {
                writer.write(word);
                writer.write("\n");
            }
            return true;
        }
    }
}
```

Listing 10.1: Wirklich schlechter Code, naiv kohäsiv

Ich finde diesen Code äußerst unangenehm, und ich musste mich zwingen, ihn so zu schreiben. Dieser Code schreit förmlich »schlechte Trennung von Zuständigkeiten«, »schlechte Modularität«, »enge Kopplung« und »null Abstraktion«, aber was ist mit Kohäsion?

Hier haben wir alles, was er tut, in einer einzigen Funktion. Ich sehe viel Produktions-Code, der so aussieht, nur normalerweise ist dieser viel länger und viel komplexer, also noch schlimmer!

Eine naive Sichtweise auf Kohäsion ist, dass alles zusammen und leicht zu erkennen ist. Lassen wir einmal die anderen Methoden für den Umgang mit Komplexität beiseite: Ist das einfacher zu verstehen? Wie lange würden Sie brauchen, um zu verstehen, was dieser Code ausführt? Wie lange, wenn ich nicht mit einem beschreibenden Methodennamen nachgeholfen hätte?

Sehen Sie sich nun Listing 10.2 an, das eine leichte Verbesserung darstellt.

```
public class BadCohesion
{
    public boolean loadProcessAndStore() throws IOException
    {
        String[] words = readWords();
        List<String> sorted = sortWords(words);
        return storeWords(sorted);
    }
```

```
    private String[] readWords() throws IOException
    {
        try (FileReader reader =
            new FileReader("./resources/words.txt"))
        {
            char[] chars = new char[1024];
            reader.read(chars);
            return new String(chars).split(" |\0");
        }
    }

    private List<String> sortWords(String[] words)
    {
        List<String> sorted = Arrays.asList(words);
        sorted.sort(null);
        return sorted;
    }

    private boolean storeWords(List<String> sorted) throws
        IOException
    {
        try (FileWriter writer =
            new FileWriter("./resources/test/sorted.txt"))
        {
            for (String word : sorted)
            {
                writer.write(word);
                writer.write("\n");
            }
            return true;
        }
    }
}
```

Listing 10.2: Schlechter Code, etwas bessere Kohäsion

Listing 10.2 ist immer noch nicht gut, aber es ist zusammenhängender; die Teile des Codes, die eng miteinander verbunden sind, sind klarer abgegrenzt und buchstäblich näher beieinander. Vereinfacht gesagt ist alles, was Sie über readWords wissen müssen, in einer einzigen Methode enthalten und benannt. Der Gesamtfluss der Methode loadProcessAndStore ist jetzt klar ersichtlich, auch wenn ich einen weniger anschaulichen Namen gewählt habe. Die Informationen in dieser

Version sind zusammenhängender als die Informationen in Listing 10.1. Es ist jetzt wesentlich klarer, welche Teile des Codes enger miteinander verbunden sind, obwohl der Code funktional identisch ist. Dadurch ist diese Version wesentlich leichter zu lesen und lässt sich folglich auch viel leichter ändern.

Beachten Sie, dass Listing 10.2 mehr Code-Zeilen enthält. Dieses Beispiel ist in Java geschrieben, einer recht wortreichen Sprache, und die Kosten für Boilerplate-Code sind recht hoch, aber auch ohne dies gibt es einen kleinen Overhead zur Verbesserung der Lesbarkeit. Das ist nicht unbedingt eine schlechte Sache!

Viele Programmierer haben den Wunsch, den Umfang der Tipparbeit zu reduzieren. Klare Prägnanz ist wertvoll. Wenn wir Ideen einfach ausdrücken können, dann ist das von großem Wert, aber man misst Einfachheit nicht anhand der Anzahl der eingegebenen Zeichen. `IchKannEinenSatzOhneLeerzeichenSchreiben` ist kürzer, aber es ist auch weniger angenehm zu lesen!

Es ist ein Fehler, Code zu optimieren, um die Tipparbeit zu reduzieren. Wir optimieren für die falschen Dinge. Code ist ein Kommunikationsmittel; wir sollten ihn nutzen, um zu kommunizieren. Sicher, er muss auch maschinenlesbar und ausführbar sein, aber das ist nicht wirklich sein Hauptziel. Wäre dies der Fall, würden wir immer noch Systeme programmieren, indem wir Schalter an der Vorderseite unserer Computer umlegen oder Maschinen-Code schreiben.

Das Hauptziel von Code ist es, den Menschen Ideen zu vermitteln. Wir schreiben Code, um Ideen so klar und einfach wie möglich auszudrücken – zumindest sollte es so funktionieren. Wir sollten niemals die Kürze auf Kosten der Unübersichtlichkeit wählen. Unseren Code lesbar zu machen, ist meiner Meinung nach sowohl eine berufliche Sorgfaltspflicht als auch eines der wichtigsten Leitprinzipien im Umgang mit Komplexität. Ich optimiere also lieber, um das Denken zu reduzieren, anstatt die Tipparbeit zu verringern.

Zurück zum Code: Dieses zweite Beispiel ist deutlich lesbarer. Es ist viel einfacher, seine Absicht zu erkennen, es ist immer noch ziemlich schrecklich, es ist nicht modular, es gibt nicht viel Trennung von Zuständigkeiten, es ist unflexibel durch die hartcodierten Zeichenketten für Dateinamen, und es ist nicht testbar, außer man führt das Ganze aus und beschäftigt sich mit dem Dateisystem. Aber wir haben die Kohäsion verbessert. Jeder Teil des Codes ist jetzt auf einen Teil der Aufgabe fokussiert. Jeder Teil hat nur Zugriff auf das, was er zur Erfüllung dieser Aufgabe benötigt. Wir werden in späteren Kapiteln auf dieses Beispiel zurückkommen, um zu sehen, wie wir es weiter verbessern können.

10.3 Kontext ist wichtig

Ich fragte einen Freund, dessen Code ich bewundere, ob er Empfehlungen hätte, um die Bedeutung von Kohäsion zu verdeutlichen.

Er empfahl mir das YouTube-Video »One of these things is not like the other« (etwa: »Eines dieser Dinge ist nicht wie die anderen«) aus der *Sesamstraße*[2].

Das ist zwar ein kleiner Scherz, aber er wirft auch einen wichtigen Punkt auf. Kohäsion ist stärker kontextabhängig als die anderen Instrumente zum Umgang mit Komplexität. Je nach Kontext sind »all diese Dinge vielleicht nicht wie die anderen«.

Wir müssen Entscheidungen treffen, und diese Entscheidungen sind eng mit den anderen Instrumenten verflochten. Ich kann Kohäsion nicht klar von Modularität oder der Trennung von Zuständigkeiten abgrenzen, weil diese Methoden dabei helfen zu definieren, was Kohäsion im Kontext meines Designs bedeutet.

Ein wirksames Instrument, um diese Art der Entscheidungsfindung voranzutreiben, ist Domain-Driven Design.[3] Indem wir zulassen, dass unser Denken und unsere Designs von der Anwendungsdomäne geleitet werden, können wir Wege finden, die auf lange Sicht wahrscheinlicher profitabel sein werden.

Domain-Driven Design

Domain-Driven Design (DDD) ist ein Designansatz, bei dem wir versuchen, das Kernverhalten unseres Codes im Wesentlichen als Simulationen der Anwendungsdomäne zu erfassen. Das Design unseres Systems zielt darauf ab, das Problem genau zu modellieren.

Dieser Ansatz beinhaltet eine Reihe wichtiger und wertvoller Leitgedanken.

Er ermöglicht es uns, die Wahrscheinlichkeit von Missverständnissen zu verringern. Unser Ziel ist es, eine »ubiquitäre Sprache«[4] zu schaffen, um Ideen in der Anwendungsdomäne auszudrücken. Dabei handelt es sich um eine vereinbarte, akkurate Art und Weise, Gedanken in der Anwendungsdomäne zu beschreiben, indem wir Wörter einheitlich und mit vereinbarter Bedeutung verwenden. Wir wenden diese Sprache dann auch auf die Art und Weise an, wie wir über das Design unserer Systeme sprechen.

Wenn ich also über meine Software spreche und sage, dass diese »Limit-Order abgleicht«, dann ist das in Bezug auf den Code sinnvoll, in dem die Konzepte »Limit-Order« und »Abgleich« klar dargestellt und mit `LimitOrder` und `Match`

---

2 Ein Lied aus der amerikanischen Version der Sesamstraße mit dem Titel »One of these things is not like the other«: `https://youtu.be/rsRjQDrDnY8`

3 *Domain-Driven Design* ist der Titel eines Buchs von Eric Evans und eine Herangehensweise an das Design von Software-Systemen. Siehe `https://amzn.to/3cQpNaL`.

4 Anmerkung zur Übersetzung: Domain-Driven Design basiert auf einer Reihe von Konzepten, welche bei Modellierung und Entwicklung berücksichtigt werden sollten. Ein wichtiger Aspekt ist die Verwendung einer ubiquitären (überall verbreiteten, einheitlichen) Sprache, welche durchgängig in allen Phasen bei der Erstellung einer Software verwendet werden sollte, um Missverständnisse bei der Kommunikation zu vermeiden.

bezeichnet sind. Das sind genau die gleichen Wörter, die wir verwenden, wenn wir das Szenario in geschäftlichen Begriffen gegenüber Nichtfachleuten beschreiben.

Diese ubiquitäre Sprache wird effektiv entwickelt und verfeinert, indem Anforderungen und die Art von High-Level-Testfällen erfasst werden, die als »ausführbare Spezifikationen für das Verhalten des Systems« dienen und den Entwicklungsprozess vorantreiben können.

Mit DDD wurde auch das Konzept des »Bounded Contexts« eingeführt. Dabei handelt es sich um einen Teil eines Systems, dem gemeinsame Vorstellungen zugrunde liegen. Zum Beispiel hat ein Auftragsverwaltungssystem wahrscheinlich eine andere Vorstellung von »Auftrag« als ein Fakturierungssystem, sodass es sich um zwei verschiedene begrenzte Kontexte handelt.

Dies ist ein äußerst nützliches Konzept, um uns bei der Entwicklung unserer Systeme zu helfen, sinnvolle Module oder Subsysteme zu identifizieren. Der große Vorteil der Verwendung von auf diese Art und Weise begrenzten Kontexten besteht darin, dass sie in der realen Anwendungsdomäne naturgemäß lockerer gekoppelt sind, sodass sie uns wahrscheinlich dazu anleiten, lockerer gekoppelte Systeme zu erstellen.

Wir können Konzepte wie die ubiquitäre Sprache und Bounded Contexts als Leitfaden für die Gestaltung unserer Systeme verwenden. Wenn wir uns an ihnen orientieren, bauen wir in der Regel bessere Systeme, und sie helfen uns, den Kern, die wesentliche Komplexität unseres Systems klarer zu erkennen und von der zufälligen Komplexität zu unterscheiden, die sonst oft verdeckt, was unser Code wirklich zu tun versucht.

Wenn wir unser System so gestalten, dass es eine Simulation der Anwendungsdomäne ist, soweit wir sie verstehen, dann wird eine Idee, die aus der Perspektive der Anwendungsdomäne als kleine Änderung betrachtet wird, auch ein kleiner Schritt im Code sein. Das ist eine gute Eigenschaft.

Domain-Driven Design ist ein leistungsfähiges Werkzeug für die Erstellung besserer Designs und bietet eine Reihe von Organisationsprinzipien, die unsere Designbemühungen leiten können und uns ermutigen, die Modularität, die Kohäsion und die Trennung von Zuständigkeiten in unserem Code zu verbessern. Gleichzeitig führt es uns zu einer grobkörnigen Organisation unseres Codes, der von Natur aus lockerer gekoppelt ist.

Ein weiteres wichtiges Instrument, das uns hilft, bessere Systeme zu erstellen, ist die Trennung von Zuständigkeiten, über die wir im nächsten Kapitel wesentlich ausführlicher sprechen werden, aber im Moment ist es vielleicht das, was einer

Regel, an der ich mich bei meiner eigenen Programmierung orientieren kann, am nächsten kommt. »Eine Klasse, eine Sache; eine Methode/Funktion, eine Sache.«

Ich mag die beiden bisher in diesem Kapitel vorgestellten Code-Beispiele überhaupt nicht und schäme mich ein wenig, sie Ihnen zu zeigen, denn meine Designinstinkte schreien mich an, dass die Trennung von Zuständigkeiten in beiden Fällen so schrecklich ist. Listing 10.2 ist besser; zumindest führt jede Methode jetzt nur eine Sache aus, aber die Klasse ist immer noch schrecklich. Falls Sie es noch nicht bemerkt haben, werden wir uns im nächsten Kapitel ansehen, warum das von Bedeutung ist.

Schließlich gibt es in meinem Werkzeugkasten noch die Testbarkeit. Ich habe mit dem Schreiben dieser schlechten Code-Beispiele so begonnen, wie ich immer mit dem Schreiben von Code beginne: mit dem Schreiben eines Tests. Ich musste jedoch fast sofort damit aufhören, denn ich konnte auf keinen Fall TDD praktizieren und so schlechten Code schreiben! Ich musste den Test verwerfen und neu beginnen, und ich gestehe, dass ich mich wie in der Zeit zurückversetzt fühlte. Ich habe Tests für meine Beispiele geschrieben, um zu überprüfen, ob sie das taten, was ich erwartete, aber dieser Code ist nicht ordentlich testbar.

Die Testbarkeit fördert die Modularität, die Trennung von Zuständigkeiten und die anderen Merkmale, die wir an hochwertigem Code schätzen. Das wiederum hilft uns, eine erste Annäherung an die Kontexte und Abstraktionen zu finden, die uns in unserem Design gefallen und wo wir unseren Code kohäsiver gestalten können.

Beachten Sie, dass es hier keine Garantien gibt, und das ist der eigentliche Sinn dieses Buchs. Es gibt keine einfachen Antworten nach Schema F. Dieses Buch bietet mentale Werkzeuge, die uns helfen, unser Denken zu strukturieren, wenn wir keine Antworten haben.

Die Techniken in diesem Buch sind nicht dazu gedacht, Ihnen die Antworten zu liefern; das liegt immer noch an Ihnen. Vielmehr sollen sie Ihnen eine Sammlung von Konzepten und Methoden an die Hand geben, die es Ihnen ermöglichen, auch dann sicher voranzukommen, wenn Sie die Antwort noch nicht kennen. Wenn Sie ein wirklich komplexes System erstellen, ist das immer der Fall; wir kennen die Antworten nie, bis wir fertig sind!

Man kann dies als einen sehr defensiven Ansatz betrachten, und das ist es auch, aber das Ziel ist es, unsere Wahlfreiheit offenzuhalten. Das ist einer der großen Vorteile der Arbeit am Umgang mit Komplexität. Während wir mehr lernen, können wir unseren Code laufend ändern, um dieses Lernen zu reflektieren. Ich denke, ein besseres Adjektiv als »defensiv« ist »inkrementell«.

Wir machen schrittweise Fortschritte durch eine Reihe von Experimenten, und wir nutzen die Methoden zum **Umgang mit Komplexität**, um uns davor zu schützen, Fehler zu machen, die zu großen Schaden anrichten.

Auf diese Weise funktionieren Wissenschaft und Engineering. Wir kontrollieren die Variablen, machen einen kleinen Schritt und bewerten, wo wir stehen. Wenn unsere Auswertung ergibt, dass wir einen Fehltritt gemacht haben, gehen wir einen Schritt zurück und entscheiden, was wir als Nächstes versuchen. Wenn es gut aussieht, kontrollieren wir die Variablen, machen einen weiteren kleinen Schritt und so weiter.

Man kann sich das auch so vorstellen, dass die Software-Entwicklung eine Art evolutionärer Prozess ist. Unsere Aufgabe als Programmierer ist es, unser Lernen und unsere Designs durch einen inkrementellen Prozess der gezielten Evolution zu wünschenswerten Ergebnissen zu führen.

10.4 High-Performance-Software

Eine der häufigsten Ausreden für schlechten Code wie den in Listing 10.1 ist, dass man komplexeren Code schreiben muss, wenn man High-Performance will. Ich habe den jüngsten Teil meiner Karriere damit verbracht, an innovativen High-Performance-Systemen zu arbeiten, und ich kann Ihnen versichern, dass dies nicht der Fall ist. High-Performance-Systeme erfordern einfachen, gut durchdachten Code.

Denken Sie einen Moment darüber nach, was *High-Performance* in Bezug auf Software bedeutet. Um »hohe Performance« zu erreichen, müssen wir mit der kleinsten Anzahl von Anweisungen ein Maximum an Arbeit erledigen.

Je komplexer unser Code ist, desto wahrscheinlicher ist es, dass die Wege durch unseren Code nicht optimal sind, weil der »einfachste Weg« durch unseren Code durch die Komplexität des Codes selbst verdeckt wird. Diese Erkenntnis ist für viele Programmierer überraschend, aber der Weg zu schnellem Code führt über das Schreiben von einfachem, leicht verständlichem Code.

Dies gilt umso mehr, je breiter man das System betrachtet. Lassen Sie uns noch einmal auf unser simples Beispiel zurückkommen. Ich habe schon von Programmierern das Argument gehört, dass der Code in Listing 10.1 schneller sein wird als der Code in Listing 10.2, weil die Methodenaufrufe in Listing 10.2 einen »Overhead« verursachen. Leider ist dies bei den meisten modernen Sprachen Unsinn. Die meisten modernen Compiler werden den Code in Listing 10.2 analysieren und die Methoden einbinden. Die meisten modernen optimierenden Compiler werden mehr als das tun. Sie leisten fantastische Arbeit bei der Optimierung von Code, sodass er auf moderner Hardware effizient läuft. Doch je komplexer Ihr Code ist, desto weniger Hilfe erhalten Sie vom Optimierer Ihres Compilers. Die meisten Optimierer in Compilern geben einfach auf, sobald die zyklomatische Komplexität[5] eines Code-Blocks einen bestimmten Schwellenwert überschreitet.

5 Eine Software Metrik, die die Komplexität eines Programms angibt.

Ich habe eine Reihe von Benchmarks mit beiden Versionen des Codes durchgeführt. Sie waren nicht sehr gut, weil dieser Code schlecht ist. Wir kontrollieren die Variablen nicht ausreichend, um wirklich klar zu sehen, was passiert, aber offensichtlich war, dass es auf dieser Testebene keinen wirklich messbaren Unterschied gab.

Die Unterschiede waren zu winzig, um sich von allem anderen, was hier vor sich geht, zu unterschieden. Bei einem Durchlauf war die `BadCohesion`-Version die Beste; bei einem anderen war es die `ReallyBadCohesion`-Version. Bei einer Reihe von Benchmark-Durchläufen betrug der Unterschied bei jeder der 50.000 Iterationen der `loadProcessStore`-Methode insgesamt nicht mehr als 300 Millisekunden. Im Durchschnitt ist das also ein Unterschied von etwa 6 Nanosekunden pro Aufruf und er fiel sogar etwas häufiger zugunsten der Version mit den zusätzlichen Methodenaufrufen aus.

Dies ist ein schlechter Test, denn das, was uns interessiert, nämlich die Kosten für die Methodenaufrufe, werden von den Kosten für die E/A in den Schatten gestellt. Wieder einmal kann uns die Testbarkeit – in diesem Fall die Testbarkeit der Performance – zu einem besseren Ergebnis verhelfen. Wir werden dies im nächsten Kapitel ausführlicher besprechen.

»Unter der Haube« geht so viel vor sich, dass es selbst für Experten schwierig ist, das Ergebnis vorherzusagen. Wie lautet die Antwort? Wenn Sie wirklich an der Performance Ihres Codes interessiert sind, stellen Sie keine Vermutungen darüber an, was schnell und was langsam sein wird; messen Sie es!

10.5 Verbindung zur Kopplung

Wenn wir uns die Freiheit bewahren wollen zu forschen und manchmal auch Fehler zu machen, müssen wir uns über die Kosten der **Kopplung** Gedanken machen.

> ***Kopplung:*** *Zwei Code-Zeilen, A und B, sind gekoppelt, wenn B sein Verhalten nur deshalb ändern muss, weil A sich geändert hat.*
>
> ***Kohäsion:*** *Sie sind kohäsiv, wenn eine Änderung an A eine Änderung an B ermöglicht, sodass beide einen neuen Wert schaffen.*[6]

Kopplung ist eigentlich ein zu allgemeiner Begriff. Es gibt verschiedene Arten der Kopplung, die berücksichtigt werden müssen (ein Gedanke, den wir in Kapitel 13 genauer untersuchen werden).

Es ist lächerlich, sich ein System vorzustellen, das keine Kopplung hat. Wenn wir wollen, dass zwei Teile unseres Systems miteinander kommunizieren, müssen sie

6 Kopplung und Kohäsion werden in dem bekannten C2-Wiki `https://wiki.c2.com/?CouplingAndCohesion` beschrieben.

bis zu einem gewissen Grad gekoppelt sein. Wie auch die Kohäsion ist die Kopplung eher eine Frage des Grads als eine Frage des absoluten Maßes. Die Kosten für ein unangemessenes Maß an Kopplung sind jedoch extrem hoch, sodass es wichtig ist, ihren Einfluss bei unseren Designs zu berücksichtigen.

Kopplung ist in gewisser Weise der Preis für Kohäsion. Die Bereiche Ihres Systems, die kohäsiv sind, sind wahrscheinlich auch enger gekoppelt.

10.6 Hohe Kohäsion durch TDD

Einmal mehr bietet die Verwendung automatisierter Tests, insbesondere TDD, bei der Entwicklung unseres Designs viele Vorteile. Das Streben nach einem testbaren Design und gut abstrahierten, auf das Verhalten fokussierten Tests für unser System übt Druck auf unser Design aus, unseren Code kohäsiver zu gestalten.

Bevor wir den Code schreiben, erstellen wir einen Testfall, der das Verhalten beschreibt, das wir im System beobachten wollen. Dadurch können wir uns auf das Design der externen API/Schnittstelle für unseren Code konzentrieren, was auch immer das sein mag. Jetzt arbeiten wir daran, eine Implementierung zu schreiben, die die kleine, ausführbare Spezifikation umsetzt, die wir erstellt haben. Wenn wir zu viel Code schreiben, mehr als zur Erfüllung der Spezifikation nötig ist, hintergehen wir unseren Entwicklungsprozess und verringern die Kohäsion der Implementierung. Wenn wir zu wenig schreiben, dann wird die Handlungsabsicht nicht erfüllt. Die TDD-Disziplin spornt uns an, den das ideale Maß für Kohäsion zu finden.

Wie immer gibt es keine Garantien. Dies ist kein mechanischer Prozess, und er ist immer noch von der Erfahrung und den Fähigkeiten des Programmierers abhängig, aber der Ansatz übt einen zuvor nicht vorhandenen Druck in Richtung eines besseren Ergebnisses aus und fördert diese Fähigkeiten und diese Erfahrung.

10.7 Wie erreicht man gute Kohäsion bei Software?

Der wichtigste Maßstab für die Kohäsion ist das Ausmaß bzw. die Kosten von Änderungen. Wenn Sie Ihre Code-Basis durchgehen und sie an vielen Stellen ändern müssen, um eine Änderung vorzunehmen, ist das kein sehr kohäsives System. Kohäsion ist ein Maß für den funktionalen Bezug. Sie ist ein Maß für den Zusammenhang des Zwecks. Das ist eine schwer greifbare Angelegenheit!

Lassen Sie uns ein einfaches Beispiel betrachten.

Wenn ich eine Klasse mit zwei Methoden erstelle, die jeweils mit einer Member-Variablen verknüpft sind (siehe Listing 10.3), so handelt es sich um schlechte Kohäsion, da die Variablen nicht wirklich miteinander verbunden sind. Sie sind für verschiedene Methoden spezifisch, werden aber auf Klassenebene zusammen gespeichert, obwohl sie nicht miteinander verbunden sind.

```
class PoorCohesion:
    def __init__(self):
        self.a = 0
        self.b = 0

    def process_a(x):
        a = a + x

    def process_b(x):
        b = b * x
```

Listing 10.3: Schlechtere Kohäsion

Listing 10.4 zeigt eine viel schönere, kohäsivere Lösung für dieses Problem. Beachten Sie, dass diese Version nicht nur kohäsiver, sondern auch modularer ist und eine bessere Trennung von Zuständigkeiten aufweist. Wir dürfen den Zusammenhang dieser Konzepte nicht ignorieren.

```
class BetterCohesionA:
    def __init__(self):
        self.a = 0

    def process_a(x):
        a = a + x

class BetterCohesionB:
        def __init__(self):
                self.b = 0

        def process_b(x):
            b = b * x
```

Listing 10.4: Bessere Kohäsion

In Kombination mit den übrigen Grundsätzen für den Umgang mit Komplexität hilft uns unser Wunsch nach einem testbaren Design, die Kohäsion unserer Lösungen zu verbessern. Die Auswirkungen einer ernsthaften Trennung von

Zuständigkeiten ist ein gutes Beispiel hierfür, insbesondere wenn es darum geht, zufällige Komplexität[7] von wesentlicher Komplexität zu trennen.[8]

Listing 10.5 zeigt drei einfache Beispiele für die Verbesserung der Kohäsion unseres Codes durch den bewussten Fokus auf die Trennung von »wesentlicher« und »zufälliger« Komplexität. In jedem Beispiel fügen wir einen Artikel zu einem Warenkorb hinzu, speichern ihn in einer Datenbank und berechnen den Wert des Warenkorbs.

```
def add_to_cart1(self, item):
    self.cart.add(item)

    conn = sqlite3.connect('my_db.sqlite')
    cur = conn.cursor()
    cur.execute('INSERT INTO cart (name, price)
        values (item.name, item.price) ')
    conn.commit()
    conn.close()

    return self.calculate_cart_total();

def add_to_cart2(self, item):
    self.cart.add(item)
    self.store.store_item(item)
    return self.calculate_cart_total();

def add_to_cart3(self, item, listener):
    self.cart.add(item)
    listener.on_item_added(self, item)
```

Listing 10.5: Drei Beispiele für Kohäsion

Die erste Funktion ist eindeutig kein kohäsiver Code. Hier sind viele Konzepte und Variablen durcheinandergewürfelt, und es gibt eine vollständige Vermischung von wesentlicher und zufälliger Komplexität. Ich würde sagen, dass dies sehr schlechter Code ist, selbst in diesem im Grunde belanglosen Umfang. Ich

7 Die zufällige Komplexität (engl. accidential complexity) eines Systems ist die Komplexität, die dem System aufgezwungen wird, weil wir auf einem Computer arbeiten. Sie ist ein Nebeneffekt bei der Lösung des eigentlichen Problems, an dem wir interessiert sind, z.B. die Probleme der Persistenz von Informationen, der Umgang mit Nebenläufigkeit oder komplexe APIs usw.

8 Die wesentliche Komplexität (engl. essential complexity) eines Systems ist die Komplexität, die mit der Lösung des Problems verbunden ist, z.B. die Berechnung eines Zinssatzes oder das Hinzufügen eines Artikels zu einem Warenkorb.

würde es vermeiden, solchen Code zu schreiben, weil er das Nachvollziehen der Vorgänge erschwert, selbst in diesem extrem einfachen Maßstab.

Das zweite Beispiel ist ein wenig besser. Es ist kohäsiver. Die Konzepte in dieser Funktion sind miteinander verwandt und stellen eine konsistentere Abstraktionsebene dar, da sie sich größtenteils auf die wesentliche Komplexität des Problems beziehen. Über die `store`-Anweisung könnte man wahrscheinlich diskutieren, aber zumindest haben wir die Details der zufälligen Komplexität an dieser Stelle ausgeblendet.

Der letzte Punkt ist interessant. Ich würde sagen, dass dies durchaus kohäsiv ist. Um eine sinnvolle Arbeit zu leisten, müssen wir sowohl den Artikel in den Einkaufswagen legen als auch andere, potenziell interessierte Parteien darüber informieren, dass der Artikel hinzugefügt wurde. Wir haben die Zuständigkeiten der Lagerung und der Notwendigkeit, eine Gesamtsumme für den Warenkorb zu berechnen, völlig voneinander getrennt. Diese Dinge können als Reaktion auf die Benachrichtigung über die Hinzufügung geschehen oder auch nicht, wenn diese Teile des Codes kein Interesse an dem Ereignis `item_added` angemeldet haben.

Dieser Code ist entweder kohäsiver, d.h., die wesentliche Komplexität des Problems liegt hier und die anderen Verhaltensweisen sind Nebeneffekte, oder er ist weniger kohäsiv, wenn Sie `store` und `total` als Teile dieses Problems betrachten. Letztendlich ist dies kontextabhängig und eine Designentscheidung, die auf dem Kontext der zu lösenden Probleme basiert.

10.8 Kosten von schlechter Kohäsion

Kohäsion ist vielleicht der am wenigsten direkt quantifizierbare Aspekt meiner »Werkzeuge zum Umgang mit Komplexität«, aber er ist wichtig. Das Problem ist, dass unser Code und unsere Systeme weniger flexibel, schwieriger zu testen und schwieriger zu bearbeiten sind, wenn die Kohäsion schlecht ist.

In dem einfachen Beispiel in Listing 10.5 wird die Auswirkung von kohäsivem Code deutlich. Wenn der Code verschiedene Zuständigkeiten durcheinanderbringt, fehlt es ihm an Klarheit und Lesbarkeit, wie `add_to_cart1` zeigt. Wenn die Zuständigkeiten breiter gestreut sind, kann es schwieriger sein zu erkennen, was passiert, wie in `add_to_cart3`. Indem wir verwandte Ideen nahe beieinander halten, maximieren wir die Lesbarkeit, wie in `add_to_cart2`.

In Wirklichkeit hat der in `add_to_cart3` angedeutete Designstil einige Vorteile, und dieser Code ist sicherlich ein angenehmeres Arbeitsumfeld als Version 1.

Was ich damit sagen will, ist, dass es ein ideales Maß für Kohäsion gibt. Wenn man zu viele Konzepte durcheinanderwirft, verliert man die Kohäsion auf einer Ebene ziemlich kleiner Details. In Beispiel 1 könnte man argumentieren, dass die gesamte Arbeit in einer einzigen Methode erledigt wird, aber das ist nur augenscheinlich kohäsiv.

In Wirklichkeit sind die Konzepte, die mit dem Hinzufügen eines Artikels zu einem Einkaufswagen verbunden sind, also das Geschäft bzw. die Hauptaufgabe der Funktion, mit anderen Aufgaben vermischt, die das Bild vernebeln. Selbst in diesem einfachen Beispiel ist es weniger klar, was dieser Code tut, bis wir ihn genauer untersuchen. Um diesen Code richtig zu verstehen, müssen wir viel mehr wissen.

Die andere Alternative, `add_to_cart3`, ist zwar vom Design her flexibler, aber immer noch unklar. In diesem Extremfall ist es leicht möglich, dass die Verantwortlichkeiten so unscharf und weit verstreut sind, dass es unmöglich ist, das Gesamtbild zu verstehen, ohne eine Menge Code zu lesen und zu verstehen. Das kann eine gute Sache sein, aber ich will damit sagen, dass diese lose Kopplung nicht nur ihren Preis hinsichtlich der Übersichtlichkeit hat, sondern auch einige Vorteile mit sich bringt.

Beide Schwachstellen liegen bei Produktionssystemen extrem häufig vor. Sie kommen sogar so häufig vor, dass sie bei großen, komplexen Systemen die Regel sein mögen. Dies ist ein Konstruktionsfehler, der mit erheblichen Kosten verbunden ist. Diese Kosten sind Ihnen bekannt, wenn Sie schon einmal an »Legacy Code« gearbeitet haben[9].

Es gibt einen einfachen, subjektiven Weg, schlechte Kohäsion zu erkennen. Wenn Sie jemals ein Stück Code gelesen und gedacht haben: »Ich weiß nicht, was dieser Code macht«, dann lag das wahrscheinlich daran, dass die Kohäsion schlecht war.

10.9 Kohäsion in menschlichen Systemen

Wie bei vielen anderen Konzepten in diesem Buch beschränken sich die Probleme mit der Kohäsion nicht nur auf den Code, den wir schreiben, und auf die Systeme, die wir aufbauen. Kohäsion ist ein Konzept, das auf der Informationsebene funktioniert und daher ebenso wichtig ist, um die Unternehmen, in denen wir arbeiten, sinnvoll zu strukturieren. Das naheliegendste Beispiel dafür ist die Organisation von Teams. Die Ergebnisse des »State-of-DevOps«-Berichts besagen, dass eines der wichtigsten Anzeichen für hohe Leistung, gemessen anhand von Durchsatz und Stabilität, die Fähigkeit von Teams ist, ihre eigenen Entscheidungen zu treffen, ohne jemanden außerhalb des Teams um Erlaubnis fragen zu müssen. Man kann sich

9 Bei Legacy Code oder Legacy-Systemen handelt es sich um Systeme, die schon eine Weile im Einsatz sind. Wahrscheinlich liefern sie den Unternehmen, die sie betreiben, immer noch einen wichtigen Wert, aber sie haben sich oft zu einem schlecht konzipierten, verworrenen Code-Wirrwarr entwickelt. Michael Feathers definiert *Legacy*-Systeme als »Systeme ohne Tests«.

das auch so vorstellen, dass die Informationen und Fähigkeiten des Teams kohäsiv sind, d.h., das Team verfügt in seinem Rahmen über alle notwendigen Informationen, die es braucht, um Entscheidungen zu treffen und Fortschritte zu erzielen.

10.10 Zusammenfassung

Kohäsion ist wahrscheinlich das am schwierigsten greifbare Konzept in der Liste der Konzepte zum Umgang mit Komplexität. Software-Entwickler können manchmal argumentieren – und tun dies auch –, dass der gesamte Code zumindest dann kohäsiv ist, wenn er sich an einem Ort, in einer Datei und sogar in einer Funktion befindet, aber das ist zu vereinfacht ausgedrückt.

Code, der wahllos Ideen auf diese Weise kombiniert, ist nicht kohäsiv; er ist einfach nur unstrukturiert. Er ist schlecht. Er hindert uns daran, klar zu erkennen, was der Code tut und wie man ihn sicher ändern kann.

Bei der Kohäsion geht es darum, verwandte Konzepte, Konzepte, die sich gemeinsam ändern, im Code zusammenzubringen. Wenn sie nur zufällig »zusammen« sind, weil alles »zusammen« ist, haben wir nicht wirklich viel erreicht.

Kohäsion ist das Gegenstück zur Modularität und hat vor allem dann Sinn, wenn sie in Kombination mit Modularität betrachtet wird. Eines der wirksamsten Werkzeuge, das uns hilft, ein gutes Gleichgewicht zwischen Kohäsion und Modularität zu finden, ist die Trennung von Zuständigkeiten.

Kapitel 11

Trennung von Zuständigkeiten

Trennung von Zuständigkeiten (engl. Separation of Concerns) wird definiert als »ein Designprinzip zur Aufteilung eines Computerprogramms in verschiedene Abschnitte, sodass jeder Abschnitt ein separates Anliegen behandelt«[1].

Die Trennung von Zuständigkeiten ist das mächtigste Designprinzip in meiner eigenen Arbeit. Ich wende es überall an.

Die einfache umgangssprachliche Beschreibung der Trennung von Zuständigkeiten lautet: »Eine Klasse, eine Sache. Eine Methode, eine Sache«. Das ist nur eine nette Floskel, aber das gibt Entwicklern, die funktional programmieren, keinen Freifahrtschein, sie zu ignorieren.

Es geht um Übersichtlichkeit und Fokus in unserem Code und in unseren Systemen. Die Trennung von Zuständigkeiten ist eine der wichtigsten Techniken, die uns dabei helfen, Modularität, Kohäsion und Abstraktion in den von uns geschaffenen Systemen zu verbessern und dadurch die Kopplung auf ein effektives Minimum zu reduzieren.

Die Trennung von Zuständigkeiten funktioniert auch auf allen Detailebenen. Sie ist sowohl auf der Ebene ganzer Systeme als auch auf der Ebene der einzelnen Funktionen eines Systems eine hilfreiche Leitlinie.

Die Trennung von Zuständigkeiten steht nicht auf einer Stufe mit Kohäsion und Modularität. Diese beiden sind Eigenschaften von Code, und wenn wir von Code sprechen, der eine »gute Trennung von Zuständigkeiten« aufweist, meinen wir damit eigentlich, dass »Dinge, die nichts miteinander zu tun haben, weit voneinander entfernt sind, und die Dinge, die miteinander zu tun haben, nahe beieinander liegen«. Die Trennung von Zuständigkeiten ist in Wirklichkeit eine besondere Form von Modularität und Kohäsion.

Die Trennung von Zuständigkeiten ist in erster Linie eine Technik, die wir anwenden können, um die Kopplung zu verringern und die Kohäsion und Modularität unseres Codes und unserer Systeme zu verbessern.

Das schmälert allerdings ihre Bedeutung für meine Herangehensweise an den Designprozess ein wenig. Die Trennung von Zuständigkeiten ist für mich eine wesentliche Triebfeder für gute Designentscheidungen. Sie ermöglicht es mir, den

---

1 Quelle: Wikipedia, `https://en.wikipedia.org/wiki/Separation_of_concerns`

Code und die Architektur der von mir erstellten Systeme sauber, fokussiert, zusammensetzbar, flexibel, effizient, skalierbar und offen für Änderungen zu halten, sowie viele andere gute Dinge.

Auswechseln einer Datenbank

Als wir unsere Finanzhandelsplattform aufgebaut haben, haben wir die in diesem Buch dargestellten Ingenieursdisziplinen übernommen. Tatsächlich war es diese Erfahrung, die mich dazu brachte, dieses Buch schreiben zu wollen. Unsere Plattform war fantastisch – die beste Code-Basis für ein großes System, an der ich je gearbeitet oder die ich je gesehen habe.

Wir verfolgten einen strikten Ansatz zur Trennung von Zuständigkeiten, angefangen bei einzelnen Funktionen bis hin zu unserer Unternehmens-Systemarchitektur. Wir konnten eine Geschäftslogik schreiben, die überhaupt nichts über ihre Umgebung wusste, die vollständig testbar war, die keine Remote-Aufrufe tätigte, die keine ihr bekannten Daten aufzeichnete, die die Adressen ihrer Mitarbeiter nicht kannte und die sich keine Gedanken über ihre eigene Sicherheit, Skalierbarkeit oder Ausfallsicherheit machte.

Diese Services konnten so funktionieren, weil sich um alle diese Verhaltensweisen andernorts gekümmert wurde; sie waren andere »Anliegen« des Systems. Die Teile des Verhaltens, die diese Services für die Kernlogik bereitstellten, wussten gar nichts über das Unternehmen, in dem sie eingesetzt wurden, und sie wussten auch nicht, was der Code tat, für den sie diese Services bereitstellten.

Infolgedessen war ein auf die Domäne fokussierter Service in diesem System von Haus aus sicher, langlebig, in hohem Maße verfügbar, skalierbar, widerstandsfähig und hoch performant.

Eines Tages entschieden wir, dass wir mit den Geschäftsbedingungen unseres Anbieters für relationale Datenbanken nicht einverstanden waren. Wir nutzten diese Datenbank, um einen Teil des Inhalts unseres Data Warehouses zu speichern, eines großen Datenspeichers, der schnell wuchs und in dem Details zur Auftragshistorie und andere geschäftskritische Informationen gespeichert waren.

Wir luden eines der quelloffenen relationalen Datenbankmanagementsysteme (RDBMS) herunter, kopierten es in unser Repository für derartige Abhängigkeiten, erstellten ein Skript für seine Bereitstellung und nahmen einige einfache Änderungen an dem Code vor, der mit dem RDBMS interagierte. Dies war aufgrund der Trennung von Zuständigkeiten in unserer Architektur sehr einfach. Anschließend übermittelten wir die Änderung an unsere Continuous-Delivery-Deployment-Pipeline. Ein paar Tests schlugen fehl; wir spürten den Fehler auf, behoben die Probleme und übergaben dann die neue Version an die Pipeline. Alle Tests in unserer Deployment-Pipeline wurden bei diesem zweiten Versuch bestanden, sodass wir wussten, dass unsere Änderung sicher freigegeben werden konnte. Unsere Änderungen wurden beim nächsten Release des Systems einige Tage später in die Produktion übernommen.

Diese ganze Geschichte dauerte einen einzigen Vormittag!

Ohne eine gute Trennung von Zuständigkeiten hätte dies Monate oder Jahre gedauert und wäre deshalb wahrscheinlich nicht einmal in Erwägung gezogen worden.

Schauen wir uns ein einfaches Beispiel an. Im vorigen Kapitel habe ich drei Beispiele für Code gezeigt, der das gleiche Problem löst; Listing 11.1 zeigt sie noch einmal.

```
def add_to_cart1(self, item):
    self.cart.add(item)

    conn = sqlite3.connect('my_db.sqlite')
    cur = conn.cursor()
    cur.execute('INSERT INTO cart (name, price)
        values (item.name, item.price)')
    conn.commit()
    conn.close()

    return self.calculate_cart_total();

def add_to_cart2(self, item):
    self.cart.add(item)
    self.store.store_item(item)
    return self.calculate_cart_total();

def add_to_cart3(self, item, listener):
    self.cart.add(item)
    listener.on_item_added(self, item)
```

Listing 11.1: Drei Beispiele für die Trennung von Zuständigkeiten

Im vorigen Kapitel haben wir diese im Zusammenhang mit der Kohäsion behandelt, aber das Prinzip, das ich angewandt habe, um ein kohäsives Ergebnis zu erzielen, war die Trennung von Zuständigkeiten.

Im ersten, schlechten Beispiel, `add_to_cart1`, ist die Trennung nicht vorhanden. Dieser Code vermischt das Kernstück der Funktion, nämlich das Hinzufügen von

Waren zum Warenkorb, mit dem vertraulichen Detail darüber, wie die Dinge in einer relationalen Datenbank gespeichert werden. Als Nebeneffekt wird dann noch eine Art Gesamtsumme errechnet. Übel!

Das zweite Beispiel, `add_to_cart2`, ist ein erheblicher Schritt nach vorn. Jetzt initiieren wir die Speicherung, aber es ist uns egal, wie das funktioniert. Wir könnten uns vorstellen, dass das `store` der Klasse übergeben wird und alles sein kann. Dieser Code ist dadurch wesentlich flexibler. Er weiß jedoch immer noch, dass es um die Speicherung und die Berechnung der Gesamtsumme des Warenkorbs geht.

Das dritte Beispiel stellt eine vollständigere Trennung von Zuständigkeiten dar. In diesem Beispiel führt der Code das Kernverhalten aus, nämlich das Hinzufügen von etwas in den Warenkorb, und signalisiert dann lediglich, dass etwas hinzugefügt wurde. Dieser Code weiß nicht, was als Nächstes passiert, und es ist ihm auch egal. Er ist vollständig von der Speicherung und Gesamtberechnung entkoppelt. Dieser Code ist als Folge dessen wesentlich kohäsiver und modularer.

Zweifelsohne gibt es hier, wie bei jeder Designentscheidung, eine Wahlmöglichkeit. Ich würde behaupten, dass `add_to_cart1` einfach schlecht ist. Die Trennung von Zuständigkeiten würde diesen Code ausschließen. Das Leitprinzip ist, dass es sich um eine Mischung aus wesentlicher und zufälliger Komplexität handelt. Das heißt, wie und wo wir etwas speichern, ist für das Kernverhalten des Warenkorbs, das wir zu schaffen versuchen, nicht von Belang. Wir wollen eine klare Linie, eine Trennung zwischen dem Code, der sich mit wesentlicher und dem Code, der sich mit zufälliger Komplexität beschäftigt.

Der Unterschied zwischen den letzteren beiden Beispielen ist etwas nuancierter. Dies ist eher eine Frage von Kontext und Entscheidung. Meine persönliche Präferenz liegt eindeutig bei `add_to_cart3`. Dies ist die flexibelste Lösung von allen. Ich kann mich dafür oder dagegen entscheiden, meine Trennung mit einem methodeninjizierten Listener wie diesem zu erreichen, aber mir gefällt es sehr, dass ich das Konzept der Speicherung aus meinem Kernbereich entfernt habe.

Dies ist der Code, den ich normalerweise schreiben würde. Meiner Meinung nach bringt Version 2 von `add_to_cart` immer noch die Zuständigkeiten durcheinander. Ich denke allemal, dass `store_item` eine bessere Abstraktion darstellt als einige Verbindungs- und SQL-Sachen, aber das Konzept selbst liegt immer noch im Bereich der zufälligen Komplexität. Wenn man etwas in einen echten Einkaufswagen legt, muss man sich schließlich auch nicht um die Persistenz kümmern!

Version 3 gibt mir die größte Wahlfreiheit, ohne dass ich dafür einen wirklichen Nachteil in Kauf nehmen muss. Ein berechtigter Kritikpunkt an diesem Ansatz ist, dass man hier nicht sehen kann, dass eine Speicherung stattfindet, aber das ist hier, in diesem Moment, für dieses Stück Code nicht wirklich wichtig. Die Speicherung ist ein Nebeneffekt der Funktionsweise unseres Computers und nicht das Kernverhalten beim Hinzufügen von Produkten zu einem Einkaufswagen. Im dritten Beispiel können wir deutlich sehen, dass beim Hinzufügen eines Artikels noch etwas anderes passiert; es ist uns nur egal, was. Wenn es uns interessiert, können wir nachsehen.

Denken Sie einen Moment lang über die Testbarkeit jeder dieser Methoden nach. Version 1 wird furchtbar zu testen sein; wir brauchen eine Datenbank, daher wird es schwierig sein, den Test zu erstellen, und er wird vermutlich sehr instabil und langsam sein. Entweder wird die Datenbank gemeinsam genutzt und kann sich außerhalb des Tests ändern, oder sie wird während der Einrichtung des Tests erstellt, und jeder Testlauf wird sehr langsam sein. Die beiden anderen Versionen können einfach und effizient mit Fakes getestet werden.

Das Hauptargument gegen Version 3 ist, dass weniger klar ist, was vor sich geht. Ich stimme natürlich zu, dass Klarheit innerhalb des Codes eine Tugend ist. Eigentlich ist das jedoch nur eine Frage des Kontexts. Ich betrachte hier den Code, der für das Hinzufügen eines Artikels zu einem Warenkorb verantwortlich ist. Warum sollte er wissen, was als Nächstes passiert?

Dieser Fokus auf die Trennung von Zuständigkeiten hat uns geholfen, die Modularität und die Kohäsion des Codes zu verbessern. Je nachdem, inwieweit die Zusammenarbeit verschiedener Teile von Bedeutung ist – zum Beispiel Listener, die Ergebnisse speichern oder Gesamtsummen berechnen –, können wir die korrekte Herstellung dieser Beziehungen an anderer Stelle testen.

Das »Gesamtbild« ist also nur deshalb unscharf, weil wir an der falschen Stelle suchen. Wenn wir diese recht naive Sicht auf die Welt einnehmen würden, sollte dann der generische Code, den wir zur Darstellung unseres Einkaufswagens verwenden, nicht auch etwas über Speicherung und Summen wissen? Natürlich nicht!

Einer der Gründe, warum ich die **Trennung von Zuständigkeiten** als Leitprinzip so sehr schätze, ist, dass sie mich daran erinnert, meinen Fokus klein zu halten. Ich bin stolz auf den Code, den ich geschrieben habe, wenn man sich jeden Teil ansehen und verstehen kann, was er tut, ohne länger zu überlegen. Wenn man mehr als eine Handvoll Sekunden darüber nachdenken muss, habe ich versagt. Vielleicht müssen Sie verstehen, wie dieser Teil von anderen Teilen verwendet wird, aber diese anderen Teile haben ihre eigenen Zuständigkeiten, für die Sie verantwortlich sind, und ich drücke sie idealerweise genauso klar aus.

11.1 Dependency Injection

Ein äußerst nützliches Werkzeug zum Erreichen einer guten Trennung von Zuständigkeiten ist die **Dependency Injection**. Bei der Dependency Injection werden die Abhängigkeiten eines Code-Teils als Parameter übergeben, anstatt direkt erzeugt zu werden.

In unserem inzwischen etwas überstrapazierten Beispiel wird in `add_to_cart1` die Verbindung zur Datenbank explizit innerhalb der Methode hergestellt und geöffnet. Das bedeutet, dass es keine Möglichkeit gibt, eine Alternative zu verwenden. Wir sind eng an diese spezielle Implementierung gekoppelt, sogar an diese speziell benannte Instanz der Datenbank. Wenn der **`store`** in Version 2 als Konstruktor-Parameter übergeben wird, bedeutet dies sofort eine wesentliche Verbesserung hinsichtlich der Flexibilität. Wir können alles bereitstellen, was `store_item` implementiert.

In Version 3 unserer `add_to_cart`-Methode kann der Listener alles sein, was `on_item_added` implementiert.

Diese kleine Änderung in der Beziehung zwischen den Verhaltensweisen dieses Codes ist bedeutsam. Im ersten Fall, der Version 1, erzeugt der Code alles, was er braucht, daher ist er sehr eng an eine einzige, spezifische Implementierung gekoppelt. Dieser Code ist von vornherein unflexibel. In den anderen Fällen arbeitet der Code mit anderen Komponenten des Systems zusammen. Daher weiß er wenig über deren Funktionsweise und interessiert sich auch nicht dafür.

Dependency Injection wird oft als Funktion eines Tools oder Frameworks missverstanden, aber das ist es nicht. Dependency Injection kann man in den meisten Sprachen, sicherlich in jeder OO- oder funktionalen Sprache, von Haus aus nutzen und sie ist ein leistungsfähiger Designansatz. Ich habe sogar gesehen, wie sie mit sehr großem Erfolg in Unix-Shell-Skripten eingesetzt wurde.

Dependency Injection ist ein fantastisches Werkzeug, um die Kopplung auf ein angemessenes, sinnvolles Maß zu reduzieren, aber es ist auch ein effektives Mittel, um eine Demarkationslinie zwischen Zuständigkeiten zu bilden. Ich möchte nochmals darauf hinweisen, wie sehr all diese Ideen miteinander verknüpft sind. Das ist nicht zur Wiederholung, sondern liegt daran, dass wir einige wichtige, tiefgreifende Eigenschaften von Software und Software-Entwicklung beschreiben; wenn wir uns diesen Problemen also aus verschiedenen Richtungen nähern, überschneiden sie sich unweigerlich.

11.2 Trennung von wesentlicher und zufälliger Komplexität

Ein effektiver Weg zur Verbesserung der Qualität unseres Designs besteht darin, die Trennung von Zuständigkeiten auf eine bestimmte Art und Weise anzustreben, d.h., die wesentliche Komplexität unserer Systeme von der zufälligen zu trennen. Wenn Ihnen das Konzept der »wesentlichen« und »zufälligen« Komplexität neu ist: Es handelt sich dabei um wichtige Ideen, die erstmals in Fred Brooks' bekannter Abhandlung »There is No Silver Bullet« beschrieben wurde, die bereits an früherer Stelle in diesem Buch erwähnt wurde.

Die **wesentliche Komplexität** eines Systems ist die Komplexität, die in der Natur des Problems liegt, das Sie zu lösen versuchen, z.B. wie man den Wert eines Bankkontos berechnet, wie man die Artikel in einem Warenkorb zusammenzählt oder sogar, wie man die Flugbahn eines Raumschiffs berechnet. Die Beschäftigung mit dieser Komplexität ist der eigentliche Wert, den unser System bietet.

Die **zufällige Komplexität** umfasst alles andere – die Probleme, die wir als Nebeneffekt lösen müssen, wenn wir etwas Nützliches mit Computern machen. Dabei handelt es sich um Dinge wie die Persistenz von Daten, die Darstellung von Dingen auf einem Bildschirm, Clustering, einige Sicherheitsaspekte ... eigentlich alles, was nicht direkt mit der Lösung des eigentlichen Problems zu tun hat.

Nur weil sie »zufällig« ist, heißt das nicht, dass sie unwichtig ist. Unsere Software läuft auf einem Computer, also ist der Umgang mit den damit verbundenen Einschränkungen und Gegebenheiten wichtig, aber wenn wir ein System bauen würden, das fantastisch mit zufälliger Komplexität umgehen kann, aber keine wesentliche Komplexität aufweist, wäre es per Definition nutzlos! Es ist also in unserem Interesse, die zufällige Komplexität zu minimieren, ohne sie zu ignorieren.

Ein effektiver Ansatz zur Verbesserung unserer Designs durch Trennung von Zuständigkeiten besteht darin, sich ganz klar auf die Trennung von Zuständigkeiten der zufälligen und der wesentlichen Komplexität unserer Systeme zu konzentrieren.

Ich möchte, dass die Logik meines Systems, die sich darum kümmert, wie man ein Auto fährt, von der Logik getrennt ist, die weiß, wie man Informationen auf einem Bildschirm anzeigt, und dass die Logik, die weiß, wie man einen Handel bewertet, von der Art und Weise, wie dieser Handel gespeichert oder kommuniziert wird, getrennt ist.

Dies mag offensichtlich erscheinen oder auch nicht, aber es ist wichtig, und subjektiv scheint es mir nicht so zu sein, wie der meiste Code geschrieben wird. Der meiste Code, den ich sehe, vermengt diese beiden unterschiedlichen Klassen von Verantwortlichkeiten. Es ist weitverbreitet, dass Geschäftslogik mit Anzeige-Code vermischt wird und sich die Details der Persistenz inmitten dieser Logik befinden, die mit der Kerndomäne des Systems (der wesentlichen Komplexität) beschäftigt ist, oder es zumindest sein sollte.

Dies ist noch ein weiterer Bereich, in dem der Fokus auf die Testbarkeit unseres Codes und unserer Systeme eine große Hilfe bei der Verbesserung unseres Designs sein kann.

Listing 10.1 hat dies deutlich gezeigt. Dieser Code ist nicht wirklich testbar, es sei denn auf die naivste und komplexeste Weise. Sicher, ich könnte einen Test schreiben, der zuerst eine Datei namens words.txt an einem bestimmten Ort auf der Festplatte erstellt und dann den Code ausführt und nach einem Ergebnis an einem bestimmten Ort in einer anderen Datei namens sorted.txt sucht, aber das wäre langsam, ärgerlich komplex und so sehr an die Umgebung gekoppelt, dass ich den

Test ganz zerstören könnte, indem ich die Dateien umbenenne oder an einen anderen Ort verschiebe. Versuchen Sie, diesen Test parallel zu ihm selbst oder zu etwas eng mit ihm Verknüpftem laufen zu lassen, und Sie werden schnell mit einigen unerfreulichen Problemen konfrontiert!

Der Großteil der Arbeit in Listing 10.1 hat nicht einmal ansatzweise etwas mit dem Verhalten des Codes zu tun, auf das es ankommt. Es ist fast nur zufällige Komplexität im Herzen des Codes, der sich auf etwas Wichtigeres konzentrieren sollte – in diesem Fall auf das Sortieren einer Sammlung von Wörtern.

Listing 10.2 hat die Kohäsion verbessert, ist aber immer noch nicht als Einheit testbar. In dieser Hinsicht hat es die gleichen Probleme wie Listing 10.1.

Listing 11.2 ist ein Beispiel für den Versuch, diesen Code rein unter dem Gesichtspunkt zu verbessern, die zufällige von der wesentlichen Komplexität zu trennen. Ich würde Bezeichnungen wie »wesentlich« oder »zufällig« für echten Code nicht wirklich wählen; sie dienen nur dazu, das Beispiel deutlicher zu machen.

```
Public interface Accidental
{
    String[] readWords() throws IOException
    boolean storeWords(List<String> sorted)
        throws IOException
}

public class Essential
{
    public boolean loadProcessAndStore(Accidental accidental)
        throws IOException
    {
        List<String> sorted =
           sortWords(accidental.readWords());
        return accidental.storeWords(sorted);
    }

    private List<String> sortWords(String[] words)
    {
        List<String> sorted = Arrays.asList(words);
        sorted.sort(null);
        return sorted;
    }
}
```

Listing 11.2: Trennung von zufälliger und wesentlicher Komplexität

Angenommen, wir implementieren die Funktionen für die zufällige Komplexität, die in unserer Schnittstelle »Accidental« in Listing 11.2 beschrieben sind, dann tut dieser Code genau dasselbe wie in Listing 10.1 und Listing 10.2, aber er ist besser. Durch die Trennung von Zuständigkeiten – in diesem Fall durch die Verwendung der »Naht« zwischen der zufälligen Komplexität und der wesentlichen Komplexität des zu lösenden Problems – haben wir die Dinge erheblich verbessert. Dieser Code ist leichter zu lesen, stärker auf das eigentliche Problem fokussiert und dadurch wesentlich flexibler. Wenn wir Wörter von einem anderen Ort als einer Datei an einem bestimmten Ort auf einem bestimmten Gerät bereitstellen wollen, können wir das. Wenn wir die sortierten Wörter an einem anderen Ort speichern wollen, können wir das.

Das ist immer noch kein toller Code. Wir könnten seine Trennung von Zuständigkeiten weiter verbessern, um seinen Fokus zu erhöhen und ihn sowohl in Bezug auf die Lesbarkeit als auch auf technischer Ebene besser zu entkoppeln.

Listing 11.3 zeigt etwas, das etwas näher dran ist; wir könnten sicherlich über einige meiner Benennungsentscheidungen diskutieren, was eher kontextabhängig wäre, aber rein aus der Perspektive der Trennung von Zuständigkeiten hoffe ich, dass Sie einen sehr großen Unterschied zwischen dem Code in Listing 10.1 und dem in den Listing 11.2 und Listing 11.3 erkennen können. Selbst in diesem einfachen Beispiel haben wir die Lesbarkeit, Testbarkeit, Flexibilität und Nützlichkeit des Codes verbessert, indem wir diese Designprinzipien befolgt haben.

```
public interface WordSource
{
    String[] words();
}

public interface WordsListener
{
    void onWordsChanged(List<String> sorted);
}

public class WordSorter
{
    public void sortWords(WordSource words,
        WordsListener listener)
    {
        listener.onWordsChanged(sort(words.words()));
    }

    private List<String> sort(String[] words)
```

```
    {
        List<String> sorted = Arrays.asList(words);
        sorted.sort(null);
        return sorted;
    }
}
```

Listing 11.3: Beseitigung zufälliger Komplexität durch Abstraktion

Die Trennung von wesentlicher und zufälliger Komplexität ist ein guter Ausgangspunkt, um einen Code mit besserer Trennung von Zuständigkeiten zu erreichen. Dieser Ansatz ist sehr wertvoll und darüber hinaus leicht zu erreichen. Was ist mit anderen gemischten Anliegen?

11.3 Bedeutung von DDD

Wir können unsere Designs auch aus der Perspektive der Anwendungsdomäne betrachten. Wenn wir einen evolutionären, inkrementellen Ansatz für den Designprozess wählen, können wir so arbeiten, dass wir genau nach den Momenten Ausschau halten, in denen wir neue Zuständigkeiten identifizieren – Zuständigkeiten, die sonst in unseren Designs unangemessen zusammengeführt werden könnten.

Listing 11.4 zeigt etwas Python-Code. Darin versuche ich, eine Version des Kinderspiels »Schiffe versenken« zu erstellen, bei der wir versuchen, die Flotte des Gegners zu versenken.

Ich bin bei meinem Design an einem Punkt angelangt, an dem ich anfange, es infrage zu stellen.

```
Class GameSheet:
    def __init__(self):
        self.sheet = {}
        self.width = MAX_COLUMNS
        self.height = MAX_ROWS
        self.ships = {}
        self._init_s

    def add_ship(self, ship):
        self._assert_can_add_ship(ship)
        ship.orientation.place_ship(self, ship)
        self._ship_added(ship)
```

Listing 11.4: Fehlendes Konzept

In meinem GameSheet, das den Spielbereich, also das Raster der Quadrate des Spiels, darstellt, bin ich zu dem Punkt gekommen, an dem ich dem Bereich ein Schiff hinzufügen möchte.

Ich benutzte Test-Driven Development (TDD), um diesen Code zu erstellen, und zu diesem Zeitpunkt verfügte ich über eine wachsende Reihe von Tests in GameSheetTest, die sich auf die Komplexität des Hinzufügens eines Schiffs konzentrierten. Von den elf Tests konzentrierten sich sechs darauf zu testen, ob ich ein Schiff auf dem GameSheet platzieren durfte. Ich hatte begonnen, dem GameSheet Validierungs-Code hinzuzufügen, um meine Hinzufügungen zu überprüfen, und ich hatte etwa neun oder zehn Zeilen Code in drei zusätzlichen Funktionen.

Ich hatte ein ungutes Gefühl beim Design meines Codes und in Bezug auf die Tests, die ihn unterstützten. Beide wurden immer umfangreicher und komplexer, zwar nicht viel, aber doch genug, um mich auf die Suche nach dem Fehler zu machen. Dann wurde mir klar, dass ich einen Fehler bei der Trennung von Zuständigkeiten gemacht hatte. Mein Problem war, dass in meinem Design ein wichtiges Konzept völlig fehlte.

Mein GameSheet war für die Position der Schiffe *und* die Spielregeln verantwortlich. Ein »und« in der Beschreibung einer Klasse oder einer Methode ist ein Warnzeichen. Es sagt aus, dass ich zwei Anliegen habe und nicht nur eines. In diesem Fall wurde mir schnell klar, dass mir das Konzept der »Regeln« in meiner Implementierung fehlte. Ich überarbeitete den Code und die Tests und extrahierte eine neue Klasse namens Rules. Listing 11.5 zeigt, wie das Hinzufügen von Rules die Dinge vereinfacht.

```
Class GameSheet:
   def __init__(self, rules):
      self.sheet = {}
      self.width = MAX_COLUMNS
      self.height = MAX_ROWS
      self.rules = rules
      self._init_sheet()

   def add_ship(self, ship):
      self.rules.assert_can_add_ship(ship)
      ship.orientation.place_ship(self, ship)
      self._ship_added(ship)
```

Listing 11.5: Auf den Code hören

Dies hat das GameSheet sofort vereinfacht. Dadurch entfiel die Notwendigkeit, dass das Spielbrett eine Sammlung von Schiffen (Ships) enthält, und es entfernte neun oder zehn Zeilen Validierungslogik, die nur der Anfang der Entwicklung meines Codes gewesen war und sich auf die Überprüfung der Regelkonformität konzentrierte.

Letztendlich gab mir diese Änderung mehr Flexibilität in meinem Design für die Zukunft, indem es mir erlaubte, die Logik des `GameSheet` und die `Rules` unabhängig voneinander besser zu testen, und öffnete möglicherweise als Nebeneffekt die Tür dafür, dass dieser Code eines Tages mit verschiedenen Versionen der Regeln funktionieren würde. Ich habe mir keine Gedanken darüber gemacht, wie diese Regeln aussehen könnten. Ich habe keine zusätzliche Arbeit geleistet, um irgendwelche imaginären zukünftigen neuen Regeln zu unterstützen, aber es gab jetzt eine »Naht« in meinem Code, die sich möglicherweise in der Zukunft als nützlich erweisen könnte, während es mir in der pragmatischen realen Welt der Gegenwart ermöglichte, meinen Code besser zu testen und mein Design zu verbessern. All dies wurde durch einen einfachen Fokus auf die Trennung von Zuständigkeiten angetrieben.

Das Problem, das Sie lösen, hilft Ihnen dabei, sinnvolle Grenzen in Ihrem Code zu definieren – das ist die Essenz der Trennung von Zuständigkeiten. Dies gilt für verschiedene Detailebenen. Wir können mit Bounded Contexts beginnen, um Module (oder Services) in unserem Design grob zu identifizieren, und dann daran arbeiten, unser Design im Laufe der Zeit zu verfeinern, wenn wir mehr über das zu lösende Problem erfahren und einen tieferen Einblick in die Lesbarkeit unseres Codes erhalten.

Einer der Schlüssel dazu ist, eine sehr niedrige Toleranz für Komplexität aufrechtzuerhalten. Der Code sollte einfach und lesbar sein, und sobald er anfängt, sich wie harte Arbeit anzufühlen, sollten Sie innehalten und nach Möglichkeiten suchen, um den vor Ihnen liegenden Teil zu vereinfachen und klarer zu gestalten.

In dem in den Listing 11.4 und Listing 11.5 dargestellten Beispiel bestand das, was mich an meinem Design zweifeln ließ, wahrscheinlich nur aus zehn Zeilen Code und ein paar Testfällen, von denen ich später feststellte, dass sie sich an der falschen Stelle befanden. Dies ist einer der Gründe, warum ich die Trennung von Zuständigkeiten so sehr schätze. Sie bietet mir einen Mechanismus, um sehr früh im Entwicklungsprozess Probleme erkennen zu können, die, sofern ich nicht darauf reagiere, zu einer verminderten Modularität und schlechter Kohäsion führen.

11.4 Testbarkeit

Dieser Ansatz zur schrittweisen Weiterentwicklung des Code-Designs bei gleichzeitiger Überwachung einer unzureichenden Trennung von Zuständigkeiten wird durch Testen untermauert. Wie ich bereits beschrieben habe, kann uns Dependency Injektion dabei helfen, unsere Designs zu verbessern, aber ein noch leistungsfähigeres, vielleicht sogar grundlegenderes Werkzeug, um eine wirksame Trennung von Zuständigkeiten zu erreichen, ist die Testbarkeit.

Wir können die Testbarkeit der von uns erstellten Systeme nutzen, um deren Qualität in einer Weise zu verbessern, wie es außer mit Talent und Erfahrung kaum möglich ist.

Wenn wir sicherstellen wollen, dass unser Code einfach zu testen ist, *müssen* wir die Zuständigkeiten trennen, sonst fehlt unseren Tests der Fokus. Außerdem werden unsere Tests komplexer, und es wird schwierig sein, sie wiederholbar und zuverlässig zu machen. Das Bestreben, die Variablen zu kontrollieren, damit wir testen können, ermutigt uns, Systeme zu erstellen, die die von uns geschätzten Eigenschaften hoher Software-Qualität aufweisen: Modularität, Kohäsion, Trennung von Zuständigkeiten, Information Hiding und lose Kopplung.

11.5 Ports & Adapters

Durch die Konzentration auf die Trennung von Zuständigkeiten ist es unser Ziel, die Modularität und Kohäsion unserer Systeme zu verbessern. Dies wiederum führt dazu, dass unsere Systeme insgesamt weniger stark gekoppelt sind. Der angemessene Umgang mit der Kopplung in unseren Systemen sollte eines der Hauptaugenmerke unserer Designs sein, und das gilt für jede Detailebene.

Eine Ebene, auf der dies vielleicht am deutlichsten zu sehen und von Wert ist, sind die »Nahtstellen« in unserem Code, an denen eine »Zuständigkeit« mit einer anderen interagiert. Dies sind die Stellen in unseren Systemen, an denen wir immer verstärkt Sorgfalt walten lassen sollten.

Schauen wir uns ein einfaches Beispiel an (siehe Listing 11.6). Hier haben wir einen Code, der etwas speichern möchte – in diesem Fall in einem Amazon AWS S3-Bucket. Wir haben einen Code, der verarbeitet, was auch immer wir speichern wollen, und einen Code, der die Speicherung selbst aufruft, was ein guter Anfang ist, um die Zuständigkeiten der Verarbeitung und Speicherung zu trennen.

Damit dieser Code funktioniert, muss der `s3client` irgendwo initialisiert werden, sodass er die notwendigen Details des Kontos kennt, dem der Bucket gehört, und so weiter. Ich habe diesen Code hier absichtlich nicht gezeigt; ich bin sicher, dass Sie sich verschiedene Wege vorstellen können, wie `s3client` zu diesem Punkt gelangt ist. Einige dieser Wege weisen eine bessere oder schlechtere Trennung von Zuständigkeiten auf. Konzentrieren wir uns in diesem Fall einfach auf diese Funktion.

```
void doSomething(Thing thing) {
    String processedThing = process(thing);
    s3client.putObject("myBucket", "keyForMyThing,"
        processedThing);
}
```

Listing 11.6: Speichern einer Zeichenfolge in S3

So wie es aussieht, wurde der Code in Listing 11.6 aus zwei verschiedenen Perspektiven geschrieben. Wir sind es gewohnt, solchen Code ständig zu sehen, aber lassen Sie uns einen Moment darüber nachdenken. Hier haben wir zwei sehr unterschiedliche Schwerpunkte und zwei sehr unterschiedliche Abstraktionsebenen innerhalb von nur zwei Code-Zeilen.

Die erste Zeile ist darauf ausgerichtet, etwas zu tun, was in der Welt der Funktion oder Methode Sinn ergibt, vielleicht ist »process(thing)« in einem geschäftlichen Kontext sinnvoll; das ist eigentlich egal, außer dass dies vermutlich der Fokus, der wesentliche Teil dieses Codes ist. Dies ist die Aufgabe, die wir erledigt haben wollen, und sie ist aus dieser Perspektive geschrieben. Die zweite Zeile ist, ähm, fremd. Sie ist ein Eindringling, der zufällige Komplexität in das Herz unserer Logik eingebracht hat.

Eine Interpretation von Kohäsion ist, dass das Abstraktionsniveau innerhalb eines bestimmten Bereichs konsistent bleiben sollte. Was wäre also, wenn wir die Konsistenz hier verbessern würden? Listing 11.7 stellt in dieser Hinsicht eine große Verbesserung dar, auch wenn wir nur eine Klasse und eine Methode umbenannt haben.

```
void doSomething(Thing thing) {
    String processedThing = process(thing);
    store.storeThings("myBucket," "keyForMyThing,"
        processedThing);
}
```

Listing 11.7: Speichern einer Zeichenfolge in S3 über einen Port

Die Änderung von Listing 11.6 zu Listing 11.7 hat nun einige Auswirkungen zur Folge. Indem wir den Aufruf zum Speichern konsistenter mit den anderen Ideen in dieser Funktion machen, haben wir die Abstraktion erhöht. Wir haben auch begonnen, unser Design in eine andere Richtung zu lenken.

Erinnern Sie sich an den Code, den ich nicht gezeigt habe; durch diese eine einfache Änderung habe ich eine Reihe von Implementierungen für diese Initialisierung falsch gemacht. Wenn ich den Speicher auf diese Weise abstrahiere, ergibt es überhaupt keinen Sinn, dass die gesamte Initialisierung in den Bereich dieser Klasse oder dieses Moduls fällt. Es ist viel besser, sie vollständig zu externalisieren.

Ich werde nun also die gesamte Initialisierung an einem anderen Ort verstecken. Das bedeutet, dass ich sie rein theoretisch und getrennt von diesem Code testen kann. Das bedeutet, dass ich diesen Code testen kann, ohne dass ich einen echten Speicher benötige, wenn ich mich dafür entscheide, meinen Speicher über Dependency Injection bereitzustellen. Es bedeutet ebenfalls, dass ich wählen kann, wo ich Dinge außerhalb dieses Codes speichern möchte, indem ich verschiedene

Arten von Speichern in verschiedenen Kontexten bereitstelle, damit mein Code flexibler wird.

Sie können sich die neue Abstraktion als einen **Port** oder einen Vektor vorstellen, durch den Informationen fließen. Ob Sie sich dafür oder dagegen entscheiden, den Port polymorph zu machen, hängt ganz von Ihnen und den Gegebenheiten in Ihrem Code ab, aber selbst, wenn Sie es nicht tun, ist dieser Code besser. Er ist besser, weil Sie die Trennung von Zuständigkeiten, die Kohäsion durch Beibehaltung einer konsistenteren Abstraktionsebene und sowohl die Lesbarkeit als auch die Wartbarkeit verbessert haben.

Die konkrete Implementierung dieses Ports ist ein **Adapter**, der als Übersetzungs-Service fungiert und Ideen aus dem Kontext von »Dingen« in den Kontext von »AWS S3 Storage« übersetzt.

Nach dieser Änderung weiß unser Code nichts mehr über S3; er weiß nicht einmal, dass S3 verwendet wird.

Der Kerngedanke dabei ist, dass der Code aus einem konsistenteren Bezugsrahmen heraus geschrieben wird. Er behält diese konsistentere Abstraktionsebene bei.

Was ich hier beschrieben habe, wird manchmal als das Design Pattern **Ports & Adapters** bezeichnet, manchmal auch als **hexagonale Architektur**, wenn es auf der Ebene eines Services oder Subsystems angewendet wird.

Der Wert dieses Patterns für den Designprozess ist sehr groß. Es ist fast nie der Fall, dass sich Ihr Code um jedes einzelne Detail einer ganzen API kümmert, die er nutzt. Sie haben fast immer mit einer Teilmenge solcher APIs zu tun. Der Port, den Sie erstellen, muss nur die minimale Teilmenge offenlegen, die Sie verwenden wollen, daher wird es fast immer eine einfachere Version der API sein, mit der Sie interagieren.

Die Schwierigkeit beim Schreiben eines Buchs, in dem es um Code geht, besteht darin, dass die Code-Beispiele klein und einfach sein müssen, um die Ideen zu vermitteln, sonst gehen sie in der Komplexität des Codes unter. Aber was ist, wenn man versucht, die Verbesserung der Einfachheit zu zeigen?

Haben Sie also Geduld mit mir. Stellen Sie sich vor, wir hätten ein ganzes System nach dem Muster von Listing 11.6 geschrieben: Dutzende, Hunderte, vielleicht sogar Tausende von Interaktionen über einen `s3Client`. Dann aktualisiert Amazon die Schnittstelle zum S3-Service, oder zumindest die Java-Client-Bibliothek. Version 2 hat ein anderes Programmiermodell, sodass wir jetzt Dutzende, Hunderte oder Tausende von Code-Zeilen ändern müssen, um die Vorteile der neuen Client-Bibliothek zu nutzen.

Wenn wir unsere eigene Abstraktion, unseren eigenen Port & Adapter für S3 erstellt haben, der genau das tut – und nur das –, was unser Code braucht, können wir ihn wahrscheinlich an mehr als nur einer Stelle im Code verwenden. Vielleicht verwenden wir ihn überall, vielleicht gibt es einige Fälle, die komplexer sind, und vielleicht haben wir einen anderen, separaten Port & Adapter für diese Fälle. In jedem Fall haben wir unseren Wartungsaufwand erheblich reduziert. Wir könnten den Adapter komplett neu schreiben, um die neue Client-Bibliothek zu verwenden. Das würde den Code, von dem er verwendet wird, überhaupt nicht beeinflussen.

Dieser Ansatz verkörpert viele der Ziele eines guten Designs. Indem wir versuchen, mit Komplexität umzugehen, schützen wir unseren Code vor Änderungen – auch vor unerwarteten oder unvorhersehbaren Änderungen.

11.6 Wann sollte »Ports & Adapters« eingesetzt werden?

Wenn über den Ansatz von Ports & Adapters gesprochen wird, dann meist im Zusammenhang mit einer Übersetzungsschicht an den Grenzen zwischen Services (oder Modulen).

Das ist ein guter Ratschlag. In seinem Buch *Domain Driven Design*[2] empfiehlt Eric Evans:

> *Übersetzen Sie immer Informationen, die sich zwischen Bounded Contexts bewegen.*

Bei der Entwicklung eines Systems aus Services raten ich und andere, dass wir unsere Dienste auf einen Bounded Context (dt. etwa »begrenzter Kontext«) ausrichten sollten. Dies minimiert die Kopplung und verbessert die Modularität und die Kohäsion unserer Services.

Zusammengenommen ergeben diese beiden Ratschläge eine einfache Richtlinie: »Übersetzen Sie immer die Informationen, die zwischen den Services fließen«, oder anders ausgedrückt: »Kommunizieren Sie zwischen den Services immer mithilfe von Ports & Adapters.«

Als ich den vorigen Satz zu schreiben begann, schrieb ich zuerst »Regel« statt »Richtlinie« und korrigierte mich dann schnell. Ich kann dies nicht mit gutem Gewissen als Regel bezeichnen, da es manchmal Grenzfälle gibt, die die Regel brechen. Ich rate jedoch dringend dazu, standardmäßig anzunehmen, dass der gesamte Informationsaustausch zwischen Services über einen Adapter abgewickelt wird, unabhängig von der technischen Beschaffenheit der API.

---

2 *Domain Driven Design* ist ein Buch von Eric Evans, in dem beschrieben wird, wie man die Anwendungsdomäne in Software als Leitprinzip für das Design modelliert. Siehe `https://amzn.to/2WXJ94m`.

Das bedeutet nicht, dass der Adapter viel Code enthalten oder komplex sein muss, aber aus der Designperspektive sollte jeder Service oder jedes Modul seine eigene Sicht auf die Welt haben und diese Sichtweise verteidigen. Wenn Informationen gesendet werden, die diese Sichtweise verletzen, ist das ein ernstes Problem für den Code.

Wir können unseren Code auf zwei Arten schützen: Wir können einen Adapter verwenden, der Dinge in unsere Weltsicht übersetzt, wenn sie an den Rändern unseres Systems ankommen, was es uns ermöglicht, unsere Eingaben in dem Maße zu validieren, in dem wir uns für sie interessieren. Oder wir können Dinge, denen wir nicht trauen, verpacken und ignorieren, sodass wir unsere Systeme vor zweifelhaften externen Änderungen schützen können.

Wenn wir z.B. ein Nachrichtensystem schreiben, gibt es Dinge, die wir wissen müssen, und Dinge, die wir auf keinen Fall wissen sollten.

Wir müssen wahrscheinlich wissen, wer eine Nachricht gesendet hat und wohin sie geht. Wahrscheinlich müssen wir wissen, wie groß die Nachricht ist und ob wir im Falle eines Problems erneut versuchen sollten, sie zu übermitteln. Wir sollten auf keinen Fall wissen, was in der Nachricht steht! Das würde die technischen Aspekte der Nachrichtenübermittlung sofort mit der Semantik des Gesprächs verknüpfen, für das die Nachrichtenübermittlung verwendet wird, und wäre ein sehr schlechtes Design.

Das mag offensichtlich erscheinen oder auch nicht, aber ich sehe auch eine Menge Code, der genau diesen Fehler macht. Wenn ich ein Nachrichtensystem bauen würde, würde ich den Inhalt der Nachricht in eine Art Paket »verpacken«, das das Nachrichtensystem vom Inhalt der Pakete, also den Nachrichten selbst, isoliert.

11.7 Was ist eine API?

Hier gehen wir ein wenig in die Designphilosophie: Was ist eine API? Ich würde für eine recht praxisnahe Definition plädieren:

> *Eine Anwendungsprogrammierschnittstelle (API) ist die Gesamtheit der Informationen, die den Nutzern eines Services oder einer Bibliothek, die diese API zur Verfügung stellen, zugänglich gemacht werden.*

Dies unterscheidet sich von dem, was sich manche Entwickler unter dem Begriff API vorstellen.

Im Laufe der Zeit hat sich die Bedeutung des Begriffs »API« gewandelt. Zum Teil ist dies wahrscheinlich auf den Erfolg des REST-Architekturansatzes zur Erstellung von Services zurückzuführen. Zumindest in informellen Gesprächen mit Entwicklern ist es gebräuchlich, den Begriff »API« als Synonym für »Text über http« zu verwenden. Dies ist sicherlich eine Form von API, aber eben nur eine; es gibt noch viele andere.

Streng genommen ist jedes Mittel zur Kommunikation zwischen verschiedenen Code-Teilen, das die Programmierung in irgendeiner Form unterstützen soll, eine API. An dieser Stelle ist es wichtig, über die Informationen nachzudenken, mit denen unser Code interagiert.

Stellen Sie sich einen Moment lang eine Funktion vor, die einen binären Datenstrom als Argument akzeptiert. Was ist die API?

Ist es nur die Signatur der Funktion? Nun, vielleicht, wenn die Funktion den Binärstrom als Blackbox behandelt und niemals in den Strom hineinschaut, dann ja, dann definiert die Signatur der Funktion die Kopplung mit ihren Aufrufern.

Wenn die Funktion jedoch in irgendeiner Weise mit dem Inhalt des Binärstroms interagiert, ist dies Teil ihres Vertrags. Der Interaktionsgrad bestimmt den Grad der Kopplung mit den Informationen im Datenstrom.

Wenn die ersten acht Bytes des Datenstroms verwendet werden, um seine Länge zu codieren, und dies alles ist, was die Funktion über den Datenstrom weiß, oder was ihr wichtig ist, dann sind die Funktionssignatur sowie die Bedeutung der ersten acht Bytes und die Art und Weise, wie die Länge darin codiert ist, »die API«.

Je mehr die Funktion über den Inhalt des Bytestroms weiß, desto stärker ist sie an diesen gekoppelt, und desto größer ist die Oberfläche der API. Ich sehe viele Teams, die die Tatsache ignorieren, dass die Datenstrukturen in ihren Eingaben, die ihr Code versteht und verarbeitet, Teil der öffentlichen API dieses Codes sind.

Unsere Adapter müssen mit der gesamten API umgehen können. Wenn das bedeutet, dass wir den Inhalt eines binären Eingabestroms übersetzen oder zumindest validieren müssen, dann soll es so sein. Die Alternative wäre, dass unser Code nicht funktioniert, wenn uns jemand einen falschen Bytestrom schickt. Dies ist eine Variable, die wir kontrollieren können.

Das Design unter der Annahme zu entwerfen, dass wir immer Ports & Adapters an diesen Kommunikationspunkten zwischen Modulen und Services verwenden, ist eine viel überzeugendere Grundhaltung, als es nicht zu tun. Selbst wenn der »Adapter« ein Platzhalter für die Zukunft ist, gibt uns das Vorhandensein dieses Platzhalters die Möglichkeit, falls sich die Art der API in irgendeiner Weise ändert, mit diesen Änderungen umzugehen, ohne unseren gesamten Code neu schreiben zu müssen.

Dies ist das klassische Modell von Ports & Adapters. Ich empfehle Ihnen, dies auch auf detaillierteren Ebenen zu beachten. Ich will damit nicht andeuten, dass Sie immer explizite Übersetzungen schreiben müssen, aber es ist eine gute Idee, innerhalb jedes noch so kleinen Code-Teils (siehe Listing 11.6) eine konsistente Abstraktionsebene zu verwenden.

Als Grundhaltung oder Richtlinie empfehle ich Ihnen, immer dann Ports & Adapters hinzuzufügen, wenn sich der Code, mit dem Sie kommunizieren, in einem anderen Evaluierungsbereich befindet, z.B. in einem anderen Repo oder einer anderen Deployment-Pipeline. Wenn Sie in diesen Situationen eine defensivere Haltung einnehmen, wird Ihr Code wieder einmal besser testbar und robuster gegenüber Änderungen.

11.8 Verwendung von TDD zur Förderung der Trennung von Zuständigkeiten

Ich habe bereits beschrieben, wie die Ideen, die die **Testbarkeit** des Designs unseres Codes verbessern, uns dabei helfen, seine Qualität zu verbessern, und zwar nicht nur im simplen Sinne von »funktioniert es«, sondern im weitreichenderen Sinne des Aufbaus einer Qualität in unseren Produkten, die sie für eine fortlaufende Wartung und Weiterentwicklung vorbereiten.

Wenn wir bei der Entwicklung unseres Codes die Trennung von Zuständigkeiten als Leitprinzip verwenden, einschließlich der Aufrechterhaltung eines konsistenten Abstraktionsniveaus innerhalb eines jeden gegebenen, noch so kleinen, Kontexts, dann lassen wir die Tür für inkrementelle Änderungen offen. Selbst wenn wir noch nicht im Detail wissen, wie etwas kommuniziert, speichert oder allgemein mit ihm interagiert, können wir Code schreiben und Fortschritte machen.

Später, wenn wir mehr wissen, können wir den von uns geschriebenen Code auf eine Weise verwenden, an die wir während des Schreibens nicht gedacht hatten. Diese Herangehensweise erlaubt es uns, einen evolutionären Ansatz für das Design zu verwenden und unsere Systeme Schritt für Schritt zu erweitern, während wir unser Verständnis vertiefen, bis hin zu viel ausgefeilteren und leistungsfähigeren Versionen in der Zukunft.

TDD ist das mächtigste Werkzeug, das wir einsetzen können, um diese Testbarkeit zu erreichen. Indem wir unsere gesamte Entwicklung aus der Perspektive des Testens vorantreiben, verändern wir den Fokus unserer Designentscheidungen erheblich.

Insbesondere im Kontext der Trennung von Zuständigkeiten werden unsere Tests umso schwieriger zu schreiben, je mehr Anliegen im Rahmen eines Tests zusammengeführt werden. Wenn wir unsere Entwicklung um das Testen herum organisieren und sie durch das Testen vorantreiben, dann werden wir viel früher im Entwicklungsprozess mit den Kosten und den Nutzen unserer Designentscheidungen konfrontiert.

Dieses schnellere Feedback ist natürlich eine gute Sache, denn es gibt uns mehr als jede andere Methode die Möglichkeit, Schwachstellen in unserem Design viel früher zu erkennen, abgesehen davon, dass es uns einfach schlauer aussehen lässt als wir sind, worauf wir nur einen begrenzten Einfluss haben. Es ist nichts falsch daran, schlau zu sein, aber der beste Weg, »schlauer« zu werden, ist, auf schlaue Weise zu arbeiten, und das ist das eigentliche Ziel dieses Buchs. TDD stellt einen dieser wichtigen »klügeren Wege« dar.

11.9 Zusammenfassung

Die Trennung von Zuständigkeiten ist sicherlich ein Merkmal für qualitativ hochwertigen Code. Wenn Sie zwei Code-Abschnitte haben, die genau dieselbe Funktion erfüllen, wobei ein Abschnitt eine gute Trennung der Zuständigkeiten aufweist und der andere nicht, dann ist der erste einfacher zu verstehen, einfacher zu testen, einfacher zu ändern und flexibler.

Die Trennung von Zuständigkeiten ist auch die am einfachsten zu übernehmende Designheuristik in der in diesem Buch vorliegenden Sammlung.

Wir könnten über die Modularität oder die Kohäsion irgendeines Codes oder Systems diskutieren. Wie Sie sehen, halte ich diese Konzepte für äußerst wichtig, aber letztlich ist ihre Messung ein Stück weit subjektiv. Während wir uns vermutlich hinsichtlich schlechter Beispiele einig wären, würden wir uns wahrscheinlich schwertun, die ideale Modularität oder Kohäsion auch nur annähernd zu definieren.

Bei der Trennung von Zuständigkeiten verhält es sich anders. Wenn Ihr Modul, Ihre Klasse oder Ihre Funktion mehr als eine Aufgabe erfüllt, sind ihre Zuständigkeiten nicht wirklich voneinander getrennt. Das Ergebnis ist, dass die Trennung von Zuständigkeiten ein fantastisches Werkzeug ist, um uns in jedem Fall in die Richtung der Entwicklung besserer Software zu führen.

Kapitel 12

Information Hiding und Abstraktion

Information Hiding (deutsch: Verstecken von Information) und **Abstraktion** von Informationen wird definiert als »der Prozess, bei dem physikalische, räumliche oder zeitliche Details oder Attribute bei der Betrachtung von Objekten oder Systemen entfernt werden, um die Aufmerksamkeit auf Details von größerer Bedeutung zu lenken«.[1]

Im Titel dieses Kapitels habe ich zwei leicht unterschiedliche Konzepte aus der Informatik in einen Topf geworfen; sie sind unterschiedlich, aber miteinander verwandt, und für die Betrachtung der Grundprinzipien des Software Engineerings werden sie am besten zusammen betrachtet.

12.1 Abstraktion oder Information Hiding

Ich fasse diese Begriffe zusammen, weil ich nicht glaube, dass der Unterschied zwischen den beiden so groß ist, dass wir ihn beachten müssen. Ich spreche hier davon, Grenzen oder Nahtstellen in unserem Code zu ziehen, sodass es uns egal ist, was sich dahinter befindet, wenn wir diese Grenzen von »außen« betrachten. Als Nutzer einer Funktion, einer Klasse, einer Bibliothek oder eines Moduls sollte ich *nichts* darüber wissen oder mich darum kümmern müssen, wie sie funktionieren, sondern nur, wie ich sie verwende.

Manche haben eine sehr viel engere Sichtweise von **Information Hiding** als diese, aber ich sehe nicht, dass das irgendetwas nützt. Wenn Sie sich nicht von der Sorge befreien können, dass es beim »Information Hiding nur um Daten geht« (was nicht der Fall ist), dann sollten Sie, wann immer ich »Information Hiding« sage, an »Abstraktion« denken.

Wenn Sie sich nicht von der Vorstellung lösen können, dass »Abstraktion« nur »das Erzeugen abstrakter Konzept-Objekte« bedeutet, dann ist das zwar Teil der Definition, aber nicht das, was ich meine, also denken Sie vielleicht besser an »Information Hiding«.

Die Informationen, die ich verberge, sind das Verhalten des Codes. Dazu gehören Implementierungsdetails sowie alle Daten, die von ihm verwendet werden können

1 Quelle: Wikipedia, `https://de.wikipedia.org/wiki/Abstraktion_(Informatik)`

oder auch nicht. Die Abstraktion, die ich der Außenwelt präsentiere, sollte das Kunststück vollbringen, Geheimnisse vor anderen Teilen des Codes zu bewahren.

Wenn es unser Ziel ist, mit Komplexität umzugehen, um Systeme zu schaffen, die komplexer sind, als wir bequem im Kopf behalten können, dann müssen wir Informationen verbergen.

Wir möchten uns auf die Arbeit bzw. den Code vor uns fokussieren können, ohne uns Gedanken darüber zu machen, was anderswo vor sich geht und wie Dinge funktionieren, die uns im Moment nicht zu interessieren brauchen. Dies scheint grundlegend zu sein, aber es gibt eine Menge Code auf der Welt, der nicht so aussieht. Es gibt Code, der anfällig für Änderungen ist und bei dem sich Änderungen an einer Stelle auf andere Teile des Codes auswirken. Es gibt Code, bei dem man nur weiterkommt, wenn man so schlau ist, dass man weiß, wie der größte Teil des Systems funktioniert. Das ist kein skalierbarer Ansatz!

12.2 Was verursacht den »Big Ball of Mud«?

Wir nennen diese schwer zu bearbeitenden Code-Basen manchmal *Big Ball of Mud* (auf Deutsch: große Matschkugel). Diese sind oft so verworren, so unübersichtlich, dass man Angst hat, sie zu ändern. Die meisten Unternehmen, insbesondere größere Unternehmen, die Software über einen längeren Zeitraum entwickelt haben, verfügen über solch verworrenen Code.

12.3 Unternehmerische und unternehmenskulturelle Probleme

Die Ursachen sind komplex und vielfältig. Eine der häufigsten Beschwerden, die ich von Software-Entwicklern und Software-Entwicklungsteams höre, lautet: »Mein Vorgesetzter lässt mich nicht XXX«, wobei »XXX« entweder »ein Refactoring durchführen«, »testen«, »ein besseres Design erstellen« oder sogar »diesen Fehler beheben« bedeutet.

Es gibt sicherlich einige schreckliche Unternehmen auf der Welt. Wenn Sie in einem solchen Unternehmen arbeiten, rate ich Ihnen, sich einen besseren Arbeitgeber zu suchen. In der überwiegenden Mehrheit der Fälle ist diese Beschwerde jedoch einfach nicht wahr oder zumindest nicht ganz zutreffend. Schlimmstenfalls ist es eine Ausrede. Ich beschuldige jedoch nur ungern andere, daher ist meine wohlwollende Interpretation diejenige, dass dies auf einem großen Missverständnis beruht.

Zunächst einmal: Warum müssen wir als Software-Entwickler um Erlaubnis bitten, um gute Arbeit zu leisten? Wir sind die Experten auf dem Gebiet der Software-

Entwicklung, daher können wir am besten einschätzen, was funktioniert und was nicht.

Wenn Sie mich beauftragen, einen Code für Sie zu schreiben, ist es meine Pflicht Ihnen gegenüber, die bestmögliche Arbeit zu leisten. Das bedeutet, dass ich meine Arbeit dahin gehend optimieren muss, dass ich über einen langen Zeitraum hinweg zuverlässig, reproduzierbar und nachhaltig Code liefern kann. Mein Code muss das Problem lösen, mit dem ich konfrontiert bin, und er muss die Bedürfnisse meiner Benutzer und die Ziele meiner Arbeitgeber erfüllen.

Ich muss also Code erstellen, der funktioniert, aber ich muss auch in der Lage sein, meine Fähigkeit aufrechtzuerhalten, dies über einen längeren Zeitraum hinweg zu tun, und zwar wiederholt und zuverlässig. Ich muss in der Lage sein, den Code zu ändern, wenn ich mehr über das zu lösende Problem und das zu entwickelnde System lerne.

Wenn ich ein Koch wäre, der in einem Restaurant eine Mahlzeit zubereitet, könnte ich sie wahrscheinlich schneller zubereiten, wenn ich mich entschließen würde, meine Werkzeuge und meinen Arbeitsbereich nicht aufzuräumen, wenn ich fertig bin. Für eine Mahlzeit wird das wahrscheinlich auch funktionieren. Es könnte sogar für zwei Mahlzeiten funktionieren; es wäre zwar ekelhaft, aber es könnte funktionieren. Wenn ich allerdings die ganze Zeit so arbeiten würde, würde ich irgendwann gefeuert werden!

Ich würde gefeuert werden, weil ich den Gästen des Restaurants eine Lebensmittelvergiftung bescheren würde. Selbst wenn ich nicht gefeuert würde, wäre ich nach der dritten Mahlzeit viel langsamer und weniger produktiv, weil die Unordnung, die ich angerichtet habe, meiner Arbeit im Weg stünde. Ich müsste einen Arbeitsbereich und die Werkzeuge, die ich für jede Aufgabe benutzte, aufräumen. Ich müsste mich mit Werkzeugen herumschlagen, die nicht mehr scharf genug wären, und so weiter. Kommt Ihnen das bekannt vor?

Wenn Sie mich als Koch einstellen würden, würden Sie niemals sagen: »Sie haben die Erlaubnis, Ihre Messer zu schärfen« oder »Sie sind dafür verantwortlich, Ihren Arbeitsbereich zu reinigen«, denn als professioneller Koch würden Sie und ich davon ausgehen, dass diese Dinge ein grundlegender Bestandteil der Arbeit eines Profis sind. Als Koch wäre dies Teil meiner **Sorgfaltspflicht**.

Als Software-Profis ist es unsere Pflicht zu verstehen, was nötig ist, um Software zu entwickeln. Wir müssen die Verantwortung für die Qualität des Codes übernehmen, an dem wir arbeiten. Es ist unsere **Sorgfaltspflicht**, gute Arbeit zu leisten. Dies ist nicht altruistisch, sondern praktisch und pragmatisch. Es liegt im Interesse unserer Arbeitgeber, unserer Benutzer und von uns selbst.

Wenn wir daran arbeiten, die Qualität unseres Codes zu schaffen und zu erhalten, werden unsere Arbeitgeber die neuen Funktionen, die sie wollen, effizienter erhalten. Unsere Kunden werden Code erhalten, der sinnvoller und benutzerfreundlicher ist, und wir werden in der Lage sein, Änderungen vorzunehmen, ohne ständig Angst haben zu müssen, etwas kaputt zu machen.

Dies ist aus verschiedenen Gründen wichtig, nicht zuletzt, weil die Daten eindeutig sind.[2] Software ist kein Spiel, bei dem es um kurzfristige Gewinne geht. Wenn Sie auf Tests verzichten, Refactoring vermeiden oder sich nicht die Zeit nehmen, modularere, kohäsivere Designs zu finden, um ein kurzfristiges Lieferziel zu erreichen, **werden Sie langsamer, nicht schneller**.

Es ist nachvollziehbar, dass ein Unternehmen, das Software entwickelt, dies effizient tun möchte. Das hat wirtschaftliche Auswirkungen auf uns alle, die wir für ein solches Unternehmen arbeiten.

Wenn wir wollen, dass die Unternehmen, in denen wir arbeiten, Erfolg haben und dass wir angenehmere Erfahrungen bei der Erstellung der Software machen, die unseren Unternehmen zum Erfolg verhilft, dann müssen wir effizient arbeiten.

Unser Ziel sollte es sein, alles zu tun, was nötig ist, um bessere Software schneller zu entwickeln. Die Daten liegen vor: Das Buch *Accelerate* beschreibt, was dazu nötig ist, und das bedeutet sicherlich nicht, dass wir blauäugig an der Qualität sparen. Das Gegenteil ist der Fall.

Eine der wichtigsten Erkenntnisse des »State-of-DevOps«-Berichts, der den im *Accelerate*-Buch beschriebenen wissenschaftlichen Ansatz zur Analyse der Leistung von Software-Teams untermauert, ist, dass es **keinen Kompromiss zwischen Geschwindigkeit und Qualität gibt**. Man kann Software nicht schneller erstellen, wenn man bei der Qualität schlechte Arbeit leistet.

Wenn also ein Vorgesetzter um einen Kostenvoranschlag für eine Arbeit bittet, liegt es nicht in Ihrem Interesse, im Interesse Ihres Vorgesetzten oder im Interesse Ihres Arbeitgebers, an der Qualität zu sparen. Dadurch werden Sie insgesamt langsamer arbeiten, auch wenn Ihr Vorgesetzter dumm ist und glaubt, dass dies der Fall ist.

Ich habe sicherlich schon Unternehmen erlebt, die entweder absichtlich oder unabsichtlich Druck auf die Entwickler ausgeübt haben, damit diese schneller arbeiten. Oft sind es jedoch die Entwickler und Entwicklungsteams, die mitentscheiden, was »Beschleunigung« bedeutet.

In der Regel sind es die Entwickler, die Qualität ausschließen, nicht die Manager oder das Unternehmen. Manager und Unternehmen wollen »bessere Software schneller«, nicht »schlechtere Software schneller«. In Wirklichkeit ist selbst das

---

2 In dem Buch *Accelerate* wird beschrieben, wie Teams, die einen disziplinierteren Ansatz bei der Entwicklung verfolgen, »44 % mehr Zeit für neue Arbeiten« aufwenden als Teams, die dies nicht tun. (Quelle: *Accelerate: The science of Lean and DevOps* von Fosgren, Humble und Kim (2018).)

nicht der Kompromiss. Wie wir bereits gesehen haben, besteht der wahre Kompromiss über lange Zeiträume hinweg aus »besserer Software schneller« und »schlechterer Software langsamer«. »Besser« geht Hand in Hand mit »schneller«. Es ist für uns alle wichtig, dies zu erkennen und daran zu glauben. Die effizientesten Software-Entwicklungsteams sind nicht deshalb so schnell, weil sie auf Qualität verzichten, sondern weil sie sich diese zu eigen machen.

Es ist die berufliche Pflicht eines Software Engineers, diese Wahrheit anzuerkennen und stets Ratschläge, Schätzungen und Designüberlegungen auf der Grundlage eines hochwertigen Ergebnisses anzubieten.

Analysieren Sie keine Schätzungen und Vorhersagen, um herauszufinden, wann es Zeit ist, gute Arbeit zu leisten; gehen Sie davon aus, dass Ihre Manager, Kollegen und Arbeitgeber wollen, dass Sie gute Arbeit leisten, und tun Sie es.

Arbeit ist mit Kosten verbunden. In der Küche macht ein Teil dieser Kosten die Zeit aus, die man braucht, um seine Werkzeuge zu säubern und zu pflegen, während man arbeitet. In der Software-Entwicklung bestehen diese Kosten darin, dass man Refactoring betreibt, testet, sich die Zeit nimmt, um gute Designs zu erstellen, Fehler zu beheben, wenn sie gefunden werden, zusammenzuarbeiten, zu kommunizieren und zu lernen. Dies sind keine »Nice-to-have«-Optionen, sondern die Grundlagen einer professionellen Herangehensweise an die Software-Entwicklung.

Jeder kann Code schreiben; das ist nicht unsere Aufgabe. Software-Entwicklung ist mehr als das. Unsere Aufgabe ist es, Probleme zu lösen, und das erfordert, dass wir bei der Konzeption sorgfältig vorgehen und die Effektivität der von uns entwickelten Lösungen berücksichtigen.

12.4 Technische Probleme und Probleme des Designprozesses

Wenn wir uns selbst die Erlaubnis erteilen, gute Arbeit zu leisten, stellt sich die Frage, was dazu nötig ist. Das ist das eigentliche Thema dieses Buchs. Die in Teil II umrissenen Methoden zur Optimierung unseres Lernens sowie die Leitgedanken, die in diesem Teil beschrieben werden, geben uns die Werkzeuge an die Hand, die es uns ermöglichen, bessere Arbeit zu leisten.

Speziell im Kontext der Vermeidung und Korrektur von Big Balls of Mud ist es jedoch wichtig, eine bestimmte gedankliche Grundhaltung einzunehmen. Dies ist die innere Einstellung, dass es gut und sinnvoll ist, bestehenden Code zu ändern.

Viele Unternehmen haben entweder Angst, ihren Code zu ändern, oder sie haben eine Art Ehrfurcht vor dem Code, die der Realität nicht gerecht wird. Ich würde das Gegenteil behaupten: Wenn man den Code nicht ändern kann oder will, dann ist der Code praktisch tot. Um noch einmal Fred Brooks zu zitieren:

> *Sobald man ein Design einfriert, wird es veralten.*[3]

Mein Freund Dan North hat über eine interessante Idee gesprochen. Dan hat die Gabe, einen Gedanken in einer geschickten Formulierung zu erfassen. Er sprach über die »Software-Halbwertszeit eines Teams« als Maß für die Qualität.

Weder ich noch Dan haben irgendwelche Daten, um diesen Gedanken zu untermauern, aber er sagt, dass die Qualität der von einem Team produzierten Software eine Funktion der Software-Halbwertszeit ist, d.h., der Zeit, die das Team braucht, um die Hälfte der Software, für die es verantwortlich ist, neu zu schreiben.

In Dans Modell werden gute Teams wahrscheinlich die Hälfte der Software, für die sie verantwortlich sind, innerhalb von Monaten neu schreiben; Teams mit geringer Leistung schreiben die Hälfte vielleicht nie neu.

Ich bin mir ziemlich sicher, dass Dans Idee sehr kontextabhängig ist; als er sie entwickelte, arbeitete er in einem sehr guten, schnell arbeitenden Finanzhandelsteam. Ich bin mir ebenso sicher, dass es viele Teams gibt, für die diese Regel nicht gilt. Dennoch ist in ihr sicherlich ein Körnchen Wahrheit enthalten.

Wenn wir, wie ich behaupte, eine Disziplin sind, die grundlegend auf unserer Fähigkeit zu lernen beruht, dann sollten wir, wenn wir neue Dinge lernen, die unsere Ansicht darüber ändern, was für unser Design optimal ist (was immer das in unserem Kontext bedeutet), in der Lage sein, es zu ändern, damit es unser neues, tieferes Verständnis widerspiegelt.

Als Kent Beck einen Untertitel für sein bekanntes Buch über Extreme Programming wählte, entschied er sich für *Embrace Change* (etwa »*Veränderung begrüßen*«). Ich weiß nicht, was er im Sinn hatte, als er diesen Untertitel wählte, aber ich bin zu der Überzeugung gelangt, dass er viel weitreichendere Implikationen hat, als ich mir vorgestellt hatte, als ich sein Buch zum ersten Mal las.

Wenn wir uns die grundlegende Philosophie zu eigen machen, dass wir die Fähigkeit bewahren müssen, unsere Ideen, unsere Teams, unseren Code oder unsere Technologie zu ändern, wenn wir mehr lernen, dann ist fast alles andere, worüber ich in diesem Buch spreche, eine natürliche Folge davon.

Eine Arbeitsweise, die uns die Möglichkeit gibt, einen Fehler zu machen und ihn zu korrigieren; unser Verständnis des Problems, mit dem wir konfrontiert sind, zu erweitern, und dieses neue Verständnis in unserem Design zu berücksichtigen; unsere Produkte und Technologien schrittweise in Richtung Erfolg weiterzuentwickeln, wo auch immer oder was auch immer das sein mag – das alles sind Ziele für gutes Engineering in der Software-Entwicklung.

---

3 Ein Zitat aus Fred Brooks' Buch *Vom Mythos des Mann-Monats*, `https://amzn.to/3oCyPeU`.

Um dies zu erreichen, müssen wir in kleinen Schritten arbeiten, die sich leicht rückgängig machen lassen. Unser Code muss ein bewohnbarer Raum sein, den wir vielleicht Monate oder Jahre später wieder besuchen und immer noch verstehen können. Wir müssen in der Lage sein, eine Änderung an einem Teil des Codes vorzunehmen, ohne dass dies Auswirkungen auf andere Teile hat. Wir brauchen eine Möglichkeit, schnell und effektiv zu überprüfen, ob unsere Änderungen sicher waren. Idealerweise möchten wir auch in der Lage sein, einige unserer architektonischen Voraussetzungen zu ändern, wenn sich unser Verständnis oder vielleicht die Beliebtheit unseres Systems ändert.

Alle Konzepte in diesem Buch sind dafür relevant, aber **Abstraktion** oder **Information Hiding** scheint mir der klarste Weg zu solchen »bewohnbaren Systemen« zu sein.

Den Grad der Abstraktion erhöhen

Was wäre nötig, um eine Verbesserung in der Größenordnung von Brooks zu erreichen? Einen Weg, den es zu erforschen gilt, ist die Erhöhung des Abstraktionsgrads bei der Programmierung.

Das häufigste Thema in dieser Denkrichtung ist die Stärkung der Beziehung zwischen den High-Level-Diagrammen, die wir manchmal zur Beschreibung unserer Systeme verwenden. »Wäre es nicht gut, wenn ich ein Bild, das ich von meinem System gezeichnet habe, auch zum Programmieren meines Systems verwenden könnte?«

Im Laufe der Jahre hat es viele Versuche gegeben, diese Idee umzusetzen, und in regelmäßigen Abständen tauchen neue Versionen davon auf. Die derzeitige Version dieses Ansatzes wird als *Low Code Development* bezeichnet.

Es gibt jedoch mehrere Schwierigkeiten, die diesem Ansatz im Wege zu stehen scheinen.

Ein gängiger Ansatz für das Diagram-Driven Development (DDD[4], deutsch: diagrammgesteuerte Entwicklung) ist die Verwendung des Diagramms zur Erzeugung von Quell-Code. Die Idee dahinter ist, Diagramme zu verwenden, um die allgemeine Struktur des Codes zu erstellen, und dann können die Details von einem Programmierer von Hand ausgefüllt werden. Diese Strategie ist durch ein schwer zu lösendes Problem zum Scheitern verurteilt. Das Problem ist, dass man bei der Entwicklung eines komplexen Systems fast immer dazulernt.

Irgendwann werden Sie einige Ihrer ersten Überlegungen überdenken müssen. Das bedeutet, dass Ihre erste Version des Diagramms und damit die Grundstruk-

4 Anmerkung des Übersetzers: DDD ist sowohl die Abkürzung für Domain-Driven Design, als auch für Diagram-Driven Design.

tur Ihres Systems falsch ist und geändert werden muss, während sich Ihr Verständnis vertieft. Die Vorstellung einer »Rundreise«, bestehend aus der Erstellung eines Grundgerüsts für Ihren Code, die manuelle Änderung von Details, die Meinung zu ändern, das Diagramm neu aus dem Code zu erstellen, es anzupassen, ohne dabei die Details der Änderung zu verlieren, ist eine schwierige Herausforderung. An dieser Hürde sind bisher alle derartigen Bemühungen gescheitert.

Wie wäre es also, den Schritt des manuellen Codens ganz abzuschaffen? Warum nicht die Diagramme als Code verwenden? Auch das ist schon oft versucht worden. Diese Art von Systemen lässt sich in der Regel sehr gut demonstrieren. Sie sehen wirklich schön und einfach aus, wenn man ein einfaches Beispielsystem erstellt.

Allerdings gibt es zwei große Probleme. Es ist sehr schwer, die Abstraktionsebene durch das Zeichnen von Bildern statt durch das Schreiben von Code so weit zu erhöhen, dass es einen Gewinn darstellt. Man verliert alle Vorteile, die wir im Laufe der Zeit entwickelt haben, um konventionellere Programmiersprachen zu unterstützen, wie z.B. Exception Handling, Versionskontrolle, Unterstützung für Debugging, Bibliotheks-Code, automatisches Testen, Design Patterns usw.

Das erste Problem ist der Grund, warum diese Dinge in Demos so gut funktionieren, sich aber nicht wirklich auf reale Systeme übertragen lassen. Das Problem ist, dass es zwar einfach ist, eine grafische »Sprache« zu erstellen, mit der wir einfache Probleme kurz und bündig ausdrücken können, es aber viel schwieriger ist, eine ähnliche visuelle »Sprache« zu erstellen, die vielseitige Werkzeuge bietet, mit denen man jede beliebige Logik erstellen kann. Turing-vollständige Sprachen basieren in Wirklichkeit auf einigen extrem weit verbreiteten, aber recht niederschwelligen Konzepten. Der Detailgrad, den wir benötigen, um ein funktionierendes, komplexes Software-System zu beschreiben und zu codieren, scheint von Natur aus hoch und verzwickt zu sein.

Betrachten wir das Hinzufügen eines Diagramms zu einer Tabellenkalkulation. Die meisten Tabellenkalkulationsprogramme bieten Werkzeuge an, mit denen Sie ein Diagramm grafisch hinzufügen können. Sie können einige Datenzeilen und -spalten in Ihrer Kalkulationstabelle markieren und ein Bild von der Art Diagramm auswählen, das Sie hinzufügen möchten, und in einfachen Fällen wird das Programm ein Diagramm für Sie erstellen. Das sind gute Werkzeuge.

Schwieriger wird es allerdings, wenn die Daten nicht ohne Weiteres in eine der einfachen, vordefinierten Vorlagen passen. Je spezifischer Ihre Anforderungen an das Diagramm sind, desto detaillierter müssen Ihre Anweisungen an das Diagrammsystem in Ihrer Tabellenkalkulation werden. Es kommt ein Punkt, an dem die Beschränkungen der Werkzeuge deren Verwendung eher erschweren als erleichtern. Jetzt brauchen Sie nicht nur eine klare Vorstellung davon, wie Ihr

Diagramm funktionieren soll, sondern auch ein tiefes Verständnis dafür, wie Sie das Programmiermodell, das der Entwickler des Diagrammsystems im Kopf hatte, umgehen oder anwenden können.

Text ist eine erstaunlich flexible, prägnante Art, Ideen zu codieren.

12.5 Furcht vor Over-Engineering

Es gibt viele Faktoren, die Entwickler dazu bringen, sich der Verantwortung für die Qualität zu entziehen. Einer davon ist der tatsächliche oder vermeintliche Druck, die Arbeit effizient zu erledigen. Ich habe von Geschäftsleuten gehört, dass sie sich Sorgen darüber machen, dass Software-Entwickler und -Teams »zu viel Engineering« betreiben. Diese Befürchtung ist berechtigt, und dafür sind wir technischen Fachleute verantwortlich. Wir haben uns manchmal des Over-Engineerings schuldig gemacht.

Abstraktion vs. Pragmatismus

Ich habe einmal an einem Projekt für einen Kunden, eine große Versicherungsgesellschaft, gearbeitet. Es handelte sich um ein »Rettungsprojekt«. Ich arbeitete für ein Beratungsunternehmen, das dafür bekannt war, effiziente Lösungen für Projekte zu finden, die nicht vorankamen oder bei früheren Versuchen gescheitert waren.

Dieses Projekt war ziemlich spektakulär gescheitert, und zwar bereits zweimal. Es befand sich seit mehr als drei Jahren in der Entwicklung und man hatte nichts Brauchbares vorzuweisen.

Wir begannen mit der Arbeit und machten gute Fortschritte bei einem Ersatzprojekt. Ein Architekt aus der »Strategiegruppe« oder so ähnlich trat an uns heran. Er bestand darauf, dass unsere Software mit der »globalen Architektur« übereinstimmen müsse. Also habe ich als technischer Leiter des Projekts nachgeforscht, was das bedeuten würde.

Sie verfügten über einen eindrucksvollen Plan für eine verteilte, servicebasierte Komponentenarchitektur, der ihr gesamtes Geschäft abstrahierte. Es gab sowohl Services für technische Dinge als auch nützliche Verhaltensweisen auf Domänenebene. Ihre Infrastruktur sollte sowohl für Sicherheit und Persistenz sorgen als auch die vollständige Integration der Systeme im Unternehmen ermöglichen.

Wie Sie sicher schon vermuten, war das alles nur ein Hirngespinst. Es gab jede Menge Dokumente und eine Menge Code, der, soweit ich sehen konnte, nicht funktionierte. Dieses Projekt wurde von einem Team aus mehr als 40 Personen entwickelt und war etwa drei oder vier Jahre im Verzug. Alle Projekte waren verpflichtet, diese Infrastruktur zu nutzen, aber kein einziges Projekt tat dies jemals!

Es klang wie Magie, weil es Magie war; es war imaginär.

Wir lehnten höflich ab und beendeten das System, das wir aufbauten, ohne die Konzepte oder die Technologie dieser Architektur zu verwenden.

Auf dem Papier sah die Architektur gut aus, aber in der Praxis war sie reine Theorie.

Wir sind Technologen. Folglich haben wir bestimmte Tendenzen. Eine dieser Tendenzen, der wir uns bewusst sein und vor der wir uns hüten sollten, ist die Jagd nach »technisch glänzenden Ideen«. Ich bin genauso schuldig wie jeder andere, mich für technische Ideen zu interessieren. Das macht einen Teil des Reizes unserer Disziplin aus, die Art des Lernens, die wir schätzen. Wenn wir jedoch Ingenieure sein wollen, müssen wir einen gewissen Pragmatismus, ja sogar Skepsis an den Tag legen. Ein Teil meiner Definition von Engineering, die ich zu Beginn dieses Buchs gegeben habe, beinhaltete die Formulierung »im Rahmen wirtschaftlicher Zwänge«. Wir sollten immer an den einfachsten Weg zum Erfolg denken, nicht an den coolsten, nicht an den Weg mit der meisten Technik, die wir in unseren Lebenslauf einbauen können.

Halten Sie sich auf jeden Fall über neue Ideen auf dem Laufenden. Seien Sie sich neuer Technologien oder Ansätze für Ihre Arbeit bewusst, aber bewerten Sie deren Einsatz immer ehrlich im Kontext des Problems, das Sie zu lösen versuchen. Wenn Sie diese Technologie oder Idee anwenden, um herauszufinden, ob sie nützlich ist, dann erkennen Sie diese Tatsache an und führen Sie Ihre Erkundung schnell und effizient als Versuch, Prototyp oder Experiment durch, nicht als Grundstein Ihrer neuen Architektur, von der die Zukunft des Unternehmens abhängt. Seien Sie darauf vorbereitet, sie zu verwerfen, wenn sie sich nicht bewährt, und riskieren Sie nicht die gesamte Entwicklung für eine Technologie, die cool aussieht.

Meiner Erfahrung nach ist es eher wahrscheinlicher als unwahrscheinlicher, dass wir am Ende etwas Cooles machen, wenn wir dieses Konzept des »Strebens nach Einfachheit« ernst nehmen. Und es ist eher wahrscheinlicher als unwahrscheinlicher, dass wir damit auch unsere Lebensläufe aufwerten.

Es gibt noch etwas anderes, durch das wir oft dazu verleitet werden, unsere Lösungen zu sehr zu technisieren. Nämlich um sie **zukunftssicher** zu machen. Wenn Sie jemals gesagt oder gedacht haben: »Das brauchen wir jetzt vielleicht nicht, aber in der Zukunft wahrscheinlich schon«, dann haben Sie es »zukunftssicher« gemacht. Ich habe mich dessen in der Vergangenheit genauso schuldig gemacht wie jeder andere auch, aber ich betrachte es inzwischen als ein Zeichen der Unreife von Design und Engineering.

Wir nehmen diese Art von zukunftssicherem Design in Angriff, um uns eine gewisse Absicherung zu verschaffen, dass wir in der Lage sein werden, mit zukünftigen Erweiterungen oder veränderten Anforderungen fertigzuwerden. Das ist ein gutes Ziel, aber die falsche Lösung.

In Kent Becks Buch *Extreme Programming Explained* wurde mir das folgende Konzept vorgestellt:

> ***YAGNI:*** *You Ain't Gonna Need It!*[5]

Kents Rat war, dass wir Code schreiben sollten, um das Problem zu lösen, mit dem wir gerade konfrontiert sind, und nur dafür. Ich wiederhole diesen Ratschlag nachdrücklich, aber er ist Teil eines größeren Ganzen.

Wie ich bereits mehrfach in diesem Buch gesagt habe, ist Software eine ungewöhnliche Sache. Sie ist fast unendlich flexibel und extrem fragil. Wir können jedes beliebige Konstrukt im Rahmen der Software-Entwicklung erstellen, aber wir laufen Gefahr, dieses Konstrukt zu beschädigen, wenn wir es ändern. Das Problem, das die Menschen zu lösen versuchen, wenn sie ihre Lösungen übertechnisieren, indem sie sie zukunftssicher machen, ist ihre Angst, den Code zu ändern.

Als Reaktion auf diese Nervosität versuchen sie, das Design rechtzeitig zu reparieren, während sie es noch im Blick haben. Ihr Ziel ist es, dass sie in Zukunft nicht mehr überarbeiten müssen. Wenn Sie dieses Buch bis hierher gelesen haben, wissen Sie inzwischen, dass ich das für eine sehr schlechte Idee halte, was also könnten wir stattdessen tun?

Wir könnten unseren Code so designen, dass wir in der Zukunft jederzeit darauf zurückkommen und ihn ändern können, wenn wir etwas Neues gelernt haben. Wir können uns diese nahezu unbegrenzte Flexibilität zunutze machen. Das Problem, das wir nun lösen müssen, ist die Fragilität unseres Codes.

Was muss geschehen, damit wir darauf vertrauen können, dass wir unseren Code in Zukunft sicher ändern können? Es gibt drei Ansätze, und einer davon ist dumm.

Wir könnten so klug sein, dass wir den Code und alle seine Auswirkungen und Abhängigkeiten vollständig verstehen, sodass wir Änderungen sicher vornehmen können. Das ist das Modell des Heldenprogrammierers, und obwohl es das Dümmste ist, was man machen kann, ist es auch eine der gängigeren Strategien, soweit ich das beurteilen kann.

In den meisten Unternehmen gibt es eine kleine Anzahl von »Helden«[6], die »den Tag retten«, wenn etwas schiefläuft, oder die für schwierige Änderungen, die vorge-

5 Deutsch: Sie werden es nicht brauchen!

6 Es gibt ein schönes, fiktives Beispiel dafür in Gene Kims Buch *Das Phönix-Projekt*, in dem die Figur Brent Geller die einzige Person ist, die den Tag retten kann.

nommen werden müssen, herangezogen werden. Wenn Sie einen Helden in Ihrem Unternehmen haben, muss er daran arbeiten, sein Wissen zu verbreiten und mit anderen zusammenzuarbeiten, um das System verständlicher zu machen. Dies ist wesentlich wertvoller als die üblichen Notfallmaßnahmen, die »Helden« üblicherweise durchführen.

Die wirklichen Lösungen für das Problem, Angst davor zu haben, den Code zu ändern, sind **Abstraktion** und **Testen**. Wenn wir unseren Code abstrahieren, verbergen wir definitionsgemäß die Komplexität in einem Teil des Systems vor einem anderen. Das bedeutet, dass wir den Code in einem Teil des Systems mit größerer Sicherheit ändern können, und zwar mit einem viel größeren Maß an Vertrauen, dass unsere Änderung, selbst wenn sie falsch ist, keine negativen Auswirkungen auf andere Teile haben wird. Um dies noch sicherer zu machen, brauchen wir auch Tests, aber wie üblich ist der Wert von Tests nicht so einfach zu ermitteln.

12.6 Verbesserung der Abstraktion durch Testen

In Abbildung 4.2 habe ich ein abgeflachtes Änderungskostendiagramm gezeigt, das die ideale Situation darstellt, in der wir in der Lage sein möchten, jede Änderung zu jeder Zeit zu ungefähr den gleichen Kosten hinsichtlich Zeit und Aufwand durchzuführen.

Um diese flache Änderungskostenkurve zu erreichen, bräuchten wir eine effektive, effiziente Strategie für Regressionstests, d.h. eine vollständig automatisierte Strategie. Nehmen Sie eine Änderung vor und führen Sie die Tests durch, damit Sie sehen können, wo Sie etwas kaputt gemacht haben.

Diese Idee ist einer der Eckpfeiler von Continuous Delivery und der effektivste Ausgangspunkt für ein Engineering-Konzept, den ich kenne. Wir arbeiten so, dass unsere Software »immer in einem release-fähigen Zustand« ist, und wir bestimmen diese »Release-Fähigkeit« durch effiziente, effektive, automatisierte Tests.

Es gibt jedoch noch einen weiteren wichtigen Aspekt des Testens, der über das bloße Aufspüren von Fehlern hinausgeht und der für Menschen, die nie auf diese Weise gearbeitet haben, viel schwerer zu erkennen ist.

Dabei handelt es sich um die Auswirkungen der Testbarkeit auf den Designprozess, die ich bereits zuvor beschrieben habe. Wir werden diesen Gedanken in Kapitel 14 noch weiter vertiefen. Wenn wir unsere Tests als Mini-Spezifikationen für das wünschenswerte Verhalten unseres Codes betrachten, dann beschreiben wir dieses wünschenswerte Verhalten im Kontext der Abstraktion von außen nach innen.

Man schreibt keine Spezifikationen, nachdem man die Arbeit abgeschlossen hat; man braucht sie, bevor man beginnt. Wir werden also unsere Spezifikationen

(Tests) schreiben, bevor wir den Code schreiben. Da wir den Code noch nicht haben, liegt unser Fokus eindeutig darauf, uns das Leben einfacher zu machen. Unser Ziel ist es, die Spezifikation (den Test) so klar und einfach wie möglich zu formulieren.

Es ist unvermeidlich, dass wir unsere Wünsche für das gewünschte Verhalten unseres Codes aus der Perspektive eines Nutzers so klar und einfach wie möglich ausdrücken. Über die Implementierungsdetails, die zur Erfüllung dieser Minispezifikation erforderlich sein werden, sollten wir uns zu diesem Zeitpunkt noch keine Gedanken machen.

Wenn wir diesen Ansatz verfolgen, dann abstrahieren wir per Definition unser Design. Wir definieren eine Schnittstelle zu unserem Code, die es uns leicht macht, unsere Ideen auszudrücken, sodass wir unseren Testfall gut schreiben können. Das bedeutet, dass unser Code auch einfach zu benutzen ist. Das Schreiben der Spezifikation (des Tests) ist ein Akt des Designs. Wir designen so, wie wir erwarten, dass Programmierer mit unserem Code interagieren, unabhängig davon, wie der Code selbst funktioniert. Und das alles, bevor wir bei den Implementierungsdetails des Codes angelangt sind. Dieser auf Abstraktion basierende Ansatz hilft uns, das, was der Code tun muss, von dem zu trennen, wie er es tut. Zu diesem Zeitpunkt sagen wir wenig oder gar nichts darüber, wie wir das Verhalten implementieren werden; das kommt später.

Dies ist ein praxisnaher, pragmatischer, leichtgewichtiger Ansatz für Design by Contract (deutsch: »Design gemäß Vertrag«).[7]

12.7 Die Macht der Abstraktion

Als Software-Entwickler sind wir alle mit der Macht der Abstraktion vertraut – als Konsumenten. Wenn wir jedoch zu Software-Produzenten werden, schenken viele Entwickler der Abstraktion in ihrem eigenen Code zu wenig Aufmerksamkeit.

Frühe Betriebssysteme hatten im Vergleich zu ihren modernen Nachfolgern nicht viel an Hardware-Abstraktion zu bieten. Wenn ich heute die Grafikkarte in meinem PC austauschen möchte, gibt es eine ganze Reihe von Abstraktionen, die meine Anwendungen von solchen Änderungen abschirmen, damit ich diese Änderung in der Gewissheit vornehmen kann, dass meine Anwendungen höchstwahrscheinlich weiterhin funktionieren und Dinge anzeigen werden.

Moderne Cloud-Anbieter arbeiten daran, einen Großteil der betrieblichen Komplexität beim Ausführen komplexer, verteilter, skalierbarer Anwendungen durch Abs-

7 Design by Contract ist ein Ansatz für die Software-Entwicklung, der sich auf die Verträge konzentriert, d.h. auf die Spezifikationen, die das System oder seine Komponenten unterstützen. Siehe https://de.wikipedia.org/wiki/Design_by_Contract.

traktion zu beseitigen. Eine API wie die von Amazon Web Services S3 ist trügerisch einfach. Ich kann eine beliebige Bytefolge zusammen mit einem Label, mit dem ich sie abrufen kann, und dem Namen eines »Buckets«, in dem sie abgelegt werden soll, übermitteln, und AWS verteilt sie an Datenzentren in der ganzen Welt, stellt sie jedem zur Verfügung, der darauf zugreifen darf, und bietet Service-Level-Vereinbarungen an, die sicherstellen, dass dieser Zugriff jederzeit außer bei katastrophalsten Ereignissen gewährleistet ist. Das ist eine Abstraktion einer sehr komplexen Angelegenheit!

Abstraktionen können auch auf breiterer Ebene ein Ordnungsprinzip darstellen. Mit semantischen Tags versehene Datenstrukturen wie HTML, XML und JSON sind für die Kommunikation äußerst beliebt. Manche sagen, sie würden sie bevorzugen, weil sie aus »reinem Text« (Plain Text) bestehen, aber das stimmt nicht wirklich. Denn was bedeutet *Plain Text* für einen Computer? Am Ende fließen nur Elektronen durch einen Transistor, und Elektronen und Transistoren sind ebenfalls Abstraktionen!

Der Reiz von HTML oder JSON für Nachrichten, die zwischen verschiedenen Code-Modulen gesendet werden, besteht darin, dass die Struktur der Daten in der Kommunikation explizit ist und das Schema zusammen mit dem Inhalt übertragen wird. Wir könnten das auch mit anderen, viel performanteren Mechanismen wie Googles Protocol Buffers[8] oder SBE[9] erreichen, aber meistens tun wir das nicht.

Entwickler mögen die (in der Praxis) furchtbar ineffizienten Mechanismen wie JSON oder HTML, weil alles mit ihnen funktionieren kann. Das liegt an einer anderen wichtigen Abstraktion: Plain Text. Plain Text ist nicht »rein« (plain), und er ist auch kein Text. Es handelt sich um ein Protokoll und eine Abstraktion, die es uns ermöglicht, mit Informationen umzugehen, ohne uns allzu viele Gedanken darüber zu machen, wie diese Informationen organisiert sind, abgesehen davon, dass sie auf einer ziemlich grundlegenden Ebene als ein Strom von Zeichen dargestellt werden. Dennoch handelt es sich immer noch um eine Abstraktion, die Informationen vor uns verbirgt.

Dieses »Plain-Text«-Ökosystem ist in der Datenverarbeitung allgegenwärtig, aber es ist weder natürlich noch unvermeidlich. Es wurde von Menschen entwickelt, und es hat sich im Laufe der Zeit weiterentwickelt. Wir mussten uns auf Dinge wie Bytereihenfolgen und Codierungsmuster einigen. Und das alles, bevor wir über-

---

8 Die Protocol Buffer von Google sollen eine kleinere, schnellere und effizientere Version von XML sein. Lesen Sie mehr unter `https://bit.ly/39QsPZH`.

9 Simple Binary Encoding (SBE) wird im Finanzwesen verwendet. Dabei handelt es sich um einen Ansatz zur Codierung binärer Daten, bei dem Sie Datenstrukturen definieren und Code generieren lassen können, um sie an beiden Enden zu übersetzen. Es weist einige der Eigenschaften anderer semantischer Datencodierungsansätze auf, hat aber einen geringeren Performance-Overhead. Lesen Sie hier mehr dazu: `https://bit.ly/3sMr88c`.

haupt anfangen konnten, über die zugrunde liegenden Abstraktionen nachzudenken, mit denen wir die Hardware verstehen, auf der unsere Software läuft.

Die »Plain-Text«-Abstraktion ist eine extrem mächtige Abstraktion. Eine weitere extrem mächtige Abstraktion ist die der »Dateien« in der Informatik, die im Unix-Modell, in dem alles eine Datei ist, ihren Höhepunkt erreicht hat. Wir können logische Verknüpfungen herstellen, um neue, komplexere Systeme aufzubauen, indem wir Dateien von der Ausgabe eines Moduls zur Eingabe eines anderen »leiten«. All dies ist »erfunden« und nur eine nützliche Methode, um sich vorzustellen und zu organisieren, was wirklich vor sich geht.

Abstraktionen sind grundlegend für unsere Fähigkeit, mit Computern umzugehen. Sie sind auch grundlegend für unser Verständnis und unseren Umgang mit den Systemen, die wir schaffen, um unseren Computern einen Mehrwert zu verleihen. Eine Möglichkeit, das zu betrachten, was wir tun, wenn wir Software schreiben (und in mancher Hinsicht ist es das Einzige, was wir tun), ist die Schaffung neuer Abstraktionen. Der Schlüssel sind gute Abstraktionen.

12.8 Undichte Abstraktionen

Undichte Abstraktionen (engl. *Leaky Abstractions*) werden definiert als »Abstraktionen, die Details preisgeben, von denen sie eigentlich abstrahieren sollten«.

Diese Idee wurde von Joel Spolsky populär gemacht, der das Folgende sagte:

> *Alle nicht-trivialen Abstraktionen sind undicht.*[10]

Gelegentlich höre ich Leute, die schrecklichen Code mit der Aussage entschuldigen: »Alle Abstraktionen sind undicht, warum also die Mühe?« Nun, das geht sowohl an dem ursprünglichen Beitrag als auch an der Abstraktion im Allgemeinen völlig vorbei.

Computer und Software würden ohne Abstraktion nicht existieren. Die Idee der »undichten Abstraktionen« ist kein Argument gegen sie; sie beschreibt vielmehr, dass Abstraktionen komplexe Dinge sind, auf die wir achten müssen.

Es gibt auch verschiedene Arten von »Lecks«. Es gibt Lecks, die sich nicht vermeiden lassen, und bei denen es am effektivsten ist, sorgfältig über sie nachzudenken und ihre Auswirkungen zu minimieren. Wenn Sie zum Beispiel ein System mit geringer Latenz bauen wollen, das Daten »so nah an den Grenzen der Hardware wie möglich« verarbeitet, dann stehen Ihnen die Abstraktionen »Garbage Collection« und »Random Access Memory« im Weg, weil sie in Bezug auf die Zeit nicht dicht sind und die Latenz zu einer Variablen machen. Moderne Prozessoren sind Hunderte Male schneller als RAM, sodass der Zugriff nicht zufällig ist, wenn die

10 Den Originalbeitrag von Joel Spolsky können Sie hier lesen: `https://bit.ly/2Y1UxNG`.

Zeit eine Rolle spielt. Je nachdem, woher die zu verarbeitenden Informationen stammen, entstehen unterschiedliche Kosten in Form von Zeit. Sie müssen also optimieren, um die Vorteile der Hardware zu nutzen; Sie müssen ihre Abstraktionen, Caches, Prefetch-Zyklen usw. verstehen und in Ihrem Design berücksichtigen, wenn Sie die Auswirkungen des Lecks minimieren wollen.

Die andere Art von Leck ist ein Punkt, an dem die Illusion, die Ihre Abstraktion zu vermitteln versucht, versagt, weil Ihnen die Zeit, die Energie oder die Vorstellungskraft ausgegangen ist, um diesen Bruch in Ihrem Design zu berücksichtigen.

Sowohl ein Autorisierungsdienst, der funktionale Fehler als HTML-Fehler meldet, als auch ein Geschäftslogikmodul, das `NullPointerExceptions` zurückgibt, unterbrechen Abstraktionen auf Geschäftsebene mit technischen Fehlern. Beides ist eine Art Bruch in der Kontinuität der Illusion, die die Abstraktion vermitteln soll.

Im Allgemeinen sollte man versuchen, mit dieser zweiten Art von Leck umzugehen, indem man versucht, eine konsistente Abstraktionsebene so weit wie möglich aufrechtzuerhalten. Es mag akzeptabel sein, dass eine Remote-Komponente, die als Webdienst angeboten wird, Kommunikationsfehler über HTML meldet; das ist ein Problem im technischen Bereich der Abstraktion von Netzwerken und Kommunikation, nicht in der Welt des Services selbst. Der Fehler liegt in der Verwendung von HTML-Fehlercodes für Fehler auf der Geschäftslogikebene des Services. Dies ist ein Leck in der Abstraktion.

Eine Interpretation dessen ist, dass es bei der Abstraktion, bei jeglicher Abstraktion, im Grunde um die Modellierung geht. Unser Ziel ist es, ein Modell unseres Problems zu erstellen, das uns hilft, darüber nachzudenken und unsere Arbeit zu erledigen. Mir gefällt dieses Zitat von **George Box**:

> *Alle Modelle sind falsch, einige Modelle sind nützlich.*[11]

Das entspricht immer der Situation, in der wir uns befinden. Egal wie gut unsere Modelle auch sein mögen, sie sind Abbildungen der Wahrheit, nicht die Wahrheit selbst. Modelle können enorm zweckdienlich sein, auch wenn sie im Grunde genommen nicht wahr sind.

Unser Ziel ist es nicht, Perfektion zu erreichen, sondern nützliche Modelle zu entwickeln, die wir als Werkzeuge zur Lösung von Problemen einsetzen können.

12.9 Geeignete Abstraktionen auswählen

Es kommt auf die Art der Abstraktionen an, die wir wählen. Es gibt hier keine universelle »Wahrheit«; es handelt sich um Modelle.

---

11 Ein Zitat des Statistikers George Box, auch wenn die Idee schon älter ist. Siehe `https://bit.ly/2KWUgbY`.

Ein gutes Beispiel dafür sind Landkarten. Alle Karten sind natürlich Abstraktionen der realen Welt, aber wir verfügen, abhängig von unseren Bedürfnissen, über unterschiedliche Arten von Abstraktionen.

Wenn ich ein Boot oder ein Flugzeug zu einem Ziel navigieren möchte, ist es nützlich, eine Karte zu haben, die es mir ermöglicht, einen Kurs zwischen zwei Punkten zu messen. (Diese Art von Karte wird streng genommen als *Chart* bezeichnet, was bedeutet, dass ich eine »Peilung« auf einer Karte messen kann, und wenn ich diesem Kurs folge, komme ich an den richtigen Ort.) Das Konzept der Karte mit konstanter Peilung wurde von Mercator im Jahr 1569 erfunden.

Ohne Sie mit zu vielen Details zu langweilen, basieren Karten mit konstanter Peilung auf sogenannten *Loxodromen.* Auf einer solchen Karte können Sie eine Peilung messen, und wenn Sie an Punkt A starten und entlang dieses Kurses segeln (oder fliegen), landen Sie an Punkt B.

Nun ist die Welt, wie wir alle wissen, keine ebene Fläche. Sie ist eine Kugel, daher ist dies also nicht die kürzeste Entfernung zwischen A und B, denn auf der Oberfläche einer Kugel ist die kürzeste Entfernung zwischen zwei Punkten eine Kurve, und das bedeutet, dass sich die Richtung ständig ändert. Die Abstraktion eines Diagramms verbirgt also die komplexere Mathematik gekrümmter Ebenen und bietet ein praktisches Werkzeug, mit dem wir unseren Kurs planen können.

Diese Abstraktion ist durch die Tatsache undicht, dass die zurückgelegte Strecke länger ist als unbedingt nötig, aber da wir die Anwenderfreundlichkeit während des Planens und Segelns optimieren, ist alles gut.

Eine völlig andere Abstraktion wird für die meisten U-Bahn-Karten verwendet. Diese wurde 1933 von Harry Beck erfunden.

Becks Karte ist zu einem Designklassiker geworden, und die Idee wird auf der ganzen Welt verwendet, um darzustellen, wie man sich in einem U-Bahn-Netz fortbewegt. Harry erkannte, dass es bei der Navigation in der Londoner U-Bahn egal ist, wo man sich befindet, wenn man unterwegs ist. Also erstellte er eine topologisch genaue Karte des Netzes, die keinen wirklichen Bezug zur physischen Geografie aufwies.

Dieser Kartenstil, diese Abstraktion, ermöglicht es den Fahrgästen, sehr deutlich zu sehen, welche Züge zu welchen Bahnhöfen fahren und welche Bahnhöfe Anschlüsse zu anderen Linien haben. Versucht man jedoch, die Karte zu nutzen, um zwischen den Bahnhöfen zu laufen, versagt die Abstraktion. Einige Bahnhöfe sind nur wenige Schritte voneinander entfernt, scheinen aber weit voneinander entfernt zu sein; andere sehen nah aus, sind aber weit entfernt.

Ich will damit sagen, dass es in Ordnung ist, Abstraktionen – sogar unterschiedliche Abstraktionen – für ein und dieselbe Sache zu haben. Wenn wir die Aufgabe hätten, ein Netzkabel zwischen den Stationen der Londoner U-Bahn zu verlegen, wäre es dumm, Becks Karte zu wählen. Aber wenn wir von der U-Bahn-Station

Arsenal zum Leicester Square zum Abendessen fahren wollten, wäre es dumm, eine geografische Karte zu verwenden.

Die Abstraktion und die ihr zugrunde liegende Modellierung, bilden das Fundament des Designprozesses. Je gezielter die Abstraktionen auf das zu lösende Problem ausgerichtet sind, desto besser ist das Design. Wohlgemerkt, ich habe nicht gesagt »je genauer die Abstraktion«. Wie Becks U-Bahn-Karte so deutlich zeigt, muss die Abstraktion nicht präzise sein, um enorm nützlich zu sein.

Aber auch hier kann uns die Testbarkeit frühes Feedback und Inspiration bei unserem Versuch geben, eine nützliche Abstraktion zu entwickeln.

Eines der häufigsten Argumente gegen Unit-Tests und manchmal auch gegen TDD ist, dass die Tests und der Code »ineinander verwoben« werden und alles schwieriger zu ändern ist. Dies ist eher eine Kritik an Unit-Tests, bei denen die Tests geschrieben werden, nachdem der Code fertig ist. Solche Tests sind unweigerlich eng an das zu prüfende System gekoppelt, da sie als Tests und nicht als Spezifikationen geschrieben wurden. TDD leidet weniger unter diesem Problem, weil wir zuerst den Test (die Spezifikation) schreiben und das Problem abstrahieren können, wie ich es beschrieben habe.

Der Clou an der Sache und der enorme Wert, den TDD mit sich bringt, ist Folgendes: Wenn ich meine abstrakte Spezifikation geschrieben habe und mich darauf konzentriere, was der Code tun soll, und nicht darauf, wie er dieses Ergebnis erreicht, dann ist das, was mein Test ausdrückt, meine Abstraktion. Wenn also der Test angesichts von Änderungen fragil ist, dann ist auch meine Abstraktion angesichts von Änderungen fragil. Ich muss also intensiver über bessere Abstraktionen nachdenken. Ich kenne keinen anderen Weg, um diese Art von Feedback zu erhalten.

Im nächsten Kapitel geht es um die Kopplung. Unangemessene Kopplung ist eine der größten Herausforderungen bei der Software-Entwicklung. In diesem gesamten Abschnitt des Buchs geht es eigentlich um die Strategien, die es uns ermöglichen, die Kopplung zu handhaben. Das Problem ist, dass es nichts geschenkt gibt. Übermäßig abstrakte Designs können genauso lästig sein wie zu wenig abstrakte Designs. Sie können ineffizient sein und unerwünschte Kosten für Entwicklung und Performance verursachen. Es gibt also einen »Sweet Spot«, den es zu treffen gilt, und die Testbarkeit unseres Systems ist ein Werkzeug, mit dem wir ihn treffen können.

Im Allgemeinen sollte unser Ziel darin bestehen, dass wir unsere Meinung über die Implementierung und unser Design so weit wie möglich ändern können, ohne zu viel zusätzliche Arbeit zu haben. Hier gibt es kein Patentrezept. Das ist die eigentliche Kunst der guten Software-Entwicklung, und sie kommt mit der Praxis und der Erfahrung. Wir müssen unseren Instinkt schulen, um Designentscheidungen zu erkennen, die unsere Möglichkeiten einschränken, unsere Meinung später zu ändern, und die es uns erlauben, uns Optionen offen zu halten.

Das bedeutet, dass alle Ratschläge, die ich hier gebe, kontextabhängig sind. Es sind eher Richtlinien als Regeln.

12.10 Abstraktionen in der Anwendungsdomäne

Die Modellierung der Anwendungsdomäne gibt Ihrem Design einige Leitplanken. Auf diese Weise können Sie eine **natürliche Trennung von Zuständigkeiten Ihrer Anwendungsdomäne** erreichen und es hilft Ihnen, das zu lösende Problem besser zu verstehen. Es zwingt Sie vielleicht sogar dazu. Methoden wie **Event Storming**[12] sind ein hervorragender Ausgangspunkt, um das Gebiet eines Problems einzugrenzen.

Event Storming kann Ihnen dabei helfen, Verhaltens-Cluster zu identifizieren, die möglicherweise interessante Konzepte darstellen, und die interessanten Konzepte sind gute Kandidaten für Module oder Services in Ihrem Design. Es kann Bounded Contexts und natürliche Abstraktionslinien in der Anwendungsdomäne hervorheben, die tendenziell stärker voneinander entkoppelt sind als andere, eher technische Bereiche.

Domänenspezifische Sprachen

Ein vielversprechenderes Konzept zur Erhöhung des Abstraktionsniveaus ist die domänenspezifische Sprache (engl. domain-specific language, DSL). Eine DSL ist jedoch definitionsgemäß nicht allgemein anwendbar. Sie ist absichtlich enger gefasst und kann abstrakter sein und Details verbergen.

Das ist der Effekt, den wir wirklich sehen, wenn wir Diagram-Driven-Development-Systeme vorgeführt bekommen. Wir sehen die Auswirkung einer DSL – in diesem Fall einer grafischen – auf die Lösung von eng begrenzten Problemen. In diesem Fall sind diese eingeschränkteren Möglichkeiten zur Darstellung von Konzepten extrem leistungsfähig und nützlich.

DSL ist ein äußerst nützliches Werkzeug und spielt eine wichtige Rolle bei der Entwicklung leistungsfähiger, vielleicht sogar »benutzerprogrammierbarer« Systeme, aber das ist ein sehr spezieller Fall und daher nicht das Thema dieses Buchs; deshalb belassen wir es dabei, aber als kurze Randbemerkung: Es gibt keinen besseren Weg, effektive Testfälle zu erstellen, als eine DSL, die es Ihnen ermöglicht, das gewünschte Verhalten Ihres Systems als »ausführbare Spezifikationen« auszudrücken.

12 Event Storming ist eine von Alberto Brandolini erfundene kollaborative Analysetechnik, mit der Sie die Interaktionen innerhalb einer Anwendungsdomäne modellieren können. Siehe `http://bit.ly/3rcGkdt`.

12.11 Abstrakte zufällige Komplexität

Software läuft auf Computern. Die Funktionsweise von Computern bringt eine Reihe eigener Abstraktionen und Beschränkungen mit sich, mit denen wir uns auseinandersetzen müssen. Einige davon sind tiefgehend, auf der Ebene der Informationen und Informationstheorie, wie etwa Nebenläufigkeit und synchrone versus asynchrone Kommunikation. Andere sind eher hardware-implementierungsspezifisch, wie die Caching-Architektur von Prozessoren oder der Unterschied zwischen RAM und Offline-Speicher.

Außer bei den trivialsten Systemen können Sie diese Dinge nicht ignorieren, und je nach der Art Ihres Systems müssen Sie sich unter Umständen sehr gründlich damit beschäftigen. Allerdings handelt es sich dabei um Abstraktionen, die unweigerlich ein Leck haben werden. Wenn das Netzwerk ausfällt, wird letzten Endes auch Ihre Software davon betroffen sein.

Im Allgemeinen versuche ich bei meinen Designs, die Schnittstelle zwischen dem Bereich der zufälligen Komplexität und dem Bereich der wesentlichen Komplexität (Anwendungsdomäne) so weit wie es mir möglich ist zu abstrahieren. Das erfordert zum einen gutes Designdenken und zum anderen die Denkweise eines Ingenieurs.

Die Ausgangsfrage lautet: Wie kann ich die Welt der zufälligen Komplexität in der Domäne der wesentlichen Komplexität darstellen? Was muss die Logik meines Systems über den Computer wissen, auf dem es läuft? Wir sollten danach streben, dieses Wissen auf ein Minimum zu reduzieren.

Listing 12.1 zeigt die drei Beispiele für Kohäsion aus Kapitel 10. Wenn wir diese aus der Perspektive der Abstraktion und der Trennung von zufälliger und wesentlicher Komplexität betrachten, können wir mehr Erkenntnisse gewinnen.

```
def add_to_cart1(self, item):
    self.cart.add(item)

    conn = sqlite3.connect('my_db.sqlite')
    cur = conn.cursor()
    cur.execute('INSERT INTO cart (name, price)'
        + ' values (item.name, item.price)')
    conn.commit()
    conn.close()

    return self.calculate_cart_total();

def add_to_cart2(self, item):
```

```
    self.cart.add(item)
    self.store.store_item(item)

    return self.calculate_cart_total();

def add_to_cart3(self, item, listener):
    self.cart.add(item)
    listener.on_item_added(self, item)
```

Listing 12.1: Drei Beispiele für Kohäsion (wieder)

Das erste Beispiel, `add_to_cart1`, abstrahiert überhaupt nicht und ist daher ein ziemliches Durcheinander.

Das nächste Beispiel, `add_to_cart2`, ist besser. Wir haben eine Abstraktion zum Speichern von Informationen hinzugefügt. Wir haben unter dem Namen `store` eine »Nahtstelle« in unserem Code geschaffen, die es ermöglicht, den Code kohäsiver zu gestalten und eine saubere Trennlinie zwischen den wesentlichen Funktionen unserer Domäne, dem Hinzufügen von Artikeln zu Warenkörben und der Berechnung von Summen, und der zufälligen Komplexität zu ziehen, die dadurch entsteht, dass unser Computer zwischen nicht-permanentem, aber schnellem RAM sowie langsamem, aber permanentem Festplattenspeicher unterscheidet.

Schließlich haben wir mit `add_to_cart3` eine Abstraktion, die den Code unserer wesentlichen Komplexität unangetastet lässt. Unsere Abstraktion ist intakt, mit dem kleinen Zugeständnis, dass wir das Konzept eines `Listeners` eingeführt haben, der sich dafür interessiert, was passiert ist.

Im Hinblick auf die Konsistenz der Abstraktion ist `add_to_cart3` meiner Meinung nach die beste Lösung. Sogar das Konzept der Speicherung wurde entfernt.

Das Schöne an dieser Abstraktion ist, wie frei das Modell von Zufälligkeiten ist und wie einfach es folglich wäre, es zu testen oder diesen Code mit neuem Verhalten `on_item_added` zu erweitern.

Der Preis für diese Abstraktion, das Leck, das `add_to_cart3` als beste der drei Optionen behindern könnte, wirft die Frage auf, was passiert, wenn der Versuch zu speichern fehlschlägt? Was passiert, wenn unsere Datenbank keine Verbindungen mehr im Verbindungs-Pool hat oder unsere Festplatte keinen Platz mehr hat oder das Netzwerkkabel zwischen unserem Code und der Datenbank versehentlich beschädigt wird?

Das erste Beispiel ist nicht modular, es mangelt ihm an Kohäsion, es vermengt zufällige und wesentliche Komplexität, und es gibt keine Trennung von Zuständigkeiten; das ist nach wie vor schlechter Code!

Die beiden anderen Beispiele sind besser, und zwar nicht aus einem künstlichen Begriff von Schönheit oder Eleganz heraus, sondern aus praktischen, pragmatischen Gründen.

Die Versionen 2 und 3 sind flexibler, weniger gekoppelt, modularer und kohäsiver aufgrund der Trennung von Zuständigkeiten und aufgrund der von uns gewählten Abstraktionen. Die Wahl der Abstraktion zwischen diesen beiden ist wirklich eine Designentscheidung, die durch den Kontext, in dem dieser Code existiert, bestimmt werden sollte.

Wir können uns mehrere Möglichkeiten vorstellen, wie dies funktionieren kann.

Wenn z.B. die fehlende Speicherung mit dem Hinzufügen des Artikels zum Einkaufswagen transaktional ist, müssten wir die Änderung am Einkaufswagen rückgängig machen. Das ist unangenehm, denn die technischen Aspekte der Speicherung dringen in unsere bisher reine Abstraktion ein. Vielleicht können wir das Ausmaß des Lecks begrenzen; sehen Sie sich Listing 12.2 an.

```
def add_to_cart2(self, item):
    if (self.store.store_item(item))
        self.cart.add(item)

    return self.calculate_cart_total();
```

Listing 12.2: Verringerung des Abstraktionslecks

In Listing 12.2 sind wir von unserer vollständig abstrahierten Version 3 zurückgetreten und haben das Konzept des `store` in unserer Abstraktion zugelassen. Wir haben die transaktionale Natur der Beziehung zwischen dem Speichern und dem Hinzufügen des Artikels zum Warenkorb mit einem Erfolgs- oder Fehlerrückgabewert dargestellt. Beachten Sie, dass wir unsere Abstraktion nicht verwässern, indem wir implementierungsspezifische Fehlercodes zurückgeben und diese in unsere Abstraktion auf Domänenebene einfließen lassen. Wir haben die technische Natur des Fehlers auf einen booleschen Rückgabewert beschränkt. Das bedeutet, dass die Probleme bei der Erfassung und Meldung von Fehlern an anderer Stelle behandelt werden, in diesem Fall vielleicht innerhalb unserer Implementierung von `store`.

Dies ist ein weiteres Beispiel dafür, wie wir versuchen, die Auswirkungen der unvermeidlichen Lecks in unserer Abstraktion zu minimieren. Wir modellieren die Fehlerfälle und abstrahieren sie ebenfalls. Jetzt können wir uns wieder alle Arten von Implementierungen von `store` vorstellen. Unser Code ist dadurch flexibler geworden.

Alternativ können wir auch eine entspanntere, stärker entkoppelte Sichtweise einnehmen. In `add_to_cart3` in Listing 12.1 könnten wir uns vorstellen, dass hinter dem Ereignis `on_item_added` einige »Garantien« stehen.[13] Stellen wir uns vor, dass `on_item_added`, falls es aus irgendeinem Grund fehlschlägt, so lange wiederholt wird, bis es funktioniert. (In Wirklichkeit würden wir uns mehr einfallen lassen, aber um mein Beispiel einfach zu halten, bleiben wir dabei.)

Jetzt sind wir sicher, dass der `store` oder etwas anderes, das auf `on_item_added` reagiert, irgendwann in der Zukunft aktualisiert wird.

Dadurch wird die Kommunikation unterhalb von `on_item_added` zwar komplexer, aber unsere Abstraktion wird weiter gestärkt, und je nach Kontext kann sich diese zusätzliche Komplexität lohnen.

Mit diesen Beispielen möchte ich nicht alle Optionen erschöpfend untersuchen, sondern vielmehr einige der technischen Kompromisse aufzeigen, die wir je nach dem Kontext unseres Systems eingehen können.

Das »Ingenieursdenken«, auf das ich angespielt habe und das hier idealerweise demonstriert wird, besteht darin, darüber nachzudenken, wie etwas schiefgehen kann. Sie erinnern sich vielleicht daran, dass Margaret Hamilton dies als einen Eckpfeiler ihres Ansatzes beschrieb, als sie den Begriff *Software Engineering* erfand.

In diesem Beispiel haben wir uns vorgestellt, was passieren würde, wenn der Speicher ausfällt. Wir stellten fest, dass in dieser Situation unsere Abstraktion undicht wurde. Wir waren also gezwungen, ein wenig mehr nachzudenken und überlegten uns verschiedene Möglichkeiten, wie wir mit diesem Leck umgehen könnten.

12.12 Systeme und Code von Drittanbietern isolieren

Ein weiterer deutlicher Unterschied zwischen Version 1 von `add_to_store` und den Versionen 2 und 3 besteht darin, dass Version 1 unseren Code mit spezifischem Code von Drittanbietern verbindet, in diesem Fall mit `sqlite3`. Dies ist eine in der Python-Welt weitverbreitete Bibliothek, aber dennoch ist unser Code nun konkret an diese spezielle Bibliothek eines Drittanbieters gebunden. Ein weiterer Grund dafür, dass dieser Code der schlechteste der drei ist, liegt in der Kopplung an diesen Drittanbieter-Code.

Die geringen, unbedeutenden Kosten für das Ausschneiden des Code-Blocks, der `sqlite3`, Verbindungen und Insert-Anweisungen beinhaltet, und das Verschieben dieses Blocks an eine andere Stelle, weg von meinem Code, der sich um nichts von diesem Zeug kümmert, ist ein großer Schritt in Richtung größerer Generalität. Es ist ein großer Gewinn für so wenig Arbeit.

13 Informatiker werden Ihnen ganz richtig sagen, dass es unmöglich ist, eine »garantierte Zustellung« anzubieten. Was sie meinen, ist, dass man nicht »genau eine Zustellung« garantieren kann, aber damit können wir arbeiten. Siehe `https://bit.ly/3ckj1wL`.

Sobald wir Code von Drittanbietern in unserem Code zulassen, sind wir an diesen gekoppelt. Generell empfehle ich, den eigenen Code immer durch eigene Abstraktionen von fremdem Code abzuschirmen.

Einige Warnungen, bevor wir mit dieser Idee fortfahren. Natürlich sind auch Ihre Programmiersprache und die sie unterstützenden Bibliotheken »Fremd-Code«. Ich schlage nicht vor, dass Sie Ihren eigenen Wrapper für `String`s oder `Lists` schreiben, daher ist mein Rat wie üblich eher eine Richtlinie als ein Patentrezept. Ich rate Ihnen jedoch, sorgfältig darüber nachzudenken, was Sie »innerhalb« Ihres Codes zulassen. Mein Standardvorgehen ist, dass ich Sprachkonzepte und Bibliotheken zulasse, die zum Standard gehören, aber keine Bibliotheken von Drittanbietern, die nicht mit meiner Sprache mitgeliefert werden.

Auf Bibliotheken von Drittanbietern, die ich verwende, greife ich über meine eigene Fassade oder meinen Adapter zu, der meine Schnittstelle zu ihnen abstrahiert und somit vereinfacht und eine normalerweise recht einfache Isolierungsschicht zwischen meinem Code und dem Code in der Bibliothek bildet. Aus diesem Grund neige ich dazu, allumfassenden Frameworks, die versuchen, mir ihr Programmiermodell aufzuzwingen, misstrauisch gegenüberzustehen.

Das mag ein wenig extrem klingen, und es mag auch extrem sein, aber diese Herangehensweise bedeutet, dass meine Systeme im Ergebnis kompatibler und flexibler sind.

Selbst in dem einfachen Beispiel, das wir hier betrachtet haben, stellt `add_to_cart2` eine Abstraktion dar, die im Zusammenhang mit meiner Implementierung der Speicherung sinnvoll ist. Ich kann eine Version bereitstellen, die im Wesentlichen der Code-Block ist, der die Speicherung in `sqlite3` von `add_to_store1` implementiert, aber ich kann auch eine völlig andere Art von Speicher schreiben, ohne die Implementierung von `add_to_cart2` in irgendeiner Weise ändern zu müssen. Ich könnte denselben Code in verschiedenen Szenarien verwenden und sogar eine Art zusammengesetzte Version des Speichers schreiben, die meine Artikel an mehreren Orten speichert, falls dies erforderlich ist.

Schließlich können wir unseren Code mit dieser Abstraktion testen, die immer eine einfachere Version als die echte sein wird. Dadurch wird meine Lösung wesentlich flexibler und kann leichter geändert werden, wenn ich einen Fehler mache, und das bei sehr geringem Mehraufwand.

12.13 Immer das Verbergen von Informationen bevorzugen

Eine weitere wichtige Richtlinie, die uns helfen soll, unseren Code in eine Richtung zu lenken, die die Türen für künftige Änderungen offenhält, ohne gegen YAGNI zu verstoßen, ist, die allgemeineren Repräsentationen den spezifischeren vorzuziehen, aber das ist ein etwas zu vereinfachter Ratschlag. Die deutlichste

Demonstration dieser Idee finden wir wahrscheinlich in Form von Funktions- und Methodensignaturen.

Listing 12.3 zeigt drei Versionen einer Funktionssignatur. Eine davon sieht für mich viel besser aus als die anderen, obwohl das wie üblich kontextabhängig ist.

```
public ArrayList<String> doSomething1(HashMap<String, String> map);

public List<Sting> doSomething2(Map<String, String> map);

public Object doSomething3(Object map);
```

Listing 12.3: Informationen verbergen

Die erste Version ist übermäßig spezifisch. Wenn ich den Rückgabewert entgegennehme, ist es mir dann wirklich wichtig, dass es sich um eine `ArrayList` und nicht um eine andere Art von Liste handelt? Ich kann mir zwar vorstellen, dass es in den seltensten Fällen von Bedeutung ist, aber im Allgemeinen würde ich es vorziehen, mich nicht darum zu kümmern. Das, was mich mit ziemlicher Sicherheit interessiert, ist die Listen-artigkeit, nicht die `ArrayList`-artigkeit!

»OK«, höre ich Sie rufen. »Also immer die abstrakteste, allgemeinste Repräsentation bevorzugen.« Nun, ja, aber innerhalb vernünftiger Grenzen, die Ihre Abstraktion erhalten. Ich wäre dumm, wenn ich diesen Rat befolgen und die eher unschöne Funktionssignatur der Version `doSomething3` verwenden würde. Diese ist so allgemein gehalten, dass sie wahrscheinlich nicht hilfreich ist. Auch hier mag es Zeiten geben, in denen `Object` die richtige Abstraktionsebene ist, aber diese sind selten, oder sollten selten sein, und liegen immer im Bereich der zufälligen statt der wesentlichen Komplexität.

Im Allgemeinen wird also `doSomething2` mein wahrscheinlichstes Ziel sein. Ich bin abstrakt genug, um nicht zu sehr an die technische Spezifität von `doSomething1` gebunden zu sein, aber auch spezifisch genug, um einige Hinweise darauf zu geben, wie die von mir produzierten Informationen zu konsumieren sind und welche Erwartungen ich an die Informationen habe, die ich konsumiere.

Ich bin mir sicher, dass Sie es mittlerweile satthaben, dass ich es wiederhole, aber noch einmal: Unsere Fähigkeit, einen Sweet Spot für unsere Abstraktionen zu identifizieren, wird durch das Designen für **Testbarkeit** verbessert. Der Versuch, einen Test zu schreiben und die Verwendung der von uns erstellten Schnittstelle zu simulieren, gibt uns die Möglichkeit, unser Verständnis von dieser Schnittstelle mit dem zu testenden Code zu erleben und auszuprobieren.

Dies – in Kombination mit unserer Präferenz, Informationen im Allgemeinen zu verbergen und die allgemeineren Repräsentationen der Informationen zu bevorzugen, mit denen wir zu tun haben und die in unserem Kontext sinnvoll sind –, wird uns einmal mehr dabei helfen, die Türen für künftige Änderungen offen zu halten.

12.14 Zusammenfassung

Die Abstraktion ist das Herzstück der Software-Entwicklung. Für den angehenden Software Engineer ist es eine unverzichtbare Fähigkeit, die er entwickeln muss. Die meisten meiner Beispiele sind wahrscheinlich eher objektorientiert, weil ich dazu neige, so über Code zu nachzudenken. Dies gilt jedoch genauso für funktionale Programmierer oder sogar Assembler-Programmierung. Unser Code, ganz gleich welcher Art, ist besser, wenn wir darin Nahtstellen erzeugen, die Informationen verbergen.

Kapitel 13

Kopplung handhaben

Kopplung ist eines der wichtigsten Konzepte, wenn wir beginnen, darüber nachdenken, wie wir mit Komplexität umgehen können.

Kopplung wird definiert als »der Grad der gegenseitigen Abhängigkeit zwischen Software-Modulen; ein Maß dafür, wie eng zwei Routinen oder Module miteinander verbunden sind; die Stärke der Beziehungen zwischen Modulen«.[1]

Die Kopplung ist ein wesentlicher Bestandteil eines jeden Systems, und in der Software-Branche wird sie oft zu wenig thematisiert. Wir sprechen häufig über den Wert von lose gekoppelten Systemen, aber um es deutlich zu sagen: Wenn die Komponenten Ihres Software-Systems perfekt entkoppelt sind, können sie nicht miteinander kommunizieren. Das kann hilfreich sein, muss es aber nicht.

Kopplung ist nichts, was wir immer vollständig eliminieren können oder sollten.

13.1 Kosten von Kopplung

Die Kopplung ist jedoch das, was sich am unmittelbarsten auf unsere Fähigkeit auswirkt, Software zuverlässig, reproduzierbar und nachhaltig zu erstellen und zu liefern. Das Management der Kopplung in unseren Systemen und in den Unternehmen, die sie erstellen, ist von zentraler Bedeutung für unsere Fähigkeit, Software in jeder Größenordnung und Komplexität zu erstellen.

Der wahre Grund, warum Qualitätsmerkmale unserer Systeme wie **Modularität** und **Kohäsion** sowie Methoden wie **Abstraktion** und **Trennung von Zuständigkeiten** wichtig sind, ist, dass sie uns helfen, die **Kopplung** in unseren Systemen zu reduzieren. Diese Reduktion wirkt sich unmittelbar auf die Geschwindigkeit und die Effizienz aus, mit der wir Fortschritte machen können, sowie auf die Skalierbarkeit und Zuverlässigkeit unserer Software und unserer Unternehmen.

Wenn wir die Probleme und Kosten der Kopplung nicht ernst nehmen, schaffen wir Big Balls of Mud in der Software, und wir erschaffen Unternehmen, denen es unmöglich ist, Änderungen in der Produktion vorzunehmen oder zu releasen. Kopplung ist eine große Sache!

1 Quelle: Wikipedia, `https://en.wikipedia.org/wiki/Coupling_(computer_programming)`

Im vorigen Kapitel haben wir untersucht, wie Abstraktion uns dabei helfen kann, einige der Ketten zu durchbrechen, die selbst winzige Teile der Software zusammenhalten. Wenn wir uns entscheiden, nicht zu abstrahieren, dann ist unser Code eng gekoppelt, wodurch wir uns Sorgen machen müssen, dass Änderungen in einem Teil des Systems das Verhalten des Codes in einem anderen Teil beeinträchtigen.

Wenn wir nicht die Zuständigkeiten von wesentlicher und zufälliger Komplexität trennen, dann ist unser Code eng gekoppelt, und wir müssen uns nun um manchmal schrecklich komplexe Konzepte wie Nebenläufigkeit Gedanken machen, während wir uns gleichzeitig sicher sein müssen, dass unser Kontostand korrekt addiert wird. Das ist keine angenehme Art zu arbeiten!

Das soll nicht heißen, dass enge Kopplung schlecht und lose Kopplung gut ist. Ich fürchte, so einfach ist es nicht.

Im Allgemeinen machen Entwickler und Teams jedoch am häufigsten einen großen Fehler, wenn sie eine zu enge Kopplung anstreben. Eine »zu lose Kopplung« ist mit Kosten verbunden, die jedoch im Allgemeinen viel geringer sind als die Kosten einer »zu engen Kopplung«. Generell sollten wir also **eine lose Kopplung einer engen Kopplung vorziehen**, aber auch die Kompromisse verstehen, die wir eingehen, wenn wir diese Entscheidung treffen.

13.2 Hochskalieren

Die vielleicht größte wirtschaftliche Auswirkung der Kopplung liegt darin, dass wir die Entwicklung beschleunigen können. Die Botschaft ist vielleicht noch nicht bei allen angekommen, aber wir haben schon vor langer Zeit gelernt, dass man nicht schneller zu besserer Software kommt, indem man mehr Leute auf das Problem ansetzt. Es gibt eine ernstzunehmende Grenze für die Größe eines Software-Entwicklungsteams, bevor sie durch das Hinzufügen von mehr Leuten verlangsamt werden (siehe Kapitel 6).

Der Grund dafür ist die Kopplung. Wenn Ihr Team und mein Team **in Bezug auf die Entwicklung gekoppelt** sind, könnten wir vielleicht daran arbeiten, unsere Veröffentlichungen zu koordinieren. Wir könnten uns vorstellen, Änderungen zu verfolgen, und jedes Mal, wenn ich meinen Code ändere, werden Sie auf irgendeine Weise darüber informiert. Das mag für eine sehr kleine Anzahl von Personen und Teams funktionieren, aber es nimmt schnell überhand. Der Mehraufwand bzw. der Overhead, um alle auf dem Laufenden zu halten, gerät extrem schnell außer Kontrolle.

Es gibt Möglichkeiten, diesen Overhead zu minimieren und die Koordination so effizient wie möglich zu gestalten. Der beste Weg dazu ist **Continuous Integration**. Wir werden unseren gesamten Code in einem gemeinsamen Bereich, einem

Repository, aufbewahren, und jedes Mal, wenn einer von uns etwas ändert, werden wir überprüfen, ob alles noch funktioniert. Dies ist für jede Gruppe von Personen, die zusammenarbeiten, wichtig; selbst kleine Personengruppen profitieren von der Klarheit, die die Continuous Integration mit sich bringt.

Außerdem lässt sich mithilfe dieser Herangehensweise wesentlich besser skalieren, als fast alle erwarten. Google und Facebook zum Beispiel verwenden diesen Ansatz für fast ihren gesamten Code. Der Nachteil einer solchen Skalierung ist, dass Sie viel in das Engineering rund um Repositorys, Builds, CI und automatisierte Tests investieren müssen, damit Sie schnell genug Feedback zu Änderungen zu erhalten, um die Entwicklungsaktivitäten zu steuern. Die meisten Unternehmen sind nicht in der Lage oder nicht gewillt, ausreichend in die notwendigen Änderungen zu investieren, damit das funktioniert.[2]

Man kann sich diese Strategie so vorstellen, dass wir die Symptome der Kopplung in den Griff bekommen. Wir machen das Feedback so schnell und effizient, dass wir selbst dann, wenn unser Code und unsere Teams gekoppelt sind, noch effiziente Fortschritte machen können.

13.3 Microservices

Die andere sinnvolle Strategie ist die Entkopplung oder zumindest die Reduzierung des Kopplungsgrads. Dies ist der Ansatz der **Microservices**. Microservices sind die am besten skalierbare Art, Software zu entwickeln, aber sie sind nicht das, was die meisten denken. Der Microservice-Ansatz ist wesentlich komplexer, als es den Anschein hat, und erfordert ein gewisses Maß an gestalterischer Raffinesse, ihn umzusetzen.

Wie Sie diesem Buch vielleicht entnommen haben, bin ich ein Anhänger des Service-Modells für die Organisation unserer Systeme. Es ist ein effektives Werkzeug, um Grenzen um Module herum zu ziehen und die Abstraktionsnahtstellen zu verdeutlichen, die wir im vorigen Kapitel besprochen haben. Es ist jedoch wichtig zu erkennen, dass diese Vorteile unabhängig davon gelten, wie Sie Ihre Software bereitstellen wollen. Die Idee ist auch mehrere Jahrzehnte älter als die der Microservices.

Der Begriff *Microservices* wurde erstmals im Jahr 2011 verwendet. Das Konzept der Microservices war nicht neu. Alle Verfahren und Ansätze wurden bereits zuvor verwendet und waren oft weitverbreitet, aber der Microservice-Ansatz fasste sie zusammen und verwendete eine Sammlung dieser Ideen, um zu definieren, was ein Microservice ist. Es gibt ein paar verschiedene Definitionen, aber dies ist die Liste, die ich verwende.

---

2 In meinem anderen Buch *Continuous Delivery* werden die Verfahren beschrieben, die für die Skalierung dieser Aspekte der Software-Entwicklung erforderlich sind. Siehe `https://amzn.to/2WxRYmx`.

Microservices sind wie folgt:

- Klein
- Fokussiert auf eine Aufgabe
- Ausgerichtet auf einen begrenzten Kontext (engl. Bounded Context)
- Eigenständig
- Unabhängig deploybar
- Lose gekoppelt

Ich bin sicher, dass Sie sehen können, dass diese Definition eng mit der Art und Weise übereinstimmt, wie ich gutes Software-Design beschreibe.

Der kniffligste Gedanke dabei ist, dass die Services »unabhängig deploybar« sind. **Unabhängig deploybare** Software-Komponenten gibt es schon seit Langem in vielen unterschiedlichen Zusammenhängen, aber jetzt sind sie Teil der Definition eines Architekturstils und ein zentraler Bestandteil.

Dies ist das entscheidende Merkmal von Microservices, die diesen Gedanken nicht beinhalten; sie führen nichts Neues ein.

Servicebasierte Systeme verwenden semantisches Messaging mindestens seit den frühen 1990er-Jahren, und alle anderen allgemein aufgeführten Merkmale von Microservices wurden von Teams, die servicebasierte Systeme aufbauen, ebenfalls recht häufig verwendet. Der eigentliche Wert von Microservices liegt darin, dass wir sie unabhängig von anderen Services, neben denen sie laufen, und sogar von anderen Services, mit denen sie interagieren, bauen, testen und deployen können.

Denken Sie einen Moment darüber nach, was das bedeutet. Wenn wir einen Service erstellen und ihn von anderen Services **unabhängig deployen** können, bedeutet das, dass es uns egal ist, welche Version diese anderen Services haben. Es bedeutet, dass wir unseren Service nicht mit diesen anderen Services testen müssen, bevor er released wird. Dadurch gewinnen wir die Freiheit, uns auf das einfache Modul zu konzentrieren, das vor uns liegt: unseren Service.

Unser Service muss kohäsiv sein, damit er nicht zu sehr von anderen Services oder anderem Code abhängig ist. Er muss in Bezug auf andere Services sehr lose gekoppelt sein, damit er oder sie sich ändern können, ohne dass einer von ihnen den anderen kaputt macht. Andernfalls können wir unseren Service nicht deployen, ohne ihn vor der Freigabe mit diesen anderen Services zu testen, sodass er nicht **unabhängig deployt** werden kann.

Diese Unabhängigkeit und ihre Auswirkungen werden häufig von Teams übersehen, die glauben, einen Microservice-Ansatz zu implementieren, diesen aber nicht ausreichend entkoppelt haben, um darauf vertrauen zu können, dass ihr Service bereitgestellt werden kann, ohne ihn vorher mit anderen Services zu testen, die mit ihm zusammenarbeiten.

Microservices sind ein organisationsbezogenes, skalierbares Pattern. Das ist ihr Vorteil. Wenn Sie die Entwicklung in Ihrem Unternehmen nicht skalieren müssen, brauchen Sie keine Microservices (obwohl »Services« trotzdem eine großartige Idee sein können).

Microservices ermöglichen es uns, unsere Entwicklungsleistungen zu skalieren, indem wir die Services, aber vor allem die Teams, die diese Services produzieren, voneinander entkoppeln.[3]

Jetzt kann Ihr Team in seinem eigenen Tempo Fortschritte machen, unabhängig davon, wie schnell oder langsam mein Team vorankommt. Es ist Ihnen egal, welche Version mein Service hat, denn Ihr Service ist so lose gekoppelt, dass Sie sich nicht darum kümmern müssen.

Diese Entkopplung hat ihren Preis. Der Service selbst muss so gestaltet werden, dass er flexibler auf Veränderungen bei der Zusammenarbeit mit anderen Services reagieren kann. Wir müssen Designstrategien anwenden, die unseren Service von Änderungen an anderen Stellen abschirmen. Wir müssen die **Entwicklungskopplung** aufbrechen, damit wir unabhängig voneinander arbeiten können. Diese Kosten sind der Grund dafür, dass Microservices die falsche Wahl sein können, wenn Sie Ihr Team nicht vergrößern müssen.

Unabhängige Deploybarkeit hat ihren Preis, wie alles andere auch. Der Preis besteht darin, dass wir unseren Service so gestalten müssen, dass er besser abstrahiert, besser isoliert und in seinen Interaktionen mit anderen Services loser gekoppelt ist. Es gibt eine Reihe von Techniken, mit denen wir dies erreichen können, aber alle erhöhen die Komplexität unserer Services und den Umfang der Designherausforderung, denen wir uns stellen müssen.

13.4 Entkopplung kann mehr Code bedeuten

Versuchen wir, einige dieser Kosten auseinanderzunehmen, damit wir sie besser verstehen können. Wie gehabt müssen wir für die Entscheidungen, die wir treffen, einen Preis zahlen. Das liegt in der Natur des Engineerings; es ist immer ein Spiel mit Kompromissen. Wenn wir uns dafür entscheiden, unseren Code zu entkoppeln, werden wir mit ziemlicher Sicherheit mehr Code schreiben, zumindest zu Beginn.

Dies ist einer der häufigsten Designfehler, den viele Programmierer begehen. Man geht davon aus, dass »weniger Code gut« und »mehr Code schlecht« ist, aber das ist nicht immer der Fall, und hier ist ein entscheidender Punkt, an dem das ganz

3 1967 schuf Mervin Conway das sogenannte Conway'sche Gesetz, das besagt: »Jedes Unternehmen, das ein System (im weitesten Sinne) entwirft, wird ein Design produzieren, dessen Struktur eine Kopie der Kommunikationsstruktur des Unternehmens ist.«

und gar nicht der Fall ist. Schauen wir uns noch einmal das einfache Beispiel an, das wir in früheren Kapiteln verwendet haben. Listing 13.1 zeigt noch einmal den Code zum Hinzufügen eines Produkts.

```
def add_to_cart1(self, item):
    self.cart.add(item)

    conn = sqlite3.connect('my_db.sqlite')
    cur = conn.cursor()
    cur.execute('INSERT INTO cart (name, price)
        values (item.name, item.price)')
    conn.commit()
    conn.close()

    return self.calculate_cart_total();
```

Listing 13.1: Ein Beispiel für Kohäsion (wieder einmal)

Hier haben wir acht Code-Zeilen, wenn wir die Leerzeilen außer Acht lassen. Wenn wir diesen Code verbessern, indem wir eine Methode abstrahieren, werden wir uns hoffentlich alle einig sein, dass er besser ist, aber wir müssen dafür ein paar weitere Zeilen Code hinzufügen.

In Listing 13.2 hat uns die Verringerung der Kopplung, die verbesserte Kohäsion und die bessere Trennung von Zuständigkeiten zwei zusätzliche Code-Zeilen gekostet. Wenn wir den nächsten Schritt machen würden – ein neues Modul oder eine neue Klasse einführen, die wir als Parameter übergeben –, würden wir einige weitere Zeilen hinzufügen, um unser Design weiter zu verbessern.

```
def add_to_cart1(self, item):
    self.cart.add(item)
    self.store_item(item)
    return self.calculate_cart_total();

def store_item(self, item):
    conn = sqlite3.connect('my_db.sqlite')
    cur = conn.cursor()
    cur.execute('INSERT INTO cart (name, price)
        values (item.name, item.price)')
    conn.commit()
    conn.close()
```

Listing 13.2: Kopplung reduzieren

Ich habe von Programmierern gehört, die den in diesem Buch beschriebenen Designansatz ablehnen, und ich habe von anderen gehört, die den Einsatz von automatisierten Tests ablehnen, weil »ich mehr tippen muss«. Diese Programmierer optimieren für die falschen Dinge.

Code ist ein Kommunikationsmittel und er ist in erster Linie ein Mittel zur Kommunikation mit anderen Menschen, nicht mit Computern.

Unser Ziel ist es, unser Leben und das Leben anderer Menschen, die mit unserem Code interagieren, einfacher zu machen. Das bedeutet, dass die Lesbarkeit keine verweichlichte, abstrakte Eigenschaft von Code ist, die nur für diejenigen von Bedeutung ist, die sich für Stil und Ästhetik interessieren. Lesbarkeit ist eine grundlegende Eigenschaft von gutem Code. Sie hat einen direkten wirtschaftlichen Einfluss auf den Wert des Codes.

Es ist also wichtig, dafür zu sorgen, dass unser Code und unsere Systeme verständlich sind. Es geht aber um mehr als das. Der Gedanke, die Effizienz mit einem dummen, naiven Ansatz zu bewerten, indem wir die Zeichen zählen, die wir eingeben, ist lächerlich. Die Art von unstrukturiertem, gekoppeltem Code in Listing 13.1 mag weniger Zeilen Code haben, wenn wir die acht Zeilen betrachten. Wenn diese Funktion jedoch 800 Zeilen umfasst, ist es sehr viel wahrscheinlicher, dass es zu Duplikaten und Redundanz kommt. Der Umgang mit der Komplexität unseres Codes ist aus vielen Gründen wichtig, aber einer dieser Gründe ist, dass sie uns erheblich dabei hilft, Redundanz und Duplikate zu erkennen und zu entfernen.

In echten Systemen kommen wir mit weniger Code aus, wenn wir sorgfältig nachdenken, gut designen und klar über den Code kommunizieren, und nicht, wenn wir zählen, wie viele Zeichen wir eingeben.

Wir sollten für das Denken optimieren, nicht für das Tippen!

13.5 Lose Kopplung ist nicht das Einzige, was wichtig ist

Michael Nygard[4] hat ein hervorragendes Modell zur Beschreibung der Kopplung entwickelt. Er unterteilt sie in eine Reihe von Kategorien (siehe Tabelle 13.1).

Art	Effekt
Operativ	Ein Konsument kann nicht ohne einen Produzenten auskommen
Entwicklungsbezogen	Veränderungen bei Produzenten und Konsumenten müssen koordiniert werden

Tabelle 13.1: Das Nygard-Modell der Kopplung

4 Michael Nygard ist ein Software-Architekt und Autor von *Release It*. Er hat sein Modell der Kopplung auf mehreren Konferenzen mittels dieses ausgezeichneten Vortrags vorgestellt: `https://bit.ly/3j2dGIP`.

Art	Effekt
Semantisch	Gemeinsamer Wandel aufgrund gemeinsamer Konzepte
Funktionell	Gemeinsamer Wandel aufgrund gemeinsamer Verantwortung
Zufällig	Gemeinsame Änderungen ohne triftigen Grund (z.B. inkompatible API-Änderungen)

Tabelle 13.1: Das Nygard-Modell der Kopplung (Forts.)

Dies ist ein nützliches Modell und die Gestaltung unserer Systeme wirkt sich auf alle diese Arten der Kopplung aus. Wenn Sie Ihre Änderungen erst dann für die Produktion freigeben können, wenn ich mit meinen fertig bin, dann sind wir entwicklungsbezogen gekoppelt. Wir können diese Kopplung durch die Entscheidungen, die wir bei unserem Design treffen, beeinflussen.

Wenn mein Service erst dann starten kann, wenn Ihrer bereits läuft, dann sind unsere Services operativ gekoppelt, und auch hier können wir dies durch das Design unserer Systeme berücksichtigen.

Diese verschiedenen Arten der Kopplung zu erkennen, ist ein guter Schritt nach vorn. Über sie nachzudenken und zu entscheiden, welche davon wir angehen und wie wir sie angehen, ist ein weiterer.

13.6 Lose Kopplung bevorzugen

Wie wir gesehen haben, hat lose Kopplung ihren Preis, und die Kosten für mehr Code-Zeilen können zulasten der Performance gehen.

Kopplung kann zu lose sein

Vor vielen Jahren war ich als Berater für ein großes Finanzunternehmen tätig. Sie hatten ein ernsthaftes Performance-Problem mit einem wichtigen Auftragsverwaltungssystem, das sie aufgebaut hatten. Und ich sollte herausfinden, ob ich ihnen helfen konnte, die Performance des Systems zu verbessern.

Der für das Design verantwortliche Architekt war sehr stolz auf die Tatsache, dass man der »Best-Practice gefolgt war«. Seine Interpretation von »Best-Practice« bestand darin, die Kopplung zu reduzieren und die Abstraktion zu erhöhen, beides meiner Meinung nach gute Dinge, aber eine der Methoden, mit denen das Team dies erreicht hatte, bestand darin, ein völlig abstraktes Schema für ihre relationale Datenbank zu erstellen. Das Team war stolz auf die Tatsache, dass es »alles« in seiner Datenbank speichern konnte.

Im Wesentlichen hatten sie einen »Name-Wert-Paar«-Speicher mit einer Art benutzerdefiniertem »Stern-Schema« erstellt, das eine relationale Datenbank als

Speicher verwendete. Darüber hinaus war jedes Element eines »Datensatzes« in der Anwendung ein separater Datensatz in der Datenbank, zusammen mit Verknüpfungen, die den Abruf von Geschwisterdatensätzen ermöglichten. Dies bedeutete, dass die Anwendung stark rekursiv war.

Der Code war sehr allgemein, sehr abstrakt, aber wenn man fast alles laden wollte, waren Hunderte, manchmal Tausende von Interaktionen mit der Datenbank erforderlich, um die Daten herauszuholen, bevor man sie bearbeiten konnte.

Zu viel Abstraktion und zu viel Entkopplung können schädlich sein!

Es ist also wichtig, sich dieser potenziellen Kosten bewusst zu sein und es mit der Abstraktion und Entkopplung nicht zu weit zu treiben, aber wie ich bereits sagte, ist der weitaus häufigere Fehler das genaue Gegenteil. Big Balls of Mud sind viel verbreiteter als zu abstrakte, übermäßig entkoppelte Designs.

Ich habe den jüngeren Teil meiner beruflichen Laufbahn damit verbracht, an hochperformanten Systemen zu arbeiten, daher nehme ich die Performance bei der Entwicklung ernst. Es ist jedoch ein weitverbreiteter Fehler, anzunehmen, dass performanter Code unordentlich ist und sich nicht zu viele Funktions- oder Methodenaufrufe leisten kann. Das ist eine veraltete Denkweise und sie sollte verworfen werden.

Der Weg zu hoher Performance führt über einfachen, effizienten Code, und heutzutage gilt für die meisten gängigen Sprachen und Plattformen, dass einfacher, effizienter Code von unseren Compilern und unserer Hardware leichter und erwartungsgemäß noch besser verstanden wird. Performance ist keine Entschuldigung für einen Big Ball of Mud!

Dennoch kann ich dem Argument zustimmen, dass man bei hochperformanten Code-Blöcken mit dem Grad der Entkopplung ein wenig vorsichtig sein sollte.

Der Trick besteht darin, die Abstraktionsnahtstellen so festzulegen, dass performante Teile des Systems auf die eine oder andere Seite dieser Nahtstellen fallen, sodass sie kohäsiv sind, wobei man in Kauf nimmt, dass der Übergang von einem Service oder einem Modul zu einem anderen mit zusätzlichen Kosten verbunden ist.

Diese Schnittstellen zwischen den Services **bevorzugen eine lose Kopplung** in dem Maße, in dem jeder Service Details vor dem anderen verbirgt. Diese Schnittstellen sind wichtigere Punkte im Design Ihres Systems und sollten mit größerer Sorgfalt behandelt werden und dürfen etwas mehr Kosten in Form von Laufzeit-Overhead und Code-Zeilen verursachen. Dies ist ein akzeptabler Kompromiss und ein wertvoller Schritt in Richtung modularerer, flexiblerer Systeme.

13.7 Wie unterscheidet sich dies von der Trennung von Zuständigkeiten?

Es mag den Anschein haben, dass lose Kopplung und Trennung von Zuständigkeiten ähnliche Konzepte sind, und sie sind sicherlich miteinander verwandt. Es ist jedoch durchaus möglich, dass zwei Teile des Codes eng gekoppelt sind, jedoch mit einer sehr guten Trennung von Zuständigkeiten, oder lose gekoppelt sind mit einer schlechten Trennung von Zuständigkeiten.

Der erste Fall ist leicht vorstellbar. Wir könnten einen Service haben, der Bestellungen verarbeitet, und einen Service, der die Bestellungen speichert. Dies ist eine gute Trennung von Zuständigkeiten, aber die Informationen, die wir zwischen den beiden Services übermitteln, können detailliert und präzise sein. Es kann erforderlich sein, dass sich beide Services gemeinsam ändern. Wenn ein Service sein Konzept einer »Bestellung« ändert, kann dies den anderen stören, folglich sind sie eng gekoppelt.

Die zweite Variante, lose gekoppelt, aber mit einer schlechten Trennung von Zuständigkeiten, ist wahrscheinlich etwas schwieriger in einem realen System vorstellbar, wenn auch einfach genug, um sie sich abstrakt vorzustellen.

Wir könnten uns zwei Services vorstellen, die zwei verschiedene Konten verwalten, wobei ein Konto dem anderen Geld schickt. Stellen wir uns vor, dass unsere beiden Konten Informationen asynchron über Nachrichten austauschen.

Konto A sendet die Nachricht »Konto A wird von X belastet, Gutschrift auf Konto B«. Einige Zeit später sieht Konto B die Nachricht und schreibt sich das Geld gut. Die Transaktion wird hier zwischen den beiden verschiedenen Services aufgeteilt. Was wir wollen, ist, dass Geld von einem Konto auf das andere übertragen wird. Das ist das Verhalten, aber es ist nicht kohäsiv; wir heben an einer Stelle Geld ab und fügen es an einer anderen hinzu, obwohl hier ein gewisser Sinn für eine übergreifende »Transaktion« vorhanden sein muss.

Wenn wir dies so umsetzen würden, wie ich es beschrieben habe, wäre es eine sehr schlechte Idee. Es ist zu sehr vereinfacht und zum Scheitern verurteilt. Wenn es irgendwo ein Problem bei der Übertragung gäbe, könnte das Geld verschwinden.

Wir müssten auf jeden Fall mehr tun als das. Man müsste eine Art Protokoll einrichten, das überprüft, ob die beiden Enden der Transaktion übereinstimmen. Dann könnten wir bestätigen, dass das Geld, wenn es vom ersten Konto abgehoben wurde, mit Sicherheit auf dem zweiten Konto ankam, aber wir könnten uns immer noch vorstellen, dies auf eine Art und Weise zu tun, die lose gekoppelt ist, technisch, wenn auch nicht semantisch.

13.8 DRY ist zu simpel

DRY ist die Abkürzung für »Don't Repeat Yourself« (»Wiederhole dich nicht!«). Es ist eine Kurzbeschreibung unseres Wunschs, eine einzige kanonische Darstellung jedes Verhaltens in unserem System zu haben. Das ist ein guter Rat, aber es ist nicht immer ein guter Rat. Wie immer ist die Sache komplexer.

DRY ist ein ausgezeichneter Ratschlag im Kontext einer einzelnen Funktion, eines Services oder eines **Moduls**. Es ist ein guter Ratschlag; darüber hinaus würde ich DRY auf den Bereich eines Versionsverwaltungs-Repositorys oder einer Deployment-Pipeline ausweiten. Das hat allerdings seinen Preis. Manchmal sind diese Kosten sehr hoch, wenn sie zwischen Services oder Modulen anfallen, insbesondere wenn diese unabhängig voneinander entwickelt werden.

Das Problem besteht darin, dass die Kosten für eine einzige kanonische Darstellung eines bestimmten systemübergreifenden Konzepts die Kopplung erhöhen, und die Kosten der Kopplung können die Kosten von Duplikaten übersteigen.

Dies ist ein Balanceakt.

Die Verwaltung von Abhängigkeiten ist eine heimtückische Form der Entwicklungskopplung. Wenn Ihr Service und mein Service eine Bibliothek gemeinsam nutzen und Sie gezwungen sind, Ihren Service zu aktualisieren, wenn ich meinen aktualisiere, dann sind unsere Services und unsere Teams entwicklungsbezogen gekoppelt.

Diese Kopplung hat tiefgreifende Auswirkungen auf unsere Fähigkeit, unabhängig zu arbeiten und Fortschritte bei den Dingen zu machen, die uns wichtig sind. Für Sie mag es ein Problem sein, Ihre Veröffentlichung zurückzuhalten, bis Sie die neue Version der Bibliothek, die mein Team Ihnen auferlegt hat, berücksichtigt haben. Oder es kann ein Problem sein, weil Sie mitten in einer anderen Arbeit steckten, die durch diese Änderung nun erschwert wird.

Der Vorteil von DRY ist, dass wir, wenn sich etwas ändert, es nur an einer Stelle ändern müssen; der Nachteil ist, dass jede Stelle, die diesen Code verwendet, in irgendeiner Weise gekoppelt ist.

Aus technischer Sicht gibt es einige Tools, die uns dabei helfen können. Das Wichtigste davon ist die Deployment-Pipeline.

Bei der Continuous Delivery soll uns eine **Deployment-Pipeline** ein klares, eindeutiges Feedback über die Releasebarkeit unserer Systeme geben. Wenn die Pipeline sagt: »Alles sieht gut aus«, dann können wir ohne weitere Arbeit die Freigabe erteilen. Das sagt implizit etwas Wichtiges über den Umfang einer Deployment-Pipeline aus: Sie sollte »eine unabhängig einsetzbare Software-Einheit« sein.

Wenn unsere Pipeline also sagt, dass alles in Ordnung ist, können wir releasen; das gibt uns einen vernünftigen Rahmen für die Anwendung von DRY. DRY sollte das Leitprinzip im Rahmen einer Deployment-Pipeline sein, aber zwischen den Pipelines aktiv vermieden werden.

Wenn Sie also ein auf Microservices basierendes System erstellen, bei dem jeder Service unabhängig deploybar ist und jeder Service seine eigene Deployment-Pipeline hat, sollten Sie DRY nicht zwischen Microservices anwenden. **Teilen Sie keinen Code zwischen Microservices.**

Das ist interessant und gewissermaßen die Grundlage für die Überlegungen, die mich veranlasst haben, dieses Buch zu schreiben. Es ist kein Zufall oder ein Versehen, dass meine Ratschläge zur Kopplung mit etwas zu tun haben, das vielleicht weit entfernt zu sein scheint. Hier ist eine Argumentationslinie, die von einer ziemlich grundlegenden Idee in der Informatik, der Kopplung, ausgeht und diese durch Design und Architektur mit etwas verbindet, das anscheinend damit zu tun hat, wie wir unsere Software erstellen und testen: einer Deployment-Pipeline.

Dies ist ein Teil der Engineering-Philosophie und des Ansatzes, den ich hier zu beschreiben und zu fördern versuche.

Wenn wir einer Argumentationslinie folgen – von Ideen wie der Bedeutung davon, gutes Feedback zu unserer Arbeit zu erhalten, effiziente, effektive Ansätze für das Lernen im Verlauf unserer Arbeit zu entwickeln und unsere Arbeit in Teile zu zerlegen, die es uns ermöglichen, mit der Komplexität der Systeme, die wir erstellen, und den menschlichen Systemen, die es uns ermöglichen, sie zu erstellen, umzugehen –, dann landen wir hier.

Wenn wir so arbeiten, dass unsere Software immer in einem release-fähigen Zustand ist, dem Kerngedanken von Continuous Delivery, sind wir gezwungen, die Releasebarkeit und den Umfang unserer Deployment-Pipeline zu berücksichtigen. Wenn wir unseren Ansatz so optimieren, dass wir schnell lernen und schnell versagen können, wenn wir einen Fehler machen, was das Ziel des ersten Teils dieses Buchs ist, dann sind wir gezwungen, uns mit der Testbarkeit unserer Systeme zu befassen. Dies führt uns dazu, Code zu erstellen, der modularer und kohäsiver ist, eine bessere Trennung von Zuständigkeiten aufweist und über bessere Abstraktionsnahtstellen verfügt, die Änderungen isolieren und lose gekoppelt halten.

All diese Ideen sind miteinander verknüpft. Sie alle verstärken sich gegenseitig, und wenn wir sie ernst nehmen und sie als Grundlage für unsere Arbeitsweise übernehmen, führen sie dazu, dass wir schneller bessere Software entwickeln.

Was auch immer Software Engineering ist, wenn es uns nicht hilft, bessere Software schneller zu entwickeln, zählt es nicht als »Engineering«.

13.9 Asynchronität als Werkzeug für lose Kopplung

Im vorigen Kapitel wurde erörtert, dass Abstraktionen undicht sind. Eine dieser undichten Abstraktionen ist das Konzept der synchronen Datenverarbeitung über Prozessgrenzen hinweg.

Sobald wir eine solche Grenze, gleich welcher Art, festlegen, ist jede Vorstellung von Synchronität eine Illusion, und diese Illusion hat ihren Preis.

Wie undicht diese Abstraktion ist, wird am deutlichsten, wenn man über verteilte Systeme nachdenkt. Wenn ein Service A mit einem Service B kommuniziert, kann diese Kommunikation an allen möglichen Stellen scheitern, wenn sie durch ein Netzwerk getrennt sind.

Die Illusion, die undichte Abstraktion, der Synchronität kann bestehen, aber nur bis zu dem Punkt, an dem die Kommunikation scheitert – und das wird passieren. Abbildung 13.1 zeigt die Stellen, an denen eine verteilte Kommunikation schiefgehen kann.

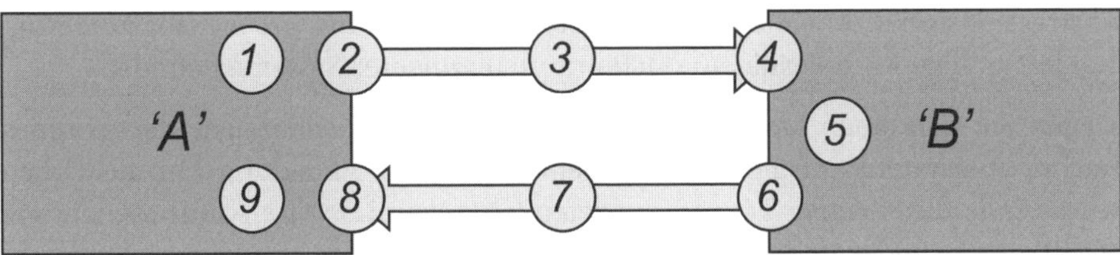

Abb. 13.1: Fehlerpunkte bei synchroner Kommunikation

1. Es könnte ein Fehler in **A** vorliegen.
2. kann möglicherweise keine Verbindung zum Netz herstellen.
3. Die Nachricht kann bei der Übertragung verloren gehen.
4. **B** kann möglicherweise keine Verbindung zum Netz herstellen.
5. Es kann ein Fehler in **B** vorliegen.
6. Die Verbindung zum Netz kann fehlschlagen, bevor **B** eine Antwort senden kann.
7. Die Antwort kann bei der Übertragung verloren gehen.
8. **A** kann die Verbindung verlieren, bevor es die Antwort hat.
9. Es kann ein Fehler in der Bearbeitung der Antwort durch **A** vorliegen.

Jeder der aufgeführten Fehlerpunkte ist ein Leck in der Abstraktion der synchronen Kommunikation. Jeder dieser Punkte erhöht die Komplexität des Umgangs mit Fehlern. Fast alle diese Fehler können dazu führen, dass A und B nicht mehr miteinander kommunizieren, was die Komplexität weiter erhöht. Nur manche dieser Fehler sind für den Absender A erkennbar.

Stellen Sie sich nun vor, dass A und B über ein bestimmtes Verhalten auf Geschäftsebene kommunizieren, als ob diese Unterhaltung synchron wäre. In dem Moment, in dem ein Verbindungsproblem auftritt oder eine Nachricht im Netzwerk verloren geht, dringt dieser technische Fehler in die Kommunikation auf Geschäftsebene ein.

Diese Art von Leck kann durch eine genauere Darstellung der tatsächlichen Vorgänge erheblich gemildert werden. Netzwerke sind eigentlich asynchrone Kommunikationsmittel; Kommunikation in der realen Welt ist asynchron.

Wenn Sie und ich uns unterhalten, bleibt mein Gehirn nicht stehen und wartet auf eine Antwort, nachdem ich Ihnen eine Frage gestellt habe, sondern es macht mit anderen Dingen weiter. Eine bessere Abstraktion, die näher an der Realität ist, wird auf weniger unangenehme Weise undicht.

Es ist hier nicht die richtige Stelle, um hinsichtlich bestimmter Herangehensweisen an den Designprozess zu sehr ins Detail zu gehen, aber ich bin ein Verfechter davon, Prozessgrenzen als asynchron zu behandeln und zwischen verteilten Services und Modulen nur über asynchrone Ereignisse zu kommunizieren. Bei komplexen verteilten Systemen verringert dieser Ansatz die Auswirkungen von Abstraktionslecks erheblich und reduziert die Kopplung an die zugrunde liegende zufällige Komplexität, die sich unterhalb unserer Systeme befindet.

Stellen Sie sich einen Moment lang vor, wie sich ein zuverlässiges, asynchrones Nachrichtensystem auf die Liste der Fehlerpunkte in Abbildung 13.1 auswirken würde. Alle diese Fehler können auftreten, aber wenn Service A nur asynchrone Nachrichten sendet und einige Zeit später nur eine neue asynchrone Nachricht empfängt, dann muss sich Service A nach Schritt 2 um keinen dieser Fehler mehr kümmern. Wenn ein Meteorit das Datenzentrum getroffen hat, in dem sich Service B befindet, dann können wir das Datenzentrum wieder aufbauen, eine Kopie von Service B bereitstellen und die Nachricht, die Service A ursprünglich gesendet hat, erneut übermitteln. Obwohl dies mit einiger Verspätung geschieht, wird die gesamte Verarbeitung auf genau dieselbe Weise fortgesetzt, als hätte die gesamte Konversation nur wenige Mikrosekunden gedauert.

In diesem Kapitel geht es um Kopplung, nicht um asynchrone Programmierung oder asynchrones Design. Ich will Sie hier nicht von den Vorzügen der asynchronen Programmierung überzeugen, obwohl es viele davon gibt. Stattdessen möchte ich sie als Beispiel verwenden, um zu zeigen, dass ich durch geschickte Nutzung der Ideen zur Verringerung der Kopplung, in diesem Fall zwischen der zufälligen Komplexität von Netzwerken und Fernkommunikation und der wesentlichen Komplexität der Geschäftsfunktionen meiner Services, ein Stück Code schreiben kann, das funktioniert, wenn das System gut funktioniert und wenn das nicht der Fall ist. Dies ist eine ausgereifte Lösung für eine bestimmte Art von Problem.

13.10 Für lose Kopplung designen

Auch hier wird das Streben nach testbarem Code einen nützlichen Druck auf unser Design ausüben, der uns, wenn wir darauf achten, dazu ermutigt, vermehrt lose gekoppelte Systeme zu entwickeln. Wenn unser Code schwer zu testen ist, ist das in der Regel das Ergebnis eines unglücklichen Kopplungsgrades.

Wir können also auf das Feedback unseres Designs reagieren und es ändern, um die Kopplung zu verringern, das Testen zu erleichtern und am Ende ein qualitativ hochwertigeres Design zu erhalten. Diese Fähigkeit, die Qualität unseres Codes und unserer Designs zu verbessern, ist das Minimum, das ich von einem echten Engineering-Ansatz für Software erwarten würde.

13.11 Lose Kopplung in menschlichen Systemen

Ich bin zu der Auffassung gelangt, dass die Kopplung im Allgemeinen das Herzstück der Software-Entwicklung ist. Sie ist das, was Software schwierig macht.

Die meisten Menschen können in ein paar Stunden lernen, ein einfaches Programm zu schreiben. Menschen sind extrem gut in Sprachen, selbst in so seltsamen, grammatikalisch eingeschränkten, abstrakten wie Programmiersprachen. Das ist nicht das Problem. Die Leichtigkeit, mit der sich die meisten Menschen Konzepte aneignen können, die es ihnen ermöglichen, ein paar Zeilen Code zu schreiben, ist ein ganz eigenes Problem, denn sie wiegt die Menschen bezüglich ihrer eigenen Fähigkeiten in falscher Sicherheit.

Bei der professionellen Programmierung geht es nicht darum, Anweisungen aus einer menschlichen Sprache in eine Programmiersprache zu übersetzen. Das können Maschinen.[5] Beim professionellen Programmieren geht es darum, Lösungen für Probleme zu finden, und Code ist das Werkzeug, das wir verwenden, um unsere Lösungen festzuhalten.

Es gibt viel zu lernen, wenn man anfängt zu programmieren, aber man kann schnell durchstarten und gute Fortschritte erzielen, wenn man allein an einfachen Problemen arbeitet. Die Schwierigkeiten beginnen, wenn das von uns erstellte System und die Teams, mit denen wir an seiner Entwicklung arbeiten, an Größe und Komplexität zunehmen. Dort fängt die Kopplung an zu wirken.

Wie ich bereits angedeutet habe, geht es nicht nur um den Code, sondern im Wesentlichen auch um die Kopplung in den Unternehmen, die ihn erstellen. Die Entwicklungskopplung ist ein häufiges und teures Problem in großen Firmen.

5 GPT3 ist ein maschinelles Lernsystem, das ausschließlich im Internet trainiert wurde. Mit Anweisungen in englischer Sprache kann es einfache Anwendungen programmieren. Siehe `https://bit.ly/3ugOpzQ`.

Wenn wir beschließen, dieses Problem durch die Integration unserer Arbeit zu lösen, dann wird die Integration, wie auch immer wir damit umgehen wollen, mit Kosten verbunden sein. In meinem anderen Buch, *Continuous Delivery*, geht es im Wesentlichen um Strategien zum effizienten Umgang mit dieser Kopplung.

In meinem Berufsleben erlebe ich viele große Unternehmen, die durch die unternehmensbezogene Kopplung gelähmt sind. Sie finden es fast unmöglich, eine Änderung in die Produktion zu überführen, weil sie im Laufe der Jahre die Kosten der Kopplung ignoriert haben und nun für die kleinste Änderung Dutzende oder gar Hunderte von Mitarbeitern benötigt werden, um ihre Arbeit zu koordinieren.

Es gibt nur zwei sinnvolle Strategien: entweder ein koordinierter Ansatz oder ein verteilter Ansatz. Beide sind mit Kosten und Vorteilen verbunden. Das liegt wohl in der Natur der Technik.

Beide Ansätze sind stark von der Effizienz abhängig, mit der wir Feedback einholen können, weshalb Continuous Delivery ein so wichtiges Konzept ist. Continuous Delivery basiert auf der Idee, die Feedback-Schleifen in der Entwicklung so weit zu optimieren, dass wir im Wesentlichen ein kontinuierliches Feedback über die Qualität unserer Arbeit erhalten.

Wenn Sie bei einem großen, komplexen Stück Software Konsistenz wünschen, sollten Sie den koordinierten Ansatz wählen. Dabei speichern Sie alles zusammen, erstellen alles zusammen, testen alles zusammen und deployen alles zusammen.

Auf diese Weise erhalten Sie das klarste und genaueste Bild, allerdings um den Preis, dass Sie in der Lage sein müssen, all diese Dinge schnell und effizient zu erledigen. Im Allgemeinen empfehle ich Ihnen, dass Sie sich bemühen, diese Art von Feedback mehrmals am Tag zu erhalten. Dies kann eine erhebliche Investition in Zeit, Aufwand und Technologie bedeuten, damit man schnell genug Feedback erhält.

Dies schließt weder aus, dass mehrere Teams an dem System arbeiten, noch bedeutet es, dass die Systeme, die die Teams auf diese Weise erstellen, eng gekoppelt sind. Hier geht es um den Umfang der Evaluierung einer Produktionsversion. In diesem Fall ist dieser Umfang ein ganzes System.

Wo separate Teams mehr oder weniger unabhängig voneinander arbeiten, koordinieren sie Ihre Aktivitäten über die gemeinsame Code-Basis und eine Continuous Delivery Deployment Pipeline für das gesamte System.

Dieser Ansatz ermöglicht es Teams, die an Code, Services oder Modulen arbeiten, die enger gekoppelt sind, gute Fortschritte zu erzielen, und zwar mit einem Minimum an Kosten für das Feedback, aber, ich wiederhole, man muss hart arbeiten, um schnell genug zu sein.

Der verteilte Ansatz wird derzeit mehr befürwortet; es handelt sich um einen Microservices-Ansatz. In Microservices-Unternehmen ist die Entscheidungsfindung absichtlich verteilt. Microservice-Teams arbeiten unabhängig voneinander, jeder Service kann unabhängig bereitgestellt werden, und es fallen keine direkten Koordinationskosten zwischen den Teams an. Es gibt jedoch indirekte Kosten, und zwar in Form von Designkosten.

Um die unternehmensbezogene Kopplung zu verringern, muss vermieden werden, dass die Services später im Prozess gemeinsam getestet werden müssen. Wenn Services unabhängig voneinander eingesetzt werden können, bedeutet dies, dass sie auch unabhängig voneinander getestet werden sollten, denn wie können wir die Deploybarkeit ohne Tests beurteilen? Wenn wir zwei Services zusammen testen und herausfinden, dass Version 4 des einen mit Version 6 des anderen zusammenarbeitet, werden wir dann wirklich Version 4 und Version 17 freigeben, ohne sie zu testen? Sie sind also nicht unabhängig.

Ein Microservice-Ansatz ist die am besten skalierbare Strategie für die Software-Entwicklung. Sie können so viele Teams haben, wie Sie wollen, oder zumindest so viele, wie Sie Mitarbeiter und Geldmittel finden, um sie zu bezahlen.

Der Preis dafür ist, dass Sie die Koordination aufgeben oder zumindest auf das Einfachste und Allgemeinste reduzieren. Sie können zwar zentralisierte Leitlinien anbieten, aber nicht durchsetzen, da die Durchsetzung Kosten für die Koordination verursacht.

Unternehmen, die Microservices ernst nehmen, lockern bewusst die Kontrolle; tatsächlich ergibt ein Microservices-Ansatz ohne diese Lockerung der Kontrolle wenig bis gar keinen Sinn.

Bei diesen beiden Ansätzen – den einzigen, die wirklich Sinn ergeben – geht es um unterschiedliche Strategien zum Umgang mit Kopplung zwischen Teams. Bei einer hohen Kopplung wird die Häufigkeit der Fehlersuche beschleunigt, bei einer geringen Kopplung wird zumindest vor der Freigabe überhaupt nicht geprüft.

Das ist in jedem Fall mit Kosten verbunden, aber es gibt keinen wirklichen Mittelweg, auch wenn viele Unternehmen fälschlicherweise versuchen, einen solchen zu erfinden.

13.12 Zusammenfassung

Die Kopplung ist das Monster im Herzen der Software-Entwicklung. Sobald die Komplexität Ihrer Software über das Triviale hinausgeht, entscheidet die richtige Kopplung oder zumindest das Bemühen, den Grad der Kopplung, den Sie in die Software eingebaut haben, in den Griff zu bekommen, oft über Erfolg und Misserfolg.

Wenn Ihr Team und das meine Fortschritte machen können, ohne dass wir unsere Aktivitäten koordinieren müssen, ist es laut den »State-of-DevOps«-Berichten wahrscheinlicher, dass wir regelmäßig hochwertigen Code liefern.

Wir können dies auf drei Arten erreichen. Wir können mit stärker gekoppeltem Code und Systemen arbeiten, aber durch Continuous Integration und Continuous Delivery schnell genug Feedback erhalten, um Probleme schnell zu erkennen. Wir können stärker entkoppelte Systeme entwerfen, die wir sicher und vertrauensvoll ändern können, ohne anderen Änderungen aufzudrängen. Oder wir können mit Schnittstellen arbeiten, auf die wir uns geeinigt haben und die so festgelegt sind, dass wir sie nie ändern. Dies sind wirklich die einzigen verfügbaren Strategien.

Wenn Sie die Kosten der Kopplung sowohl in Ihrer Software als auch in Ihrem Unternehmen ignorieren, tun Sie dies auf eigene Gefahr.

Teil IV

Werkzeuge zur Unterstützung von Engineering in der Software-Entwicklung

In diesem Teil:

Kapitel 14

Die Werkzeuge einer Ingenieursdisziplin

Wenn ich darüber nachdenke, was eine echte Ingenieursdisziplin für die Software-Entwicklung bedeuten sollte, denke ich nicht so sehr an bestimmte Werkzeuge, Programmiersprachen, Prozesse oder Diagramme. Vielmehr denke ich an die Ergebnisse.

Jeder Ansatz, der den Namen **Software Engineering** verdient, muss auf unserem Bedürfnis aufbauen zu lernen, zu erforschen und mit Ideen zu experimentieren. Am wichtigsten ist jedoch, dass es sich um eine »Modeerscheinung« und nicht um Engineering handelt, wenn es uns nicht hilft, schneller bessere Software zu entwickeln.

Auch wenn ich nicht an bestimmte Werkzeuge denke, heißt das nicht, dass es keine gibt. Dieses Buch basiert auf dem Gedanken, dass es einige gedankliche »Werkzeuge« gibt, die wir universell auf die Software-Entwicklung anwenden können und die unsere Möglichkeiten, bessere Software schneller zu entwickeln, erheblich verbessern. Nicht alle Ideen sind gleich; es gibt einige, die einfach schlecht sind, und wir sollten in der Lage sein, sie zu verwerfen.

In diesem Kapitel untersuche ich einige Ideen, über die ich in diesem Buch gesprochen habe. Sie fassen alles andere in diesem Buch zusammen. Wenn Sie alles, was ich bisher geschrieben habe, ignorieren, nur diese Ideen übernehmen und sie als die Grundprinzipien behandeln würden, auf deren Basis Sie Software-Entwicklung betreiben, dann würden Sie feststellen, dass Sie bessere Ergebnisse erzielen und mit der Zeit alle anderen Ideen, über die ich hier geschrieben habe, entdecken, weil sie eine logische Konsequenz sind.

14.1 Was ist Software-Entwicklung?

Software-Entwicklung ist sicherlich mehr als nur die Kenntnis der Syntax und Bibliotheken einer Programmiersprache. Die zugrunde liegenden Ideen sind in vielerlei Hinsicht wichtiger als die Werkzeuge, mit denen wir sie erfassen. Schließlich werden wir dafür bezahlt, Probleme zu lösen, und nicht dafür, Werkzeuge zu benutzen.

Was nützt es, Software zu schreiben, egal für welchen Zweck, wenn wir nicht wissen, ob sie funktioniert?

Wenn wir den Code, den wir geschrieben haben, sorgfältig prüfen, ihn aber nie ausführen, machen wir uns zu Geiseln des Schicksals. Menschen funktionieren einfach nicht so. Selbst bei frei interpretierten Sprachen wie der gesprochenen menschlichen Sprache machen wir ständig Fehler. Haben Sie schon einmal etwas geschrieben – vielleicht eine E-Mail –, sie ohne Korrekturlesen abgeschickt und dann erst zu spät all die Grammatik- oder Rechtschreibfehler bemerkt?

Meine Lektoren und ich haben sehr hart daran gearbeitet, die Fehler in diesem Buch zu beseitigen, aber ich bin mir ziemlich sicher, dass Sie trotzdem ein paar gefunden haben. Wir Menschen sind fehleranfällig. Wir sind besonders schlecht darin, Dinge zu überprüfen, weil wir oft dazu neigen, das zu sehen, was wir erwarten zu sehen, statt dem, was wirklich da ist. Das ist keine Kritik an unserer Faulheit, sondern eine Anerkennung der Grenzen unserer Biologie. Wir sind dazu geschaffen, voreilige Schlüsse zu ziehen, eine sehr gute Eigenschaft für Menschen in freier Wildbahn.

Software ist intolerant gegenüber Fehlern; Korrekturlesen und Code-Überprüfung sind nicht genug. Wir müssen sie testen, um zu prüfen, ob sie funktioniert. Dieses Testen kann verschiedene Formen annehmen, aber egal, ob wir den Code ganz formlos ausführen und beobachten, was passiert, oder ob wir ihn in einem Debugger ausführen, um zu sehen, wie sich die Dinge verändern, oder ob wir eine Reihe von Szenarien der verhaltensgetriebenen Software-Entwicklung (engl. Behavior-Driven Development, BDD) ausführen – all das ist nur der Versuch, Feedback zu unseren Änderungen zu erhalten.

Wie in Kapitel 5 besprochen, muss das Feedback schnell und effizient sein, damit es wertvoll ist.

Wenn wir Software also testen müssen, stellt sich nur die Frage, wie wir dies so effizient und effektiv wie möglich tun können.

Wir könnten uns entscheiden zu warten, bis wir denken, dass wir mit unserer Arbeit fertig sind und dann alles zusammen testen. Vielleicht könnten wir unsere Software auch einfach in Produktion geben, um sie von unseren Benutzern kostenlos testen zu lassen? Das ist nicht der wahrscheinlichste Weg zum Erfolg! Minderwertige Arbeit hat ihren Preis; deshalb ist ein Engineering-Ansatz bei der Software-Entwicklung auch so wichtig.

Anstatt die Daumen zu drücken und zu hoffen, dass unser Code funktioniert, sollten wir wahrscheinlich eine Form von Überprüfung durchführen, bevor wir Änderungen in Produktion geben. Es gibt verschiedene Möglichkeiten, wie wir das organisieren können.

Wenn wir warten, bis wir denken, dass wir fertig sind, bekommen wir eindeutig kein qualitativ hochwertiges, zeitnahes **Feedback**. Wir werden wahrscheinlich all die kleinen Kleinigkeiten vergessen, die wir gemacht haben, sodass unsere Tests ein Stück weit oberflächlich sein werden. Außerdem wird es eine ziemlich mühsame Aufgabe sein.

An diesem Punkt beschließen viele Unternehmen, Leute einzustellen, die diese Arbeit erledigen. Jetzt stehen wir wieder am Anfang, sind Geiseln des Schicksals, nehmen an, dass unsere Software wahrscheinlich funktionieren wird, und verlassen uns darauf, dass andere uns sagen, dass sie nicht funktioniert hat. Das ist sicherlich ein Fortschritt im Vergleich zum Warten auf die Klagen unserer Benutzer, aber es ergibt nach wie vor ein minderwertiges Ergebnis.

Das Hinzufügen separater Schritte in den Prozess, in Form separater Gruppen von Personen, verbessert weder die Geschwindigkeit noch die Qualität des Feedbacks, das wir sammeln können. Dies ist keine Kritik an den beteiligten Personen; alle Menschen sind zu langsam, zu unterschiedlich in ihrem Tun und zu teuer, um mit einem automatisierten Ansatz zur Erfassung des benötigten Feedbacks mithalten zu können.

Außerdem werden wir dieses Feedback zu spät erhalten und keine Ahnung davon haben, wie gut oder schlecht unsere Software ist, während wir sie entwickeln. Das bedeutet, dass wir wertvolle Lernmöglichkeiten verpassen, von denen wir hätten profitieren können, wenn das Feedback zeitnah gekommen wäre. Stattdessen warten wir, bis wir denken, dass wir fertig sind, und bekommen dann minderwertiges, langsames Feedback von Leuten, die, egal wie geschickt und gewissenhaft sie sind, das Innenleben eines Systems nicht kennen, das nicht mit Blick auf das Testen entworfen wurde.

Ich nehme an, dass es möglich ist, dass wir am Ende von der Qualität unserer Software angenehm überrascht werden, aber ich vermute, es ist viel wahrscheinlicher, dass wir von den dummen Fehlern schockiert sein werden, die wir eingebaut haben. Vergessen Sie nicht, dass wir keine weiteren Tests durchgeführt haben, bis jetzt haben wir die Software noch nicht einmal ausgeführt.

Ich bin sicher, Sie können sich denken, dass ich nicht glaube, dass dies auch nur annähernd gut genug ist.

Das ist eine schlechte Idee, daher *müssen* wir eine Art von Kontrolle in unseren Prozess einbauen, bevor wir so weit kommen. Es ist viel zu spät, um herauszufinden, dass die Benutzer sich nicht anmelden können und dass unsere coole neue Funktion in Wirklichkeit die Festplatte beschädigt.

Wenn wir also Tests durchführen müssen, dann sollten wir das auf intelligente Weise tun. Wie können wir unsere Arbeit so organisieren, dass wir den Arbeitsaufwand minimieren und die Erkenntnisse, die wir dabei gewinnen, maximieren?

In Teil II haben wir über die Optimierung für das Lernen gesprochen. Was wollen wir also lernen, und wie können wir es am effizientesten und effektivsten tun?

An dem Punkt, an dem wir im Begriff sind, einen Code zu schreiben, sind vier Kategorien von Lernprozessen relevant:

- »Lösen wir das richtige Problem?«
- »Funktioniert unsere Lösung so, wie wir glauben?«
- »Wie ist die Qualität unserer Arbeit?«
- »Arbeiten wir effizient?«

Dies sind sicherlich komplexe Fragen, die es zu beantworten gilt, aber im Grunde ist das alles, was uns bei der Entwicklung von Software interessiert.

14.2 Testbarkeit als Werkzeug

Wenn wir unsere Software testen wollen, dann ergibt es Sinn, dass wir, um uns das Leben leichter zu machen, unsere Software auch einfach zu testen machen. Ich habe in Kapitel 11 bereits beschrieben, wie die **Trennung von Zuständigkeiten** und **Dependency Injection** unseren Code besser testbar machen können. In der Tat ist es schwer vorstellbar, dass testbarer Code nicht auch modular, kohäsiv, mit einer guten **Trennung von Zuständigkeiten** und mit **Information Hiding** ausgestattet ist. Wenn dies alles der Fall ist, dann wird er zwangsläufig **angemessen gekoppelt** sein.

Betrachten wir ein einfaches Beispiel dafür, wie sich die Verbesserung der **Testbarkeit** unseres Codes auswirkt. In diesem Beispiel werde ich nichts weiter tun, als dem Gedankengang zu folgen, dass ich in der Lage sein möchte, etwas zu testen. Listing 14.1 zeigt eine einfache Auto-Klasse `Car`.

```
public class Car {
    private final Engine engine = new PetrolEngine();

    public void start() {
        putIntoPark();
        applyBrakes();
        this.engine.start();
    }

    private void applyBrakes() {
    }

    private void putIntoPark() {
    }
}
```

Listing 14.1: Beispiel eines einfachen Autos

Diese Klasse hat einen Motor, eine `PetrolEngine`. Wenn Sie »das Auto starten«, werden einige Dinge getan. Der Motor stellt das Auto in die Parkposition (`putIntoPark`), betätigt die Bremsen (`applyBrakes`) und startet den Motor (`engine.start`). Das sieht in Ordnung aus; viele würden einen Code in dieser Art schreiben.

Testen wir ihn nun, wie in Listing 14.2 gezeigt.

```
@Test
public void shouldStartCarEngine() {
    Car car = new Car();
    car.start();
    // Nothing to assert!!
}
```

Listing 14.2: Test für ein einfaches Auto

Hier stoßen wir sofort auf ein Problem. Sofern wir nicht beschließen, die Kapselung unseres Autos zu durchbrechen und das `private`-Feld `engine` auf `public` zu setzen, oder einen anderen fiesen Backdoor-Hack zur Verfügung zu stellen, der es unserem Test erlaubt, eine `private` Variable zu lesen (beides sind übrigens schreckliche Ideen), dann können wir das Auto nicht testen! Dieser Code ist einfach nicht testbar, weil wir den Effekt des »Starten des Autos« nicht sehen können.

Das Problem hier ist, dass wir eine Art Endpunkt erreicht haben. Unser letzter Zugriff auf das Auto besteht darin, die Start-Methode aufzurufen. Danach sind die internen Abläufe für uns unsichtbar. Wenn wir das Auto testen wollen, müssen wir den Zugriff auf irgendeine Weise ermöglichen, die es nicht nur im Sonderfall des Testens gibt. Wir würden gerne den Motor sehen können.

In diesem Fall können wir das Problem lösen, indem wir einen Messpunkt mittels **Dependency Injection** hinzufügen. Hier ist ein Beispiel für ein besseres Auto; darin wird die Engine nicht versteckt, sondern dem `BetterCar` eine `Engine` übergeben, die es verwenden soll. Listing 14.3 zeigt `BetterCar`, und Listing 14.4 zeigt seinen Test.

```
public class BetterCar {
    private final Engine engine;

    public BetterCar(Engine engine) {
        this.engine = engine;
    }

    public void start() {
```

```
        putIntoPark();
        applyBrakes();
        this.engine.start();
    }

    private void applyBrakes() {
    }

    private void putIntoPark() {
    }
}
```

Listing 14.3: BetterCar, ein besseres Auto

In Listing 14.3 wird ein Motor injiziert. Dieser einfache Schritt ändert die Kopplung mit der `PetrolEngine` völlig; jetzt ist unsere Klasse abstrakter, weil sie sich mit der `Engine` statt mit der `PetrolEngine` beschäftigt. Dies hat die Trennung von Zuständigkeiten und die Kohäsion verbessert, da `BetterCar` nun nicht mehr daran interessiert ist, wie man eine `PetrolEngine` erstellt.

In Listing 14.4 sehen wir den Test für `BetterCar`.

```
@Test
public void shouldStartBetterCarEngine() {
    FakeEngine engine = new FakeEngine();
    BetterCar car = new BetterCar(engine);
    car.start();
    assertTrue(engine.startedSuccessfully());
}
```

Listing 14.4: Test für BetterCar

Dieser `BetterCarTest` verwendet eine `FakeEngine`, die der Vollständigkeit halber in Listing 14.5 gezeigt wird.

```
public class FakeEngine implements Engine {
  private boolean started = false;

  @Override
   public void start() {
      started = true;
   }
```

```
    public boolean startedSuccessfully() {
        return started;
    }
}
```

Listing 14.5: FakeEngine hilft beim Test von BetterCar

Die `FakeEngine` tut nichts, außer aufzuzeichnen, dass `start` aufgerufen wurde.[1]

Diese einfache Änderung machte unseren Code testbar und, wie wir gesehen haben, besser. Neben den vielleicht abstrakt erscheinenden Qualitätsmerkmalen wie Modularität und Kohäsion ist er aber auch auf eine einfachere, praktischere Weise besser.

Weil wir unseren Code testbar gemacht haben, ist er jetzt flexibler. Es ist einfach, ein `BetterCar` mit einer `PetrolEngine` zu erstellen, aber das gilt auch für ein `BetterCar` mit einer `ElectricEngine` oder einer `FakeEngine` oder sogar, wenn wir ein bisschen verrückt sind, einer `JetEngine`. Unser `BetterCar`-Code ist besser, weil wir uns darauf konzentriert haben, ihn leichter testbar zu machen.

Die Verbesserung der **Testbarkeit** unseres Codes führt dazu, dass wir einen qualitativ hochwertigeren Code entwerfen. Das ist natürlich kein Patentrezept. Wenn Sie nicht gut programmieren können, ist Ihr Code vielleicht immer noch schlecht, aber wenn Sie daran arbeiten, ihn testbar zu machen, wird er besser sein, als er es normalerweise wäre. Wenn Sie gut programmieren können, wird Ihr Code besser sein, weil Sie ihn testbar gemacht haben.

14.3 Messpunkte

Die `FakeEngine` in unserem Beispiel veranschaulicht ein weiteres wichtiges Konzept: **Messpunkte**. Wenn wir wollen, dass unser Code testbar ist, müssen wir in der Lage sein, die Variablen zu kontrollieren. Wir wollen genau die Informationen einspeisen, die wir brauchen, und nur diese. Um unsere Software in einen Zustand zu versetzen, in dem wir sie testen können, provozieren wir ein bestimmtes Verhalten und die Ergebnisse müssen sichtbar und messbar sein.

Das ist es, was ich meine, wenn ich »Designen für Testbarkeit« sage. Wir werden unsere Systeme so gestalten, dass es viele Messpunkte gibt, Orte, an denen wir das Verhalten unseres Systems untersuchen können, ohne seine Integrität zu gefährden. Diese Messpunkte werden unterschiedliche Formen annehmen, je nach Art der Komponente und der Ebene, auf der wir über Testbarkeit nachdenken.

1 In einem echten Test würden wir eher eine Mock-Bibliothek verwenden, als diesen Code selbst zu schreiben. Ich habe den `FakeEngine`-Code nur hier eingefügt, um das Beispiel zu verdeutlichen.

Für spezifische Tests werden wir uns auf Parameter und Rückgabewerte von Funktionen oder Methoden verlassen, aber wir werden auch **Dependecy Injection** verwenden, wie in Listing 14.4 gezeigt.

Für umfangreichere Tests auf Systemebene werden wir externe Abhängigkeiten vortäuschen, sodass wir unsere **Messpunkt-Sonden** in das System einfügen können, was es uns ermöglicht, Testeingaben zu injizieren oder Testausgaben zu sammeln, wie ich es in Kapitel 9 beschrieben habe.

14.4 Schwierigkeiten, die Testbarkeit zu erreichen

Vielen Teams fällt es schwer, die Art von Testbarkeit zu erreichen, die ich hier beschreibe, und dafür gibt es zwei Hauptgründe. Der eine ist eine technische Schwierigkeit, der andere ist ein eher kulturelles Problem.

Wie wir bereits erforscht haben, müssen wir für jede Form des Testens Zugang zu einigen sinnvollen Messpunkten haben. Für den größten Teil unseres Codes ist das in Ordnung. Mit Methoden wie Dependency Injection und gutem modularem Design können wir unseren Code so organisieren, dass er testbar ist, aber an den Grenzen unseres Systems, den Punkten, an denen unser System in irgendeiner Weise mit der realen Welt (oder zumindest einem Computer-Faksimile, das ihr nahekommt) interagiert, wird das schwierig.

Wenn wir Code schreiben, der auf die Festplatte schreibt, auf einen Bildschirm zeichnet oder ein anderes Hardware-Gerät steuert oder darauf reagiert, dann ist diese Grenze des Systems schwer zu testen, denn wie können wir Test-Code einspeisen, um entweder Testdaten einzuspeisen oder Testergebnisse zu sammeln?

Die offensichtliche Antwort auf diese Problematik besteht darin, unsere Systeme so zu gestalten, dass diese »Grenzen« in unserem Code an den Rand gedrängt und in ihrer Komplexität minimiert werden. In Wirklichkeit geht es darum, die Kopplung des Großteils des Systems mit diesen Grenzen zu reduzieren. Dies wiederum verringert unsere Abhängigkeit von Software-Elementen Dritter und macht unseren Code mit geringem Mehraufwand flexibler. Wir erstellen eine geeignete Abstraktion, die unsere Interaktion an diesem Rand darstellt, schreiben Tests, die die Interaktion unseres Systems mit einer gefälschten Version dieser Abstraktion bewerten, und schreiben dann einen einfachen Code, um die Abstraktion in eine echte Interaktion mit der Grenz-Technologie zu übersetzen. Das ist eine ausführliche Art auszudrücken, dass wir eine Ebene der Indirektion hinzufügen.

Listing 14.6 zeigt ein einfaches Beispiel für einen Code, der etwas anzeigen soll. Wir könnten einen Roboter mit einer Kamera erstellen, um die Ausgabe auf einem Bildschirm abzufilmen, aber das wäre zu viel des Guten. Stattdessen abstrahieren wir den Vorgang der Anzeige eines Ergebnisses, indem wir einen Teil meines Codes einfügen, der die Möglichkeit bietet, einen Text »anzuzeigen«.

```
public interface Display
{
   void show(String stringToDisplay);
}

public class MyClassWithStuffToDisplay
{
   private final Display display;

   public MyClassWithStuffToDisplay(Display display)
   {
      this.display = display;
   }

   public void showStuff(String stuff)
   {
      display.show(stuff);
   }
}
```

Listing 14.6: Dinge, die angezeigt werden sollen

Durch die Abstraktion des Anzeigevorgangs von Informationen habe ich den netten Nebeneffekt erreicht, dass meine Klasse mit den anzuzeigenden Dingen nun von jedem tatsächlich vorhandenen Anzeigegerät entkoppelt ist, zumindest außerhalb der Grenzen der Abstraktion, die ich bereitgestellt habe. Das bedeutet natürlich auch, dass wir diesen Code nun ohne ein echtes `Display` testen zu können. Ich habe ein Beispiel für einen solchen Test in Listing 14.7 eingefügt.

```
@Test
public void shouldDisplayOutput() throws Exception
{
   Display display = mock(Display.class);
   MyClassWithStuffToDisplay displayable = new
      MyClassWithStuffToDisplay(display);

   displayable.showStuff("My stuff");

   verify(display).show(eq("My stuff"));
}
```

Listing 14.7: Testen von Dingen, die angezeigt werden sollen

Schließlich können wir eine konkrete Implementierung von `Display` erstellen. In diesem einfachen Fall, der in Listing 14.8 gezeigt wird, handelt es sich um ein `ConsoleDisplay`, aber wir könnten uns vorstellen, dieses durch alle möglichen anderen Optionen zu ersetzen, wenn es nötig wäre, wie z.B. `LaserDisplayBoard`, `MindImprintDisplay`, `3DGameEngineDisplay` und so weiter.

```
public class ConsoleDisplay implements Display
{
   @Override
   public void show(String stringToDisplay)
   {
      System.out.println(stringToDisplay);
   }
}
```

Listing 14.8: Dinge anzeigen

Die Listing 14.5 bis Listing 14.8 sind trivial, und die Abstraktion müsste eindeutig komplexer sein, wenn die Technologie, mit der wir an diesen Grenzen interagieren, komplexer wäre, aber das Prinzip bleibt bestehen.

Testen an den Grenzen

Bei einem Projekt, an dem ich gearbeitet habe, haben wir das Web-DOM auf diese Weise abstrahiert, um unsere Webseitenlogik durch Unit-Tests testbar zu machen.

Heute gibt es bessere Möglichkeiten, aber damals war es schwierig, Webanwendungen zu testen, wenn kein echter Browser vorhanden war. Wir wollten unsere Tests nicht dadurch verlangsamen, dass wir für jeden Testfall eine Browserinstanz starten mussten, also änderten wir die Art und Weise, wie wir unsere Benutzeroberfläche schrieben.

Wir schrieben eine Bibliothek von UI-Komponenten, die »sich vor das DOM setzten« (Ports & Adapters für das DOM). Wenn wir also eine Tabelle benötigten, erstellten wir eine JavaScript-Tabelle mittels unserer eigenen DOM-Factory. Während der Laufzeit erhielten wir so ein schlankes Fassadenobjekt, das uns eine Tabelle lieferte, die wir verwenden konnten. Zur Testzeit erhielten wir einen Stub, gegen den wir testen konnten, der aber nicht das Vorhandensein eines echten Browsers oder DOMs erforderte.

Sie können immer so vorgehen. Es kommt wirklich nur darauf an, wie einfach oder komplex die Technik ist, die Sie abstrahieren wollen, und inwieweit Sie dies für wichtig genug halten, um den Aufwand zu betreiben.

Für diese »Grenzen des Systems« lohnt sich der Aufwand fast immer. Manchmal, z.B. beim Testen einer Web-UI oder einer mobilen Anwendung, haben andere die Arbeit für Sie bereits erledigt, aber so kann man Unit-Tests bis an die Grenzen durchführen.

Das Problem bei diesem Ansatz, und eigentlich bei jedem Ansatz zur Lösung dieses Problems, ist kultureller Natur. Wenn wir die Testbarkeit ernst nehmen und sie von Anfang an in unseren Designansatz aufnehmen, ist das alles ziemlich einfach.

Viel schwieriger wird es, wenn wir auf Code stoßen, der nicht unter dem Aspekt der Testbarkeit entwickelt wurde, oder wenn die Leute nicht glauben, dass sie wichtig ist. Dieser Zusammenprall der Kulturen ist ein schwieriges Problem.

Der Code ist wahrscheinlich der leichtere Teil des Problems, obwohl leichter nicht unbedingt »leicht« bedeutet. Wir können immer unsere eigenen Abstraktionen hinzufügen, auch wenn sie undicht sind, und so das Testen erleichtern. Wenn es wirklich sein muss, können wir den unnachgiebigen »Grenz«-Code in unseren Test einbeziehen. Dies ist ein unschöner Kompromiss, aber unter bestimmten Umständen durchaus praktikabel.

Das schwierigere Problem sind die Menschen. Ich bin nicht so arrogant zu behaupten, dass es noch nie ein Team gegeben hat, das echtes TDD praktiziert hat, im Sinne von »Schreibe einen Test, bevor du die code-getriebene Entwicklung schreibst«, und festgestellt hat, dass es nicht funktioniert, aber ich habe noch nie eines getroffen.

Ich habe viele Teams getroffen, die mir sagten: »Wir haben TDD ausprobiert, und sie hat nicht funktioniert«, aber alle Gruppen, die ich getroffen habe, meinten damit, dass sie versucht hatten, Unit-Tests zu schreiben, nachdem sie den Code geschrieben hatten. Das ist bei Weitem nicht dasselbe.

Der Unterschied besteht darin, dass TDD das Design von **testbarem Code** fördert und Unit-Tests dies nicht tun. Unit-Tests, nachdem der Code geschrieben wurde, ermutigen uns, den kürzesten Weg zu nehmen, die Kapselung aufzubrechen und unseren Test eng an den bereits geschriebenen Code zu koppeln.

TDD ist als Eckpfeiler für einen Engineering-Ansatz bei der Software-Entwicklung unerlässlich. Ich kenne kein anderes Verfahren, das unsere Fähigkeit, gutes Design im Einklang mit den Konzepten in diesem Buch zu erstellen, so effektiv fördert und verstärkt.

Das stärkste Argument gegen TDD, das ich manchmal höre, ist, dass es die Qualität des Designs beeinträchtigt und unsere Fähigkeit, den Code zu ändern, einschränkt, weil die Tests an den Code gekoppelt sind. Ich habe dies noch nie in einer Code-Basis gesehen, die mit »test-first TDD« erstellt wurde. Es ist jedoch üblich – ich würde sagen unvermeidlich – als Ergebnis von »test-after unit testing«. Ich habe also den Verdacht, dass die Leute, die sagen »TDD funktioniert nicht« in Wirklichkeit meinen, dass sie nicht wirklich TDD ausprobiert haben, und obwohl ich mir sicher bin, dass dies wahrscheinlich nicht in allen Fällen zutrifft, bin ich mir ebenso sicher, dass es für die Mehrzahl der Fälle gilt und daher eine gute Annäherung an die Wahrheit darstellt.

Die Kritik an der Qualität des Designs geht mir besonders nah, denn wie Sie vermutlich aus diesem Buch ersehen können, liegt mir die Qualität des Designs sehr am Herzen.

Es wäre unaufrichtig, wenn ich so tun würde, als hätte ich keine Fähigkeiten in den Bereichen Software-Entwicklung, Software-Design und TDD. Ich bin ziemlich gut darin, und ich kann die Gründe dafür nur erahnen. Ich habe Erfahrung, sicher. Wahrscheinlich habe ich ein gewisses Naturtalent, aber viel wichtiger als all diese Dinge ist, dass ich einige gute Angewohnheiten habe, die mich vor Schwierigkeiten bewahren. TDD gibt mir ein eindeutigeres Feedback zur Qualität meines Designs, während es sich entwickelt, als alles andere, was mir bekannt ist, und es ist ein Eckpfeiler der Art und Weise, wie ich arbeite und anderen empfehle zu arbeiten.

14.5 Wie man die Testbarkeit verbessert

Teil II beschreibt, wie wichtig es ist, für das Lernen zu optimieren. Ich meine das nicht in einem großspurigen, wissenschaftlichen Sinne. Ich meine es im spezifischen, praktischen Sinne des alltäglichen Engineerings. Wir werden also iterativ arbeiten und einen Test für das vor uns liegende Stück Arbeit hinzufügen. Wir wollen schnelles, effizientes und klares Feedback von unserem Test, damit wir alle paar Minuten auf kleinstem Raum lernen können, dass unser Code genau das tut, was wir erwarten.

Um das zu erreichen, wollen wir unser System so aufteilen, dass wir klar erkennen können, was dieses Feedback bedeutet. Wir werden inkrementell an kleinen, separaten Teilen des Codes arbeiten und den Umfang unserer Auswertungen begrenzen, damit klar ist, was passiert, während wir fortfahren.

Wir können experimentell arbeiten, indem wir jeden Testfall als ein kleines Experiment strukturieren, das das gewünschte Verhalten unseres Codes vorhersagt und verifiziert. Wir schreiben einen Test, um die Hypothese zu erfassen, wie sich die Software verhalten soll. Wir sagen voraus, wie der Test fehlschlagen wird, bevor wir ihn ausführen, damit wir überprüfen können, ob unser Test tatsächlich das testet, was wir von ihm erwarten. Dann können wir Code erstellen, der den Test erfolgreich sein lässt, und die stabile, erfolgreiche Kombination aus Code und Test als Plattform nutzen, um unser Design zu überprüfen und kleine, sichere, verhaltenserhaltende Änderungen vorzunehmen, um die Qualität unseres Codes und unserer Tests zu optimieren.

Dieser Ansatz gewährt uns tiefe Einblicke in unser Design, während es sich weiterentwickelt, und zwar in einem viel tieferen Sinne als nur »Besteht es einen Test?«. Wenn wir aufmerksam sind, führt uns die Testbarkeit unseres Codes in die Richtung eines qualitativ besseren Ergebnisses.

Wir haben nicht genügend Werkzeuge, die uns diese Aufgabe abnehmen, und wir ignorieren dies auf eigene Gefahr. Zu viele Entwickler und Entwicklungsteams ignorieren dies und produzieren schlechtere Software langsamer, als sie könnten und sollten.

Wenn der vor Ihnen liegende Test schwer zu schreiben ist, dann ist das Design des Codes, mit dem Sie arbeiten, schlecht und muss verbessert werden.

Die Testbarkeit unseres Systems ist fraktal. Wir können sie beobachten oder als Werkzeug einsetzen, beides sowohl auf Ebene des gesamten Unternehmenssystems als auch im engeren Fokus auf einige wenige Code-Zeilen, aber sie ist eines der mächtigsten Werkzeuge in unserem Werkzeugkasten.

Auf der detaillierten Ebene von Funktionen und Klassen sind die Messpunkte der wichtigste Aspekt der Testbarkeit, auf den man sich konzentrieren sollte. Sie definieren, wie einfach es ist, unseren Code in einen bestimmten Zustand zu versetzen, und wie einfach es ist, die Ergebnisse seines Verhaltens zu beobachten und zu bewerten.

Auf einer eher systemischen und multisystemischen Ebene liegt der Schwerpunkt mehr auf dem Umfang der Bewertung und des Testens. Die Grundlagen der Messpunkte sind immer noch wichtig, aber der Umfang der Bewertung ist ein wichtiges Instrument.

14.6 Deploybarkeit

In meinem Buch *Continuous Delivery* haben wir einen Entwicklungsansatz beschrieben, der auf der Idee basiert, dass unsere Software immer in einem release-fähigen Zustand ist. Nach jeder kleinen Änderung bewerten wir unsere Software, um zu bestimmen, ob sie freigegeben werden kann, und wir holen dieses Feedback mehrmals am Tag ein.

Um dies zu erreichen, setzen wir einen Mechanismus ein, den wir Deployment-Pipeline nennen. Die *Deployment-Pipeline* dient dazu, die Release-Fähigkeit so weit wie möglich durch einen hohen Automatisierungsgrad zu bestimmen.

Was bedeutet also »release-fähig«? Das ist zwangsläufig ein Stück weit kontextabhängig.

Wir müssen auf jeden Fall wissen, dass der Code das tut, was die Entwickler gedacht haben, und dann wäre es gut zu wissen, dass er das tut, was die Benutzer brauchen. Danach möchten wir wissen, ob die Software schnell genug, sicher genug und belastbar genug ist und ob sie den geltenden Vorschriften entspricht.

Dies alles sind Aufgaben für eine Deployment-Pipeline. Bisher habe ich die Deployment-Pipeline im Hinblick auf die Release-Fähigkeit beschrieben, aber es gibt eine geringfügige Kleinigkeit, die ich aus dem Weg räumen möchte, bevor wir fortfahren.

Bei der Beschreibung von Deployment-Pipelines unterscheide ich zwischen **release-fähig** und **deploybar**. Es ist ein feiner Unterschied, aber aus der Entwicklungsperspektive möchte ich den Gedanken der »Bereitschaft zum **Deployen** einer Änderung in Produktion« von »Release einer Funktion für Benutzer« trennen.

Bei der Continuous Delivery wollen wir die Freiheit haben, neue Funktionen über eine Reihe von Deployments zu erstellen. An dieser Stelle werde ich daher dazu übergehen, statt von der **Releasebarkeit**, die eine gewisse Vollständigkeit der Funktionen und einen gewissen Nutzen für die Benutzer voraussetzt, von **Deploybarkeit** zu sprechen, was bedeutet, dass die Software sicher für die Produktion freigegeben werden kann, auch wenn einige Funktionen noch nicht einsatzbereit sind und in irgendeiner Weise versteckt werden.

Die **Deploybarkeit** unseres Systems besteht also aus einer Reihe verschiedener Merkmale; die Software-Einheit muss einsatzfähig sein und alle Eigenschaften der Release-Fähigkeit erfüllen, die im Kontext dieses Systems sinnvoll sind: schnell genug, sicher genug, belastbar genug, funktionsfähig und so weiter.

Diese Idee der Deploybarkeit ist ein äußerst nützliches Werkzeug auf der System- und Architekturebene. Wenn die Deployment-Pipeline signalisiert, dass das System deploybar ist, ist es bereit für den Einsatz in der Produktion.

Viele missverstehen das mit der Continuous Delivery, aber genau dafür ist eine Deployment-Pipeline da. Wenn die Deployment-Pipeline die Änderung für gut befunden hat, müssen keine weiteren Tests, keine weiteren Sign-offs und keine weiteren Integrationstests mit anderen Teilen des Systems durchgeführt werden, bevor wir die Änderung in die Produktion überführen. Wir müssen die Änderung nicht in die Produktion überführen, aber wenn sie von der Pipeline genehmigt wurde, ist sie bereit, wenn wir uns dafür entscheiden.

Diese Disziplin sagt etwas Wichtiges aus. Sie definiert Deploybarkeit als »es muss nichts mehr getan werden«, und das bedeutet, dass wir die Ideen der Modularität, der Kohäsion, der Trennung von Zuständigkeiten, der Kopplung und des Information Hidings auf der Ebene der **deploybaren Software-Einheiten** ernst nehmen müssen, um ein deploybares Ergebnis zu erzielen.

Der Umfang unserer Evaluierung sollte immer eine **unabhängig deploybare Software-Einheit** sein. Wenn wir unsere Änderung nicht ohne weiteres Zutun in die

Produktion überführen können, dann ist unserer Evaluierungsbereich, der Umfang unserer Deployment-Pipeline, falsch.

Es gibt eine Reihe von Möglichkeiten, dies anzugehen. Wir können alles in unserem System in den Evaluierungsbereich, also den Bereich unserer Deployment-Pipeline, einbeziehen, oder wir können uns entscheiden, unser System in unabhängig voneinander deploybare Software-Einheiten zerlegen, aber nichts anderes ergibt Sinn.

Wir können mehrere Komponenten unseres Systems so organisieren, dass sie an getrennten Orten und aus getrennten Repos erstellt werden, aber der Umfang der Evaluierung wird durch die Anforderungen der Deploybarkeit bestimmt. Wenn wir uns also für diesen Weg entscheiden und es für erforderlich halten, diese Komponenten vor dem Release gemeinsam zu evaluieren, dann ist der Umfang der Evaluierung, der Umfang der Deployment-Pipeline, immer noch das gesamte System. Das ist wichtig, denn wie schnell die Bewertung eines kleinen Teils des Systems auch sein mag, es ist die Zeit, die man braucht, um die Deploybarkeit einer Änderung zu bewerten, die wirklich zählt. Dies ist also der Bereich, der das Ziel unserer Optimierung sein sollte.

Das bedeutet, dass die Deploybarkeit ein wesentliches Anliegen bei der Entwicklung von Systemen ist. In diesem Sinne zu denken, hilft uns, uns auf das Problem zu konzentrieren, das wir angehen müssen. Wie erhalten wir in einem vernünftigen Zeitrahmen ein Feedback, das es uns ermöglicht, unsere Entwicklungsbemühungen zu steuern?

14.7 Geschwindigkeit

Damit kommen wir zur **Geschwindigkeit**. Wie wir in Teil II erörtert haben, sind die Geschwindigkeit und die Qualität des Feedbacks, das wir in unserem Entwicklungsprozess erhalten, unerlässlich, um uns die Optimierung für das Lernen zu ermöglichen. In Kapitel 3 haben wir die Bedeutung von Messungen erörtert und uns auf die Verwendung von **Stabilität** und **Durchsatz** konzentriert. Der Durchsatz als Maß für die Effizienz unseres Entwicklungsprozesses ist eindeutig geschwindigkeitsabhängig.

Wenn ich Teams berate, um sie bei der Einführung von Continuous Delivery zu unterstützen, rate ich ihnen, sich darauf zu konzentrieren, die Zeit zu verkürzen, die sie benötigen, um Feedback zu erhalten.

In der Regel biete ich einige Richtlinien an: Ich sage ihnen, dass sie daran arbeiten sollen, ihren Entwicklungsprozess so zu optimieren, dass sie mehrmals am Tag ein release-fähiges Ergebnis, eine produktionsreife Software-Einheit, erzielen können, mit einer starken Präferenz für kürzere Zeitintervalle. Als Ziel empfehle ich im Allgemeinen, etwas zu haben, das sie in weniger als einer Stunde nach dem Commit einer Änderung in Produktion geben können.

Das kann ein anspruchsvolles Ziel sein, aber bedenken Sie, was ein solches Ziel impliziert. Sie dürfen keine zu großen Teams haben, da der Kommunikationsaufwand sie zu sehr verlangsamt. Sie dürfen keine isolierten Teams haben, da die die Koordinierung zwischen den Teams zu langsam ist. Sie müssen einen guten Überblick über automatisierte Tests haben, Sie brauchen Feedback-Mechanismen wie Continuous Integration und Continuous Delivery, Sie müssen über eine gute Architektur verfügen, um diese Art von Strategien zu unterstützen, und Sie müssen unabhängig voneinander deploybare Software-Einheiten evaluieren und vieles mehr, um in weniger als einer Stunde zu einem release-fähigen Ergebnis zu kommen.

Wenn Sie einen iterativen, experimentellen Ansatz verfolgen, um ausschließlich die Geschwindigkeit des Feedbacks in Ihrem Entwicklungsprozess zu verbessern, fungiert dies als eine Art Fitnessfunktion für die gesamte agile Theorie, die gesamte Lean-Theorie und die gesamte Continuous Delivery und DevOps.

Der Fokus auf Geschwindigkeit und Feedback führt Sie unweigerlich zu diesen Ideen. Das ist ein viel stärkerer, messbarer Wegweiser zu besseren Ergebnissen als das Befolgen von Ritualen oder Rezepten aus einem Entwicklungsprozess von der Stange. Das ist die Art von Idee, die ich meine, wenn ich über *Engineering für die Software-Entwicklung* spreche.

Geschwindigkeit ist ein Werkzeug, das uns zu qualitativ hochwertigeren, effizienteren Ergebnissen führen kann.

14.8 Die Variablen kontrollieren

Wenn wir in der Lage sein wollen, unsere Systeme schnell, zuverlässig und reproduzierbar zu testen und zu deployen, müssen wir die Varianz begrenzen und **die Variablen kontrollieren**. Wir wollen jedes Mal, wenn wir unsere Software deployen, die gleichen Ergebnisse erzielen. Deshalb müssen wir so weit wie möglich das Deployment automatisieren und die Konfiguration der Systeme verwalten.

Wo wir keine Kontrolle ausüben können, müssen wir die Grenzbereiche des Systems, die mit der unkontrollierten Welt in Berührung kommen, mit großer Sorgfalt behandeln. Wenn wir Software in einer Umgebung einsetzen, die sich unserer Kontrolle entzieht, wollen wir so wenig wie möglich von ihr abhängig sein. Abstraktion, Trennung von Zuständigkeiten und lose Kopplung sind die Schlüsselbegriffe, um unsere Abhängigkeit von allem, was sich unserer direkten Kontrolle entzieht, zu begrenzen.

Wir wollen, dass die von uns erstellten Tests jedes Mal, wenn wir sie für dieselbe Version der zu testenden Software ausführen, genau dieselben Ergebnisse liefern. Wenn die Testergebnisse variieren, sollten wir daran arbeiten, die Kontrolle zu verbessern und den Test besser von äußeren Einflüssen zu isolieren oder den Determinismus in unserem Code zu verbessern. Modularität und Kohäsion, Trennung von Zuständigkeiten, Abstraktion und Kopplung sind wiederum Schlüsselkonzepte, die es uns ermöglichen, diese Kontrolle auszuüben.

Wenn die Versuchung existiert, Langzeittests oder manuelle Tests durchzuführen, sind dies oft Symptome für einen unangemessen großen Mangel der Kontrolle von Variablen.

Wir nehmen diesen Gedanken oft nicht ernst genug.

Die Kosten schlechter Kontrolle

Ich habe einmal ein großes Unternehmen beraten, das ein großes komplexes, verteiltes Software-System aufbaute. Mehr als 100 Entwicklerteams arbeiteten an dem Projekt. Sie baten mich, sie bei Performance-Tests zu beraten.

Sie hatten eine große, komplexe Suite von End-to-End- Performance-Tests für das gesamte System erstellt.

Sie hatten bereits viermal versucht, ihre Performance-Testsuite auszuführen, wussten aber nicht, was die Ergebnisse bedeuteten.

Die Ergebnisse waren so unterschiedlich, dass es keine Möglichkeit gab, sie zwischen den Testläufen zu vergleichen.

Einer der Gründe dafür war, dass die Tests im Unternehmensnetzwerk durchgeführt wurden, sodass die Ergebnisse völlig verzerrt waren, je nachdem, was gerade passierte.

Der ganze Aufwand für die Erstellung und Durchführung dieser Tests war im Grunde genommen umsonst, weil niemand sagen konnte, was die Ergebnisse bedeuteten.

Computer bieten uns fantastische Möglichkeiten. Sieht man einmal von kosmischen Strahlen und Neutrino-Kollisionen mit unseren NAND-Gattern ab (beides wird durch Hardware-Fehlerkorrekturprotokolle abgedeckt), sind Computer und die auf ihnen laufende Software deterministisch. Bei gleichen Eingaben erzeugen Computer jedes Mal die gleichen Ergebnisse. Die einzige Grenze dieser Wahrheit ist die Nebenläufigkeit.

Außerdem sind Computer unglaublich schnell und bieten uns eine fantastische, experimentelle Plattform, die ihresgleichen sucht. Wir haben die Wahl, auf diese

Vorteile zu verzichten oder die Kontrolle zu übernehmen und sie zu unserem Vorteil zu nutzen.

Die Art und Weise, wie wir unsere Systeme designen und testen, hat einen großen Einfluss auf den Grad der Kontrolle, die wir ausüben können. Dies ist ein weiterer Vorteil, wenn wir unsere Designs von Tests vorantreiben lassen.

Zuverlässig testbarer Code ist im Rahmen eines Tests nicht multithreading-fähig, mit Ausnahme einiger sehr spezieller Arten von Tests.

Nebenläufiger Code ist schwer zu testen, weil er nicht deterministisch ist. Wenn wir also unseren Code so designen, dass er testbar ist, werden wir sorgfältig über Nebenläufigkeit nachdenken und daran arbeiten, sie in kontrollierte, gut verstandene Bereiche unseres Systems zu verlagern.

Meiner Erfahrung nach führt dies zu einem Code, der viel einfacher zu testen ist, weil er deterministisch ist, aber auch zu einem Code, der viel leichter zu verstehen ist, und – jedenfalls in den Bereichen, in denen ich arbeite – zu einem Code, der rechnerisch viel effizienter ist.

14.9 Continuous Delivery

Continuous Delivery ist eine Philosophie, die uns hilft, diese Gedanken zu einem effektiven, effizienten und praktikablen Entwicklungsansatz zusammenzuführen. Wenn wir so arbeiten, dass unsere Software immer released werden kann, konzentrieren wir uns auf den Umfang der Bewertung in einer Deployment-Pipeline und die Deploybarkeit unserer Software. Dies gibt uns einige Werkzeuge an die Hand, mit denen wir unseren Code und unser Unternehmen strukturieren können, um diese **unabhängig voneinander deploybaren Software-Einheiten** zu erstellen.

Bei Continuous Delivery geht es nicht darum, das Deployment zu automatisieren, auch wenn das ein Teil davon ist; es geht um die viel wichtigere Idee, unsere Arbeit so zu organisieren, dass wir einen halbwegs kontinuierlichen Fluss von Änderungen erzeugen.

Wenn wir diesen Gedanken ernst nehmen, dann verlangt er von uns, dass wir alle Aspekte unseres Entwicklungsansatzes strukturieren, um diesen Fluss zu erreichen. Er hat Auswirkungen auf die Strukturen unserer Unternehmen, indem er organisatorische Abhängigkeiten minimiert und die Autonomie kleiner Teams fördert, die schnell und mit hoher Qualität arbeiten können, ohne ihre Bemühungen mit anderen koordinieren zu müssen.

Er verlangt von uns einen hohen Automatisierungsgrad, insbesondere beim Testen unserer Software, damit wir schnell und effizient feststellen können, ob unsere Änderungen sicher sind. Er ermutigt uns also, das Testen sehr ernst zu nehmen, damit wir am Ende eine testbare Software haben und von allen Vorteilen profitieren können, die das mit sich bringt.

Continuous Delivery leitet uns an, das Deployment und die Konfiguration unserer Systeme zu testen, und zwingt uns, das Konzept der Kontrolle der Variablen ernst zu nehmen, damit wir Reproduzierbarkeit und Zuverlässigkeit in unseren Tests und, als Nebeneffekt, in unseren Produktions-Deployments erreichen können.

Die Continuous Delivery ist eine äußerst effektive Strategie, um eine starke Ingenieursdisziplin für die Software-Entwicklung aufzubauen.

14.10 Allgemeine Werkzeuge zur Unterstützung von Engineering

Dies sind allgemeine Werkzeuge. Diese Konzepte sind auf jedes Problem in der Software-Entwicklung anwendbar.

Lassen Sie uns ein einfaches Beispiel betrachten. Stellen Sie sich vor, dass wir unserem System eine Software hinzufügen wollen – eine Komponente, ein Subsystem oder ein Framework eines Drittanbieters vielleicht. Wie können wir sie bewerten?

Natürlich muss sie funktionieren und unserem System einen gewissen Nutzen bringen, aber ich glaube, dass Sie die Konzepte in diesem Kapitel und im Rest des Buchs vorab als Qualifikationsmerkmale verwenden können.

Ist die Technologie einsatzfähig? Können wir das Deployment des Systems automatisieren, sodass wir es zuverlässig und reproduzierbar einsetzen können?

Ist sie testbar? Können wir bestätigen, dass sie das tut, was wir von ihr erwarten? Es ist nicht unsere Aufgabe, Software von Drittanbietern umfassend zu testen; wenn wir das tun müssen, ist sie wahrscheinlich nicht gut genug, nicht von ausreichend hoher Qualität, um von uns verwendet zu werden. Was, wenn wir jedoch testen wollen, ob die Software im Kontext unseres Systems das tut, was sie tun muss, also ob sie richtig konfiguriert ist, ob sie funktioniert und läuft, wenn wir sie brauchen, und so weiter. Können wir das testen?

Ermöglicht sie uns die Kontrolle über die Variablen? Können wir sie zuverlässig und reproduzierbar deployen? Ist eine Versionskontrolle des Deployments und jeglicher Konfiguration möglich?

Ist sie schnell genug, um für Continuous Delivery zu funktionieren? Können wir sie in einer angemessenen Zeitspanne deployen und die Dinge schnell genug zum Laufen bringen, um sie mehrmals am Tag nutzen und evaluieren zu können?

Wenn es sich um eine Software-Komponente handelt, für die wir Code schreiben werden, können wir dann einen modularen Ansatz für das Design unseres Codes beibehalten, oder zwingt sie uns ein eigenes Programmiermodell auf, das unser Design in irgendeiner Weise beeinträchtigt?

Die falsche Antwort auf eine dieser Fragen sollte die Technologie mit ziemlicher Sicherheit für uns disqualifizieren, bevor wir überhaupt prüfen, ob sie gute Arbeit leistet und in anderen Kontexten nützlich ist.

Sofern der Service, den diese Drittanbietertechnologie bietet, nicht unverzichtbar ist, empfehle ich, nach Alternativen zu suchen. Wenn der Service unverzichtbar ist, müssen wir uns bemühen, diese Eigenschaften trotz der Technologie zu erreichen. Das sind Kosten, die in die Kosten-Nutzen-Rechnung für diese Technologie einfließen müssen.

Dieses kleine Beispiel soll ein Modell für die Allgemeingültigkeit dieser Denkweise liefern. Wir können die Werkzeuge des Lernens, die Werkzeuge zum Umgang mit Komplexität und die Werkzeuge zur Unterstützung eines Engineering-Ansatzes nutzen, um Entscheidungen in jedem Aspekt unserer Arbeit zu treffen.

14.11 Zusammenfassung

Dieses Kapitel fasst die miteinander verknüpften Konzepte, die ich in diesem Buch vorgestellt habe, zu einem kohärenten Modell zur effektiveren Software-Entwicklung zusammen. Wenn wir die Konzepte in diesem Kapitel als Organisationsprinzipien für die Art und Weise, wie wir an die Software-Entwicklung herangehen, übernehmen, werden wir ein besseres Ergebnis erzielen, als wenn wir sie ignorieren.

Das ist das Beste, was wir uns von einem Werkzeug, einem Prozess oder einer Disziplin erhoffen können. Es gibt keine Erfolgsgarantie, aber ich bin davon überzeugt, dass Sie durch die Anwendung der hier und in diesem Buch beschriebenen Denkweise schneller qualitativ hochwertigen Code erstellen werden.

Kapitel 15

Der moderne Software Engineer

Alle Konzepte in diesem Buch sind eng miteinander verwoben. Überall gibt es Überschneidungen und Redundanzen. Man kann Zuständigkeiten nicht wirklich voneinander trennen, ohne die Modularität zu verbessern.

Modularität, **Kohäsion** und die **Trennung von Zuständigkeiten** verbessern unsere Fähigkeit, **Feedback** zu sammeln und erleichtern so das **Experimentieren**.

Daher habe ich jedes dieser Themen im Laufe dieses Buchs viele Male durchlaufen. Das ist sowohl beabsichtigt als auch unvermeidlich, aber ich glaube auch, dass es etwas Wichtigeres über diese Konzepte aussagt.

Diese Konzepte sind nicht nur eng miteinander verknüpft, sondern lassen sich fast überall anwenden, und das ist ja auch der Sinn der Sache.

Es ist zu einfach, sich in den Details flüchtiger Dinge zu verlieren. Für welche Sprache, welches Betriebssystem, welchen Texteditor oder welches Framework wir uns entscheiden, ist ein Detail, das für uns letztlich weniger wichtig sein sollte als die Fähigkeiten, die sich auf all diese Dinge übertragen lassen.

Wie ich bereits an anderer Stelle gesagt habe, haben die besten Software-Entwickler, mit denen ich zusammengearbeitet habe, gute Software geschrieben, unabhängig davon, welche Tools sie verwendet haben. Sicherlich verfügten viele von ihnen über fundierte Kenntnisse und Fähigkeiten im Umgang mit den von ihnen gewählten Tools, aber das war nicht der Kern ihrer Fähigkeiten, ihres Talents oder ihres Wertes für die Unternehmen, die sie beschäftigten.

All diese Konzepte sind Ihnen wahrscheinlich bekannt, aber vielleicht haben Sie noch nie darüber nachgedacht, wie Sie Ihre Arbeit damit organisieren können. Das war meine Absicht mit diesem Buch. Ich möchte Sie nicht nur daran erinnern, dass es diese Dinge gibt, sondern Ihnen empfehlen, sie als treibende Kräfte für Ihr gesamtes Handeln zu übernehmen.

Diese Konzepte, die sich um die Grundsätze der Optimierung all unserer Aktivitäten drehen, um dadurch unsere Lernfähigkeit zu maximieren und mit der Komplexität der von uns geschaffenen Systeme umzugehen, bilden tatsächlich die Grundlage einer Disziplin, die wir mit Recht als einen Engineering-Ansatz zur Lösung von Software-Problemen bezeichnen können.

Wenn wir diese Dinge umsetzen, haben wir eine höhere Erfolgswahrscheinlichkeit, als wenn wir sie nicht umsetzen.

Dieser Ansatz ist kein Wundermittel. Sie werden keine großartige Software entwickeln, indem Sie einfach mein Rezept oder das eines anderen befolgen, genauso wenig wie Sie ein großartiges Auto entwickeln werden, indem Sie irgendeiner mythischen Schritt-für-Schritt-Autobauanleitung folgen.

Das erfordert Überlegung, Fleiß, Sorgfalt und Intelligenz. Software-Entwicklung ist, wenn man sie gut machen will, keine einfache Angelegenheit. Einige Formen des Codens mögen es sein, aber wie ich bereits beschrieben habe, gehört zur Software-Entwicklung viel mehr als nur das Coden.

Dies ist ein einfaches Modell für die Software-Entwicklung, aber eines, das schwer anzuwenden ist.

Es ist insofern einfach, als es zehn grundlegende Konzepte in zwei Gruppen gibt, und dann ein paar Werkzeuge wie Testbarkeit, Deploybarkeit, Geschwindigkeit, Kontrolle der Variablen und Continuous Delivery, die uns helfen können, diese Grundlagen zu erreichen, und das ist alles. Die Auswirkungen dieser zehn Dinge regen jedoch oft zum Nachdenken an und sind komplex, was ihre Anwendung erschweren kann.

Die Beherrschung dieser Werkzeuge und die Verwendung dieser Konzepte als Grundprinzipien, die unsere Designs und Entscheidungen untermauern, erhöhen unsere Erfolgsaussichten. Sie als Entscheidungsgrundlage für die von uns erstellte Software zu verwenden, scheint mir das Herzstück der Disziplin der Software-Entwicklung zu sein.

Mit diesem Buch möchte ich nicht sagen: »Software-Entwicklung ist einfach«, sondern vielmehr zugeben, dass »Software-Entwicklung schwierig ist, also sollten wir sie mit Bedacht angehen«.

Für mich bedeutet das, dass wir uns ihr mit etwas mehr Sorgfalt nähern müssen, innerhalb eines Denkrahmens, der es uns ermöglicht, bessere Antworten auf Fragen zu finden, an die wir noch nicht gedacht haben. Es ist ein Ansatz, um Lösungen für Probleme zu finden, von denen wir nicht wissen, wie sie zu lösen sind.

Diese zehn Dinge geben mir diesen Rahmen, und ich habe gesehen, wie viele Einzelpersonen und Teams von ihrer Anwendung profitiert haben.

Das Verständnis für die Natur unserer Disziplin beeinflusst unsere Fähigkeit, Fortschritte zu machen. Für den Erfolg ist es wichtig, die Komplexität der Systeme, die wir entwickeln, und die Natur der Software selbst zu erkennen. Sie einfach als triviale Praxis des Codens einer halblinearen Abfolge von Anweisungen zu behandeln, ist bei allen außer den trivialsten Programmieraufgaben zum Scheitern verurteilt.

Wir müssen gedankliche Werkzeuge anwenden, die wir an die jeweiligen Umstände anpassen können. Dies scheint mir der Kern von allem zu sein, was wir uns als echte Ingenieursdisziplin für Software vorstellen können.

15.1 Engineering als menschlicher Prozess

Der Begriff *Engineering* ist schwierig, da er im Zusammenhang mit der Software-Entwicklung oft falsch verwendet wird.

Die meisten Definitionen des Begriffs »Engineering« beginnen mit etwas wie »das Studium der Arbeit eines Ingenieurs« und beschreiben dann die Anwendung von Mathematik und Naturwissenschaft, die dieser Arbeit zugrunde liegen. Es geht also in der Tat um den Prozess, unsere Herangehensweise an die Arbeit.

Die Arbeitsdefinition, die ich zu Beginn dieses Buchs vorgestellt habe, trifft für mich das Ziel.

> *Engineering ist die Anwendung eines empirischen, wissenschaftlichen Ansatzes, um effiziente, wirtschaftliche Lösungen für praktische Probleme zu finden.*

Engineering ist empirisch, d.h., wir versuchen nicht, die Wissenschaft in dem Maße anzuwenden, dass wir jedes Mal perfekte Ergebnisse erwarten. (Eigentlich funktioniert Wissenschaft auch nicht so; sie ist nur bestrebt, sich dem anzunähern.)

Im Ingenieurwesen geht es darum, rational fundierte Entscheidungen zu treffen, oft mit unvollständigen Informationen, und dann zu sehen, wie sich unsere Ideen in der Realität auswirken, basierend auf dem Feedback, das wir in der realen Welt sammeln.

Es basiert auf einer wissenschaftlichen Denkweise. Wir wollen messen, was wir vernünftig messen können. Wir wollen einen experimentellen Ansatz für Änderungen wählen. Wir wollen die Variablen kontrollieren, um die Auswirkungen unserer Änderungen zu verstehen. Wir wollen ein Modell, eine Hypothese, entwickeln und aufrechterhalten, anhand derer wir unsere Erkenntnisse kontinuierlich bewerten können, während sie wachsen.

Es ist wichtig, dass die Lösungen, die wir finden, und die Art und Weise, wie wir sie erreichen wollen, effizient sind.

Wir wollen, dass die von uns geschaffenen Systeme so einfach wie möglich sind und so schnell wie möglich laufen und dabei so wenig Ressourcen wie möglich verbrauchen, um erfolgreich zu sein.

Wir wollen auch in der Lage sein, sie schnell und mit dem geringsten Arbeitsaufwand zu erstellen. Dies ist nicht nur aus wirtschaftlichen Gründen wichtig, sondern auch, um effektiv lernen zu können. Die Aktualität des Feedbacks ist ein gutes Maß für die Effizienz, mit der wir unsere Arbeit erledigen. Die Rechtzeitigkeit des Feedbacks ist, wie wir in Kapitel 5 untersucht haben, auch für unsere Fähigkeit, effektiv zu lernen, von grundlegender Bedeutung.

Abgesehen von der allgemeinen Anwendbarkeit des ingenieurwissenschaftlichen Denkens auf die Entwicklung ist es wichtig zu erkennen, dass die Unternehmen und Teams, in denen wir arbeiten, ebenfalls Informationssysteme sind, sodass die Konzepte zum Umgang mit Komplexität gleichermaßen, wenn nicht sogar noch mehr, auf diese zutreffen.

15.2 Digital disruptive Unternehmen

Es ist üblich, dass Unternehmen und Führungskräfte von Konzepten wie der digitalen Disruption sprechen, womit sie digitale Technologien meinen, die angewendet werden, um traditionelle Unternehmen umzugestalten und zu zerstören. Man denke nur an Amazon, das die Lieferkette im Einzelhandel umkrempelt, Tesla, das die Grundlagen der Autoproduktion verändert, oder Uber, das die Taxidienste in eine Gig Economy verwandelt. Diese Ideen sind eine Herausforderung für traditionelle Unternehmen und das traditionelle Geschäftsdenken.

Eines der charakteristischen Merkmale solcher Unternehmen ist, dass sie fast immer von Ingenieuren geleitet werden. Die Software-Entwicklung ist keine Kostenstelle oder Supportfunktion; sie ist das »Geschäft«. Selbst ein Unternehmen wie Tesla, dessen Produkt physisch ist, hat sein Unternehmen um Software-Ideen herum aufgebaut.

Tesla ist insofern ein Unternehmen mit Continuous Delivery, als die Fabrik neu konfiguriert werden kann, wenn jemand eine neue Idee hat, oft durch Software, um die neue Idee umzusetzen.

Software verändert die Art und Weise, wie Geschäfte geführt werden, und um das umzusetzen, stellt sie viele traditionelle Grundsätze infrage.

Eines meiner Lieblingsmodelle stammt von Jan Bosch; er beschreibt es als »BAPO versus OBAP«.[1]

Abbildung 15.1 und Abbildung 15.2 helfen, seine Vorstellung zu erklären.

Die meisten Unternehmen folgen einem OBAP-Modell (siehe Abbildung 15.1). Sie legen zunächst die **O**rganisation, Abteilungen, Teams, Zuständigkeiten usw. fest. Dann entscheiden sie sich für eine Geschäftsstrategie (**B**usiness-Strategie) und darüber, wie Umsatz und Gewinn oder andere Geschäftsergebnisse auf der Grundlage der Einschränkungen dieser organisatorischen Entscheidungen erzielt werden sollen. Als Nächstes entscheiden sie sich für eine geeignete **A**rchitektur, auf der ihre Systeme basieren sollen, und schließlich für einen **P**rozess, der diese Systemarchitektur bereitstellen kann.

1 Jan Bosch beschreibt diese Ideen in seinem Blogbeitrag »Structure Eats Strategy« unter `https://bit.ly/33GBrR1` und in seinem Buch *Speed, Data and Ecosystems*. Siehe `https://amzn.to/3x5Ef6T`.

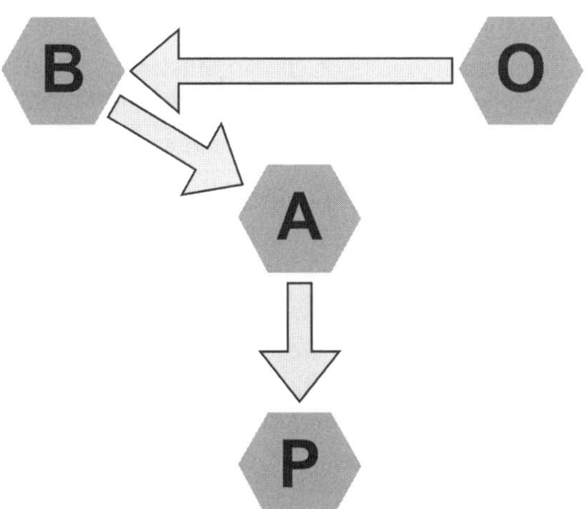

Abb. 15.1: Wie die meisten Unternehmen planen (OBAP)

Das ist schon irgendwie verrückt. Die Unternehmensvision und -ziele werden durch die Organisationsstruktur eingeschränkt.

Ein sinnvolleres Modell besteht darin, die Struktur unserer Unternehmen als ein Werkzeug zu betrachten: BAPO.

Wir ermitteln die geschäftliche Vision und die Ziele (**B**usiness-Strategie), entscheiden, wie wir das technisch erreichen können (**A**rchitektur), überlegen, wie wir so etwas aufbauen können (**P**rozess), und wählen dann eine **O**rganisationsstruktur, die die notwendigen Aktivitäten unterstützt.

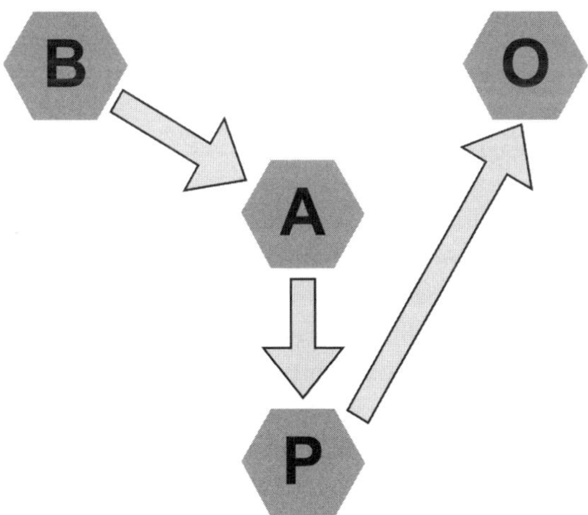

Abb. 15.2: Wie Unternehmen sich organisieren sollten (BAPO)

Wenn wir anfangen, über die Art und Weise nachzudenken, wie wir Gruppen von Menschen als ein Werkzeug zur Erreichung eines Ziels organisieren, ist die Anwendung der in diesem Buch beschriebenen Art des Engineering-Denkens von zentraler Bedeutung für den erfolgreichen Einsatz dieses Werkzeugs.

Wie bei jedem anderen Informationssystem ist das Management der Kopplung innerhalb unseres Unternehmens einer der Schlüssel zum Erfolg. Was für Software gilt, trifft auch auf Unternehmen zu. Modulare, kohäsive Unternehmen mit einer sinnvollen Trennung von Zuständigkeiten und Teams, die so abstrahiert sind, dass sie Informationen vor anderen Teilen des Unternehmens verbergen können (Information Hiding), sind skalierbarer und effizienter als stark gekoppelte Gruppen, die nur im Gleichschritt vorankommen können.

Dies ist einer der Gründe, warum es so schwierig ist, Unternehmen zu skalieren. Wenn sie wachsen, steigen die Kosten der Kopplung. Die moderne Strategie für große, schnell wachsende Unternehmen besteht darin, sie so zu gestalten, dass die Kopplung zwischen verschiedenen Gruppen von Menschen minimiert wird.

Es ist kein Zufall, dass die Forschung, die dem *Accelerate*-Buch zugrunde liegt, herausgefunden hat, dass eines der charakterisierenden Merkmale leistungsstarker Teams, basierend auf Messungen der Stabilität und des Durchsatzes, darin besteht, dass sie Entscheidungen innerhalb des Teams treffen können, ohne die Erlaubnis anderer Gruppen einzuholen oder sich mit ihnen abzustimmen. Solche Teams sind informationell entkoppelt.

Das ist ein wichtiger Punkt. Er macht den Unterschied aus zwischen einem Unternehmen wie Amazon, dessen Produktivität sich bei einer Verdoppelung der Größe mehr als verdoppelt, und einem eher traditionell strukturierten Unternehmen, das seine Produktivität bei einer Verdoppelung der Größe nur um 85 Prozent erhöht.[2]

15.3 Ergebnisse vs. Mechanismen

Als ich mich anschickte, das Fazit dieses Buchs zu schreiben, wurde ich in eine Online-Debatte über die Bedeutung von Ergebnissen und Mechanismen verwickelt. Ich ging von der absoluten Gewissheit aus, dass alle mit mir darin übereinstimmen würden, dass Ergebnisse wichtiger sind als Mechanismen. Ich wurde schnell eines Besseren belehrt.

Ich glaube jedoch nicht, dass meine Gesprächspartner dumm waren, weil sie anderer Meinung waren als ich. Wenn ich mir ihre Antworten ansehe, denke ich,

2 James Lewis, der Erfinder des Begriffs »Microservices«, hielt eine interessante Präsentation, die auf die Arbeit des *Santa Fe Institute on Non-Linear Dynamics* eingeht. Siehe `https://youtu.be/tYHJgvJzbAk`.

dass sie mir letztendlich zustimmten. Sie lehnten die Bedeutung von »Ergebnissen« nicht ab; worüber sie sich Gedanken machten, waren einige implizite Dinge, die sie schätzten, oder die Mechanismen, die sie bevorzugten und die ihnen halfen, ihre gewünschten Ergebnisse zu erreichen.

Ein erfolgreiches Ergebnis bei der Software-Entwicklung ist eine schwierige Frage. Es gibt einige offensichtliche Dinge, die leicht zu messen sind und mit denen wir beginnen können. Wir können die wirtschaftlichen Ergebnisse für einige Arten von Unternehmen und Software messen; dies ist ein Maßstab für den Erfolg. Wir können die Nutzungszahlen messen, und der Erfolg eines Open-Source-Software-Projekts wird oft an der Anzahl der Downloads gemessen, die die Software erhält.

Wir können die DORA-Maßstäbe für Produktivität und Qualität, **Stabilität** und **Durchsatz** anwenden, die uns zeigen, dass erfolgreiche Teams sehr effizient sehr hochwertige Software produzieren. Außerdem können wir die Kundenzufriedenheit mit unseren Produkten anhand einer Reihe von Kennzahlen messen.

Gute »Werte« in all diesen Bereichen sind bis zu einem gewissen Grad wünschenswert. Einige von ihnen sind kontextabhängig, andere nicht, und effizientes Arbeiten mit Qualität (mit guten Werten bei **Stabilität und Durchsatz**) wird in jedem Kontext erfolgreicher sein, als würden wir es nicht tun, weshalb ich diese Maßstäbe für zielführend halte.

Der Kontext, in dem ich meine Diskussion über »Ergebnisse sind wichtiger als Mechanismen« führte, war eine Debatte über Continuous Delivery im Vergleich zu DevOps als Konzept.[3]

Ich wollte damit sagen, dass ich der Meinung bin, dass Continuous Delivery eher ein wünschenswertes Ergebnis als einen Mechanismus definiert, sodass sie eher als allgemeines, organisierendes Prinzip für die Entwicklungsstrategie und Herangehensweise nützlich ist.

DevOps ist eine äußerst nützliche Sammlung von Verfahren. Wenn Sie alle Verfahren übernehmen und gut umsetzen, werden Sie in der Lage sein, Ihren Benutzern und Kunden kontinuierlich einen Mehrwert zu liefern. Wenn jedoch ein Umstand eintritt, der aus irgendeinem Grund außerhalb des Anwendungsbereichs von DevOps liegt, weil es sich eher um eine Sammlung von Verfahren handelt, dann ist es weniger offensichtlich, wie man damit umgehen kann.

Continuous Delivery hingegen besagt: »Arbeite so, dass deine Software immer in einem release-fähigen Zustand ist«, »optimiere für schnelles Feedback« und »unser Ziel ist es, das effizienteste Feedback zu erhalten, von der Idee bis zur wertvollen Software in den Händen unserer Nutzer«.

3 Wenn Sie an meine Gedanken zu CD vs. DevOps interessiert sind, sehen Sie sich dieses Video auf meinem YouTube-Kanal an: `https://youtu.be/-sErBqZgKGs`

Wenn wir diese Grundsätze ernst nehmen, können wir sie nutzen, um einzigartige, innovative Lösungen für Probleme zu finden, auf die wir bisher nicht gestoßen sind.

Als ich und andere begannen, CD in das System einzubringen, hatten wir noch nie ein Auto, ein Raumschiff oder ein Telekommunikationsnetz gebaut. Jede dieser Aktivitäten stellt uns vor ganz andere Herausforderungen als die Art von Systemen, die wir bauten, als Jez Humble und ich unser Buch schrieben.

Wenn ich als Berater tätig bin, gebe ich meinen Kunden konkrete Ratschläge zu den Zielen, die sie im Hinblick auf das Feedback aus ihren Deployment-Pipelines erreichen sollten. Im Allgemeinen rate ich ihnen, ein Ergebnis innerhalb von fünf Minuten nach dem Commit und in weniger als einer Stunde für die gesamte Deployment-Pipeline anzustreben. »Das Ziel ist es, jede Stunde etwas Releasefähiges zu schaffen.«

Wenn Sie als Tesla ein Auto, als SpaceX eine Rakete oder als Ericsson eine globale Mobilfunkinfrastruktur bauen, ist dies wahrscheinlich nicht möglich, weil Ihnen die Physik des Siliziumbrennens oder der Herstellung von Dingen aus Metall im Weg stehen.

Die Grundsätze der Continuous Delivery gelten jedoch nach wie vor.

»Arbeiten Sie so, dass Ihre Software jederzeit released werden kann.« Sie können Ihre Software immer noch gründlich testen und jede Änderung sofort verwerfen, wenn ein einziger Test fehlschlägt. »Optimieren Sie für schnelles Feedback.« Automatisieren Sie alles: Automatisieren Sie Tests, um den größten Teil der Tests in der Simulation durchzuführen, damit das Feedback immer schnell und effizient ist.

Darüber hinaus sind die Ideen, die wir aus der Wissenschaft übernehmen können, die Ideen, auf denen die Continuous Delivery beruht, die beständigsten von allen.

- **Charakterisieren**: Beobachte den aktuellen Zustand.
- **Hypothesen aufstellen**: Erstelle eine Beschreibung, eine Theorie, die die Beobachtung erklären könnte.
- **Vorhersagen**: Triff eine Vorhersage auf Grundlage der Hypothese.
- **Experimentieren**: Teste die Vorhersage.

Um die Erkenntnisse aus diesem Ansatz zu nutzen, müssen wir die Variablen kontrollieren. Dies kann auf verschiedene Weise geschehen. Wir können in kleinen Schritten arbeiten, sodass wir die Auswirkungen jedes Schritts verstehen können. Wir können die vollständige Kontrolle über die Konfiguration unserer Systeme ausüben und den Umfang der Änderungen mit den Methoden zum Umgang mit Komplexität, die wir besprochen haben, begrenzen.

Das ist es, was ich mit Engineering meine – Konzepte, Methoden und Werkzeuge, die uns eine nachweislich höhere Erfolgschance bieten.

Sie werden vielleicht nicht in der Lage sein, die Feedback-Ziele zu erreichen, die ich im Allgemeinen empfehle, aber Sie können sie als Zielvorgabe verwenden und innerhalb physikalischer oder vielleicht wirtschaftlicher Beschränkungen auf sie hinarbeiten.

15.4 Langlebigkeit und allgemeine Anwendbarkeit

Wenn es uns gelänge, eine Ingenieursdisziplin für die Software-Entwicklung zu definieren, dann wäre diese unabhängig von der Technologie. Die Prinzipien, auf denen sie aufbauen würde, wären langlebig und nützlich und würden uns helfen, Fragen zu beantworten, die wir nicht vorhergesehen haben, und Konzepte und Technologien zu verstehen, die wir noch nicht erfunden haben.

Wir können das versuchen!

Meine berufliche Laufbahn habe ich damit verbracht, Software zu entwickeln, die meine Kollegen und ich entworfen haben, aber könnten wir diese Art des Denkens auch auf eine andere Form der Software-Entwicklung anwenden? Lassen sich diese technischen Grundsätze auch auf das Machine Learning (ML) anwenden?

Abbildung 15.3 zeigt einen typischen ML-Arbeitsablauf. Es wird Zeit darauf verwendet, Trainingsdaten zu organisieren, sie zu bereinigen und für die Verwendung vorzubereiten. Geeignete Algorithmen für Machine Learning werden ausgewählt, Fitness-Funktionen für die Eingabedaten definiert und die ML-Algorithmen auf die Trainingsdaten losgelassen. Sie probieren zyklisch verschiedene Lösungen für das Problem aus, bis die gewünschte Genauigkeit einer Übereinstimmung mit der Fitness-Funktion erreicht ist. An diesem Punkt kann der generierte Algorithmus für die Produktion freigegeben werden.

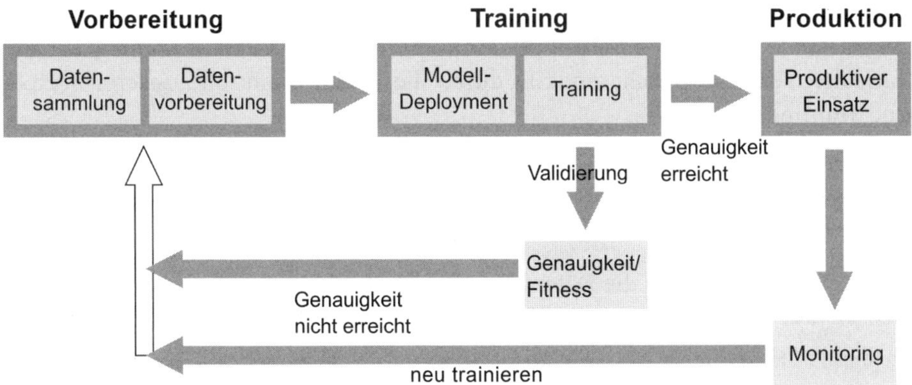

Abb. 15.3: Typischer ML-Workflow

Wenn die Genauigkeit nicht erreicht wird, ändern die Entwickler/Data-Scientists die Trainingsdaten und Fitness-Funktionen, um eine effektive Lösung zu finden.

Sobald der Algorithmus in die Produktion geht, kann er überwacht werden (Monitoring), und wenn Probleme festgestellt werden, kann er erneut trainiert werden.

Wie passt unser Engineering-Modell dazu?

Bei der Entwicklung von Machine-Learning-Systemen geht es eindeutig um das Lernen, und zwar nicht nur für die Maschine. Die Entwickler müssen ihre Arbeit und ihre Herangehensweise optimieren, damit sie lernen können, welche Daten sie zum Trainieren ihrer Systeme verwenden können und was in den Fitness-Funktionen zur Steuerung dieses Trainings funktioniert.

Das Training von Machine-Learning-Systemen umfasst eine Vielzahl von Daten, sodass es für gute Fortschritte unerlässlich ist, über Methoden zum Umgang mit dieser Komplexität nachzudenken und diese aktiv anzuwenden. Wie mir erzählt wird, ist es für Data-Scientists leicht und durchaus üblich, sich im Datensumpf zu verlieren und keine reproduzierbaren Fortschritte zu erzielen.

Der Entwicklungsprozess selbst funktioniert natürlich am besten in Form eines iterativen Prozesses. Die Zusammenstellung und Aufbereitung von Trainingsdaten sowie die Festlegung und Verfeinerung geeigneter Fitness-Funktionen sind grundsätzlich iterative Prozesse. Das Feedback erfolgt in Form der Genauigkeit der Übereinstimmungen mit der Fitness-Funktion. Dies funktioniert natürlich am besten, wenn die Iterationen kurz sind und das Feedback schnell und eindeutig ist. Der gesamte Prozess ist ein Prozess der experimentellen Iteration und Verfeinerung.

Wenn wir auf diese Art und Weise denken, haben wir die Möglichkeit, unsere Arbeit zu verbessern. Es wird sinnvoll sein, den Prozess so zu optimieren, dass die Entwickler ihn schnell durchlaufen können, um die Qualität des Lernens bei jeder Iteration zu verbessern. Das bedeutet, dass wir in kleineren Schritten arbeiten und uns über die Art und Qualität des Feedbacks im Klaren sind.

Wenn wir jeden kleinen Schritt als ein Experiment betrachten, können wir die Variablen besser kontrollieren, z.B. durch die Versionskontrolle unserer Skripte und Trainingsdaten.

Es mutet etwas bizarr an, sich vorzustellen, dass dieser Teil des Prozesses in etwas anderem als einem dynamischen, iterativen, feedback-gesteuerten Prozess des empirischen Entdeckens geplant ist und funktioniert.

Warum empirisch? Weil die Daten chaotisch und die Ergebnisse so komplex sind, dass sie auf den Ebenen der Kontrolle, die in der ML-Entwicklung üblicherweise ausgeübt wird, nicht deterministisch sind.

Das wirft eine weitere interessante Frage auf. Könnten Sie mehr Kontrolle ausüben? Ich führte interessante Gespräche mit einem ML-Experten. Er stellte mein einfaches Bild infrage (siehe Abbildung 15.3). »Was meinen Sie mit Überwachung? Wie können wir das Ergebnis überhaupt kennen?«

Nun, wenn wir einen Engineering-Ansatz verfolgen würden, dann würden wir die Freigabe unseres Modells für die Produktion als Experiment betrachten. Wenn es sich um ein Experiment handelt, dann treffen wir eine Art Vorhersage und müssen unsere Vorhersage testen. Zu dem Zeitpunkt, an dem wir unser ML-System erstellen, könnten wir uns vorstellen zu beschreiben, was genau wir zu tun versuchen. Wir könnten die Art der Ergebnisse vorhersagen, die wir erwarten würden. Das ist mehr als nur die Fitness-Funktion. Es geht eher darum, einige Fehlergrenzen zu definieren, einen Bereich, innerhalb dessen wir vernünftige Antworten erwarten.

Wenn unser ML-System darauf ausgelegt ist, mehr Bücher zu verkaufen, leistet es wahrscheinlich keine gute Arbeit, wenn die Antwort in den Bereich »Versuch, die Weltherrschaft an dich zu reißen« abdriftet.

Wie sieht es mit dem Umgang mit Komplexität aus? Nun, eines der Probleme bei ML ist, dass diejenigen, die sich damit beschäftigen, oft keinen Software-Hintergrund haben. Daher sind viele der Methoden, die in der Software-Entwicklung üblich geworden sind – selbst so grundlegende wie die Versionskontrolle –, nicht die Norm.

Nichtsdestotrotz ist es einfach zu erkennen, wie die Engineering-Prinzipien in diesem Buch angewendet werden können. Es liegt auf der Hand, einen modularen Ansatz für das Schreiben der Skripte, für das Zusammenstellen und Bereinigen von Daten und die Definition von Fitness-Funktionen zu wählen. Es handelt sich um Code, also verwenden Sie die Werkzeuge, die es uns ermöglichen, guten Code zu schreiben. Kontrollieren Sie die Variablen, halten Sie verwandte Konzepte durch Kohäsion nahe beieinander, und halten Sie nicht verwandte Konzepte durch Modularität, Trennung von Zuständigkeiten, Abstraktion und Verringerung der Kopplung auseinander. Das gilt allerdings auch für die Daten, um die es geht.

Die Anwendung dieser Konzepte auf die Daten und die Auswahl von Trainingsdaten, die modular sind (in dem Sinne, dass sie sich auf die richtigen Aspekte des Problems konzentrieren), ermöglichen es Entwicklern von ML-Systemen, schneller zu iterieren. Dadurch werden Änderungen begrenzt und der Trainingsprozess wird fokussiert, was möglicherweise einen effektiveren, besser skalierbaren Ansatz für den Umgang mit Trainingsdaten ermöglicht. So sieht *Datenbereinigung* tatsächlich aus.

Wichtig ist auch, die Zuständigkeiten der Daten und der Fitness-Funktionen voneinander zu trennen. Man kann sich vorstellen, dass Probleme wie ML-Systeme, die auf der Grundlage eingebauter »Annahmen« falsche Entscheidungen bei Dingen wie wirtschaftlichen Umständen und ethnischen Gruppen oder Gehältern und Geschlecht treffen, Beispiele für eine mangelhafte Trennung der Zuständigkeiten in den Trainingsdaten darstellen und eine traurige Aussage über unsere Gesellschaft treffen.

Ich werde an dieser Stelle aufhören, bevor ich noch mehr von meiner Unwissenheit über Machine Learning preisgebe. Ich will damit sagen, dass uns diese gedanklichen Werkzeuge, wenn sie allgemein anwendbar sind, nützliche Möglichkeiten bieten, Probleme anzugehen, selbst wenn wir sie nicht kennen.

In meinem Beispiel hier behaupte ich nicht, dass ich die richtigen Antworten gefunden habe, aber mein Modell hat es mir ermöglicht, einige Fragen zu stellen, die, soweit ich weiß, in ML-Kreisen nicht häufig gestellt werden. Es sind Fragen, die wir untersuchen und die uns möglicherweise dabei helfen könnten, den Prozess zu optimieren sowie die Qualität der Produktion von ML-Systemen und sogar die Systeme selbst zu verbessern.

Das ist es, was wir von einem echten Engineering-Prozess erwarten sollten. Er wird uns nicht die Antworten geben, aber er wird uns einen Ansatz liefern, der uns zu besseren Antworten führt.

15.5 Grundlagen einer Ingenieursdisziplin

Die Konzepte in diesem Buch bilden die Grundlage für eine Ingenieursdisziplin, die unsere Erfolgschancen erhöhen kann.

Die Programmiersprache, die Sie wählen, spielt eigentlich keine Rolle. Das Framework, das Sie verwenden, ist nicht wirklich wichtig. Die Methodik, die Sie wählen, ist weniger wichtig als die Leitgedanken, die ich in diesem Buch skizziert habe.

Es ist nicht so, dass diese anderen Dinge keinen Einfluss auf unsere Arbeit haben; das haben sie. Sie sind in dem Maße wichtig, wie die Bauform des Hammers, die ein Zimmermann wählt, wichtig ist.

Bei der Software-Entwicklung ist diese Art von Entscheidung etwas mehr als eine persönliche Vorliebe, denn sie wirkt sich darauf aus, wie ein Team zusammenarbeitet, aber im Grunde hat die Wahl einer Technologie gegenüber einer anderen weniger Einfluss auf das Ergebnis als die Art und Weise, wie diese Technologie angewendet wird.

Mit diesem Buch möchte ich Konzepte beschreiben, die uns im Allgemeinen eine Anleitung bieten, wie wir unsere Tools effektiver einsetzen können.

Indem wir uns auf die Grundlagen der Optimierung des Lernens und den Umgang mit Komplexität konzentrieren, erhöhen wir unsere Erfolgschancen, unabhängig davon, welche Technologie wir einsetzen.

15.6 Zusammenfassung

Die Konzepte in diesem Buch bilden seit vielen Jahren die Grundlage meiner Herangehensweise an die Software-Entwicklung. Der Prozess des Schreibens dieses Buchs hat mir unweigerlich dabei geholfen, meine Gedanken zu kristallisieren, sodass es hoffentlich einfacher wird, sie anderen Menschen zu vermitteln.

In den jüngeren Phasen meiner Laufbahn habe ich fast ausschließlich an komplexen Systemen gearbeitet. Ich hatte das Glück, an einigen Problemen zu arbeiten, die nur wenige Menschen, wenn überhaupt jemand, zuvor gelöst hatten. Wann immer mein Team und ich nicht weiterkamen, haben wir uns auf diese Grundlagen gestützt. Sie dienten als Leitplanken, um uns zu besseren Ergebnissen zu führen, unabhängig von der Art des Problems, selbst wenn wir überhaupt keine Ahnung hatten, wie wir vorankommen sollten.

Heute verdiene ich meinen Lebensunterhalt vor allem mit der Beratung großer multinationaler Unternehmen, die oft an innovativen Dingen arbeiten, manchmal in noch nie da gewesenem Ausmaß. Diese Konzepte sind trotzdem gültig und leiten uns bei der Lösung wirklich schwieriger Probleme.

Wenn ich selbst Code schreibe, was mir immer noch großen Spaß macht, wende ich dieselben Konzepte im kleinsten und oft einfachsten Maßstab an.

Wenn Sie Ihre Arbeit und die Art und Weise, wie Sie sie durchführen, immer so optimieren, dass Sie möglichst effizient lernen können, werden Sie bessere Arbeit leisten.

Wenn Sie immer und in jedem Maßstab daran arbeiten, mit der Komplexität der Arbeit, die vor Ihnen liegt, umzugehen, werden Sie in der Lage sein, Ihre Fähigkeit, eine bessere Arbeit zu leisten, auf unbestimmte Zeit aufrechterhalten.

Dies sind die Kennzeichen einer echten Ingenieursdisziplin für die Software-Entwicklung. Wenn wir diese Disziplin anwenden, verbessern wir unsere Chancen, bessere Software schneller zu entwickeln, drastisch.

Dies ist etwas Wichtiges und Wertvolles. Ich hoffe, dass es mir gelungen ist, es in einer Art und Weise darzustellen, die Sie für Ihre Arbeit hilfreich finden.

Stichwortverzeichnis

U

V

W

Y

Z